经济管理学术文库·经济类

文化利益理论与实践

Cultural Interests: Theory and Practice

吕 健 / 著

图书在版编目(CIP)数据

文化利益理论与实践/吕健著.—北京:经济管理出版社,2012.10
ISBN 978-7-5096-2141-7

Ⅰ.①文… Ⅱ.①吕… Ⅲ.①文化—关系—利益—研究—中国 Ⅳ.①G12

中国版本图书馆 CIP 数据核字(2012)第 250699 号

组稿编辑:王光艳
责任编辑:王光艳　杨雅琳
责任印制:杨国强
责任校对:李玉敏

出版发行:经济管理出版社
　　　　(北京市海淀区北蜂窝 8 号中雅大厦 A 座 11 层　100038)
网　　址:www.E-mp.com.cn
电　　话:(010)51915602
印　　刷:北京银祥印刷厂
经　　销:新华书店
开　　本:720mm×1000mm/16
印　　张:16
字　　数:304 千字
版　　次:2012 年 10 月第 1 版　2013 年 3 月第 2 次印刷
书　　号:ISBN 978-7-5096-2141-7
定　　价:38.00 元

·版权所有　翻印必究·
凡购本社图书,如有印装错误,由本社读者服务部负责调换。
联系地址:北京阜外月坛北小街 2 号
电话:(010)68022974　邮编:100836

前　言

本书是在笔者博士学位论文《文化利益论——基于政治经济学视角的研究》的基础上,经过修改、完善而成的。在本书写作期间,笔者欣闻党的十七届六中全会通过了《中共中央关于深化文化体制改革　推动社会主义文化大发展大繁荣若干重大问题的决定》,作出了推动社会主义文化大发展大繁荣的战略部署,这将赋予文化经济领域的研究以新的历史意义。笔者以这份纲领性文件为指导,对学位论文进行了全面、系统的调整、修改、补充和完善。与笔者的学位论文及其相关成果相比,本书有以下新颖之处:

(一)在文化利益的理论研究中,融入了党的十七届六中全会相关精神,使本书的理论分析更加与时俱进、富有时代特征。特别是在文化利益的理论渊源中,增加了《中共中央关于深化文化体制改革　推动社会主义文化大发展大繁荣若干重大问题的决定》中对文化利益的论述,丰富了新时期中国马克思主义关于文化利益的科学论述,为文化利益理论内容的完善打下了基础。

(二)在文化利益的微观实证和宏观实证方面,采用了全新的实证方法,如向量自相关模型、空间面板数据模型等,使得实证分析与现实更加贴近,实证结果更具解释力。

(三)在国内外文化利益实践的分析中,采用的数据较新,资料更加充分。书中95%以上的国内统计数据和80%以上的国外统计数据已更新至2011年。另外,书中所涉及的一些国内外政策、规则等资料也做了同步更新。

(四)设置独立的一章对中国文化利益发展中的矛盾进行系统分析,使得全书体系结构更加完备。立足于微观、宏观和国际化三个领域,对各类文化利益以及发展国际化等方面的矛盾进行系统分析,既是对理论与实践的总结,又可以引出相应的对策,起到了承前启后的作用。

本书适合本科生、研究生以及教学和科研人员参考使用。在本书写作过程中,笔者参考了大量的文献、引用了大量的数据,在此向这些学术成果的作者表示感谢!同时,经济管理出版社的王光艳女士为本书的出版付出了辛勤的劳动,在此也深表感谢!

文化利益是一个全新的研究领域,主题内涵深刻而复杂,本书只是此项研究的一个开始,或者说是一种尝试,文化利益领域还有很多问题值得进一步探讨。由于笔者知识水平有限,书中所存争议和纰漏在所难免,敬请读者批评指正!

吕健
2012 年 10 月

目 录

导 论 ·· 1
  第一节　选题背景与研究意义 ·· 2
    一、选题背景 ·· 2
    二、研究意义 ·· 4
  第二节　研究的对象与方法 ·· 5
    一、研究对象 ·· 5
    二、研究方法 ·· 6
  第三节　研究的内容与架构 ·· 7
    一、主要内容 ·· 7
    二、基本架构 ·· 10
  第四节　创新与不足 ·· 11
    一、创新 ··· 11
    二、不足 ··· 12

第一篇　理论研究

第一章　文化利益的理论基础 ·· 15
  第一节　文化利益的内涵 ·· 15
    一、利益解析 ·· 15
    二、文化解析 ·· 20
    三、文化利益的含义 ··· 22
  第二节　文化利益的特征 ·· 26
    一、整体性 ·· 26
    二、稳定性 ·· 27
    三、共享性 ·· 28
    四、动态性 ·· 28
    五、积累性 ·· 29
  第三节　文化利益的分类 ·· 30
    一、微观的文化利益 ··· 30
    二、宏观的文化利益 ··· 31
  第四节　文化利益的地位 ·· 32
    一、文化利益与经济利益 ··· 33

二、文化利益与政治利益……………………………………… 36
三、经济利益与政治利益……………………………………… 37
四、文化利益与社会利益……………………………………… 38

第二章 文化利益的理论渊源……………………………………… 40
第一节 马克思主义文化利益思想………………………………… 40
一、经典马克思主义的相关论述……………………………… 40
二、新时期中国马克思主义的相关论述……………………… 50
第二节 西方学界的相关研究……………………………………… 54
一、古典经济理论的视角……………………………………… 54
二、经济增长理论的视角……………………………………… 57
三、新兴经济理论的视角……………………………………… 59
四、社会学理论的视角………………………………………… 60
第三节 国内经济学界的相关研究………………………………… 62
一、社会利益理论的观点……………………………………… 62
二、文化经济学的观点………………………………………… 65
三、文化力与文化生产力理论的观点………………………… 66
四、文化资本理论的观点……………………………………… 68
五、文化产业理论的观点……………………………………… 69
六、结论性评价………………………………………………… 71

第三章 文化利益的理论内容……………………………………… 72
第一节 文化利益的创造…………………………………………… 72
一、文化利益创造的动力……………………………………… 72
二、文化利益创造的途径……………………………………… 77
三、文化利益创造的策略……………………………………… 78
四、文化利益创造的二重性…………………………………… 81
第二节 文化利益的交换…………………………………………… 82
一、个人文化利益的交换……………………………………… 83
二、企业文化利益的交换……………………………………… 84
三、国家文化利益的交换……………………………………… 85
第三节 文化利益的分享…………………………………………… 87
一、文化利益的分享方式:文化要素的视角………………… 87
二、个体文化利益的分享……………………………………… 89
三、社会文化利益的分享……………………………………… 91
第四节 文化利益的实现…………………………………………… 93
一、文化利益实现的特点和作用……………………………… 94
二、个人文化利益的实现……………………………………… 95
三、企业、产业文化利益的实现……………………………… 97
四、国家文化利益的实现……………………………………… 99

第二篇 实践研究

第四章 文化利益的微观实践 ······ 103
第一节 个人文化利益的理论分析 ······ 103
一、个人文化需求 ······ 103
二、个人文化消费 ······ 106
第二节 个人文化利益的实证分析 ······ 108
一、城乡居民文化利益的基本情况 ······ 108
二、城镇居民文化利益的实证分析 ······ 110
三、农村居民文化利益的实证分析 ······ 115
第三节 企业和产业文化利益的理论分析 ······ 119
一、文化利益与文化企业 ······ 119
二、文化利益与文化产业 ······ 123
三、文化利益与文化市场 ······ 128
第四节 企业和产业文化利益的现状分析 ······ 130
一、整体分析 ······ 131
二、具体分析 ······ 133
三、基本结论 ······ 137

第五章 文化利益的宏观实践 ······ 138
第一节 文化利益与国内经济的理论分析 ······ 138
一、文化利益与经济增长 ······ 138
二、文化利益与区域经济 ······ 141
三、文化利益与文化共同体 ······ 143
第二节 文化利益与国内经济的实证分析 ······ 146
一、文化利益与经济增长的基本状况 ······ 146
二、文化利益与经济增长的实证分析 ······ 153
第三节 文化利益发展国际化的理论分析 ······ 159
一、文化利益与国家文化安全 ······ 159
二、文化利益发展国际化的博弈分析 ······ 160
三、国际化是文化利益发展的必然之路 ······ 165
第四节 文化利益发展国际化的现状分析 ······ 166
一、全球化视角下的文化利益 ······ 166
二、文化利益与国际文化贸易 ······ 167
三、中国国际文化贸易的现状 ······ 168

第六章 国外文化利益的实践 ······ 172
第一节 美国文化利益的实践 ······ 172
一、美国的文化政策 ······ 172
二、美国的文化产业 ······ 176

三、美国文化利益发展的经验 …………………………………… 180
第二节 欧洲文化利益的实践 ……………………………………… 181
一、英国的实践与经验 ……………………………………… 181
二、法国的实践与经验 ……………………………………… 185
第三节 日韩文化利益的实践 ……………………………………… 188
一、日本的实践与经验 ……………………………………… 188
二、韩国的实践与经验 ……………………………………… 192

第三篇 矛盾与对策研究

第七章 文化利益发展中的矛盾 ……………………………………… 199
第一节 微观领域中的矛盾 ………………………………………… 199
一、个人文化利益方面 ……………………………………… 199
二、企业文化利益方面 ……………………………………… 201
三、产业文化利益方面 ……………………………………… 205
第二节 宏观领域中的矛盾 ………………………………………… 209
一、区域文化利益方面 ……………………………………… 209
二、国家文化利益方面 ……………………………………… 211
第三节 国际化进程中的矛盾 ……………………………………… 213
一、国家文化安全方面 ……………………………………… 213
二、国际文化贸易方面 ……………………………………… 215

第八章 文化利益发展的对策 ………………………………………… 217
第一节 文化利益发展的总体思路 ………………………………… 217
一、指导思想 ………………………………………………… 217
二、基本战略 ………………………………………………… 220
三、主要路径 ………………………………………………… 222
第二节 文化利益发展的微观对策 ………………………………… 223
一、个人文化利益发展的对策 ……………………………… 223
二、企业文化利益发展的对策 ……………………………… 224
三、产业文化利益发展的对策 ……………………………… 225
第三节 文化利益发展的宏观对策 ………………………………… 227
一、区域文化利益发展的对策 ……………………………… 227
二、国家文化利益发展的对策 ……………………………… 228
第四节 文化利益发展国际化的对策 ……………………………… 229
一、维护国家文化利益安全的对策 ………………………… 229
二、中国文化利益发展国际化的对策 ……………………… 231

参考文献 …………………………………………………………………… 233
后　记 …………………………………………………………………… 248

导　论

　　利益作为一种不以人的意志为转移的客观存在,产生于人类的需求之中。正所谓"天下熙熙,皆为利来;天下攘攘,皆为利往"①。在漫长的社会发展进程中,人类不仅创造出了丰富的物质文明,为自己提供了巨大的经济利益,也创造出了灿烂的政治文明和精神文明,追求和实现着自己的政治利益和文化利益。

　　中国是一个有着五千年悠久文化的文明古国,在历史上,曾在政治、经济、文化等领域创造了光辉业绩,对世界的文明与进步起到了举足轻重的作用。由于近代以来,中国的文化发展远远落后于西方,虽然拥有巨大的文化资源,却无法有效地转化成文化利益为人民所享有。值得庆幸的是,自新中国成立特别是改革开放以来,中国文化利益的实现程度日新月异,随着全球一体化的发展,中国加入世界贸易组织,进入了全面参与国际文化竞争与合作的发展阶段。文化的发展成为社会发展的最高表现形式,而文化利益也逐步成为社会利益领域的最高利益。特别是在 2011 年 10 月 18 日,中国共产党第十七届中央委员会第六次全体会议通过了《中共中央关于深化文化体制改革　推动社会主义文化大发展大繁荣若干重大问题的决定》,总结中国文化改革发展的丰富实践和宝贵经验,研究部署深化文化体制改革、推动社会主义文化大发展大繁荣,进一步兴起社会主义文化建设新高潮,对夺取全面建设小康社会新胜利、开创中国特色社会主义事业新局面、实现中华民族伟大复兴具有重大而深远的意义。② 这一纲领性文件表明,在新的历史时期,文化利益的发展已经成为中国社会利益领域的最高利益,全社会必须要充分重视并为之不懈奋斗。

　　本书以利益理论为基础,从经济学视角出发,对文化利益的创造、交换、分享和实现进行探讨,构建起文化利益的理论分析框架,并结合中国文化建设实践,对文化利益理论进行实证分析;同时,借鉴国外文化利益实践中的有益经验,分析中国文化利益发展中存在的矛盾,并提出相应的对策,以期有益于中国文化利益的全面、可持续发展。

---

①　司马迁:《史记·货殖列传》,北京:中华书局,1959 年,第 3254 页。
②　中国共产党第十七届中央委员会第六次全体会议通过:《中共中央关于深化文化体制改革　推动社会主义文化大发展大繁荣若干重大问题的决定》,北京:人民出版社,2011 年,第 1 页。

文化利益理论与实践

第一节　选题背景与研究意义

一、选题背景

1. 社会利益理论研究的兴起

利益是人类活动的根本动因和最终目标。因此，对利益的研究就成了剖析社会现象尤其是经济现象，探索社会和经济发展内在规律的重要途径。在经济学思想史上，利益问题历来是经济学研究的核心问题。无论是马克思主义经济学还是西方经济学，在本质上都是以利益为核心的。马克思指出："人们奋斗所争取的一切，都同他们的利益有关。"①康芒斯也曾说过："自从经济学的研究开始和哲学、神学或者自然科学分开，研究者采取的观点决定于当时认为最为突出的冲突以及研究者对冲突的各种利益的表态。"②社会科学研究发现，只有捕捉到经济、政治、文化等社会现实中具有"统摄"意义的全局性现象，才能抓住社会问题的根本。社会利益关系研究发现，利益现象正是这种根本现象，人类一切经济活动乃至一切人类活动的核心就是利益。③

20世纪90年代以来，中国理论界的一批经济学者对社会利益理论展开了深入的研究，并取得了丰硕的研究成果，其中包含了很多具有启发意义的思想和观点：一是一切社会活动的中心是利益。"人们产生从事经济、政治、文化活动的动机无不出于对利益的追求。没有利益，人们从事社会活动就丧失了目标，社会主义也概莫能外。"二是一切社会关系的核心是利益关系。"个人与社会互为前提，互为条件。社会的发展只能以每个人的利益为目标，以大多数人的利益为标准。……因此，处理一切社会关系，必须把握其核心，即利益关系。"三是一切社会科学的核心归根结底是利益关系问题。"社会科学学科和社会科学学者在研究、解释和试图解决问题时，往往自觉或不自觉地站在特定利益的立场上，代表和维护特定集团的权益，接受反映特定利益集团的意识形态，采取符合特定利益集团的价值判断。"④

---

① 马克思、恩格斯：《马克思恩格斯选集》第1卷，北京：人民出版社，1995年，第82页。
② 康芒斯：《制度经济学》（上册），北京：商务印书馆，1994年，第134页。
③ 洪远朋：《社会利益关系演进论》，上海：复旦大学出版社，2006年，第3页。
④ 洪远朋：《社会利益关系演进论》，上海：复旦大学出版社，2006年，第5页。

在社会利益的庞大系统中,经济利益是根本利益,但是绝不能忽视政治利益与文化利益。尤其是在拥有了充裕的物质生活之后,人们在此基础上形成了精神追求,希望获得休闲娱乐、审美体验、科学教育等机会,这就逐渐凝聚出了文化利益。经济利益决定着文化利益,同时,文化利益也是发展新的经济利益和政治利益的"酵母"。① 我们可以将之形象地概括为:"今天的经济是明天的文化,今天的文化是明天的经济。"

正是社会利益理论研究的兴起以及创新观点的不断涌现,为文化利益理论的研究开辟了思路,同时也提供了理论基础和方法论指导。

2. 文化利益研究的不足

改革开放三十多年来,中国经济发展取得了举世瞩目的成绩。人民群众从改革中得到巨大的经济利益,人们的生活水平不断提高。21世纪的中国社会,人民群众在物质利益基本满足后,开始把目光投向文化利益领域。特别是党的十七届六中全会所作出的战略决定,标志着文化利益开始占据"利益谱"的主导地位。

然而,综观中外研究,我们遗憾地发现,文化利益的研究尚未得到足够的重视。在国外,文化利益(Cultural Interests)并不是一个新名词,但是,西方学者运用文化利益一词的时候,往往只侧重于"文化"意旨层面,这与我们提出的文化利益有本质的差别。在国内,尽管中央有关文件明确出现过文化利益的字样,相关的政策研究人员在一些场合也提到过这一名词,但是专门研究文化利益理论的学术著作却并不多见,至于从经济学的视角研究文化利益理论的文献就更是寥寥无几了。

特别需要指出的是,在社会利益研究领域,洪远朋在《经济利益关系通论》一书中认为,"文化利益是人类精神需要的满足"。② 在2008年,又指出"社会利益包括:经济利益、政治利益和文化利益。经济利益是社会的基本利益,政治利益是社会的核心利益,文化利益则是社会最高形态的利益"。③ 余政认为,"肯定经济利益与政治利益中的文化内涵,也就是肯定了文化利益。即文化本身就是一种利益。文化利益是人类的精神需要的满足"。④ 这些学者明确地提出了文化利益的思想,并结合经济利益对其进行了整体性的阐述,但是没有对文化利益进行专门的、细致的研究,因此,也为本书的研究创造了良好的契机。此外,张怡在其博士学位论文《论文化利益》中,从政治学的角度对文化利益做了探讨,将文化利益界定为一种满足人的相关"精神文化性"需要的对象物,可以是事物、社会关系、行为或活动,

---

① 张怡:《论文化利益》,上海:复旦大学博士学位论文,2005年,第9页。
② 洪远朋:《经济利益关系通论》,上海:复旦大学出版社,1999年,第62页。
③ 洪远朋、郝云:《十七大对马克思主义利益理论的坚持与发展》,《复旦学报》(社会科学版),2008年第3期。
④ 余政:《综合经济利益论》,上海:复旦大学出版社,1999年,第208页。

是一种深层次的、可持续的、与人的全面发展直接关联的需要的外部表现方式。①

在其他相关的研究之中,现有的出现"文化利益"字样的文献主要有以下三类:一是中央有关文件、会议纪要和报告;二是论述其他主题时提及文化利益的某个方面,比如文化产业和企业文化相关的文献;三是国外文献,主要集中在主权意义上使用文化利益的概念,特指一定的国家、民族和地区保护和发展自身独特的传统文化、本土意识、民族习俗等方面。

正是由于国内外学界对文化利益这一主要社会利益形式的研究仅仅是一些初步的探索,并没有明确地对文化利益的创造、交换、分享和实现过程进行理论分析和实证研究,这就为本书较为全面、系统地研究文化利益提供了一个有利的空间。

二、研究意义

1. 文化利益研究的理论意义

文化和经济的关系是经济学中一个非常有价值的研究课题。随着边际效用学派的兴起和数学在经济学中的广泛应用,经济学逐步从传统政治经济学中独立出来,处理那些可以定量研究的问题。这一转变促使经济学的重心从社会制度结构对经济的影响转移到既定制度结构前提下经济变量的相互关系之上。然而,即便在西方,制度(包括文化习俗、政治制度和经济制度)的经济作用这类研究也从来没有停止过。② 随着新政治经济学在西方主流经济学中的复兴,对文化和经济关系的探讨又重新进入经济学家的视野。在当代中国,经济学界对于文化和经济关系的研究并不少见,但是对文化利益缺乏必要的关注,对文化利益理论的系统研究更不多见。

此外,利益是一切经济学研究的核心问题,利益理论的研究在经济学理论中占有重要的地位,而文化利益理论是利益理论领域的拓展。因为,随着社会的发展,人们对精神利益的追求显得愈发重要,并成为时代的特征。文化利益研究作为利益理论研究领域中的一个重要组成部分,既具有一般性,又具有特殊性。对文化利益理论的研究,既说明了利益理论所涉及社会活动层面的广泛性,又展示了精神领域利益关系区别于物质领域利益关系的独特性。文化利益理论不但能够更好地解释文化的本质内容,同时也能够进一步地拓展利益理论的研究范围,使利益理论更具生命力。

所以,本书旨在从学科交叉的角度研究文化利益,将文化利益研究重新纳入现代经济学的理论视野,系统地阐述文化利益的微观理论与宏观理论,并对这些理论进行实证分析,这是本书研究的理论意义。

---

① 张怡:《论文化利益》,上海:复旦大学博士学位论文,2005年,第30页。
② 蒋自强、史晋川等:《当代西方经济学流派》(第二版),上海:复旦大学出版社,2005年,第1~20页。

2. 文化利益研究的现实意义

文化作为推动经济社会发展的重要动力,也是决定国家、地区、产业、企业和个人是否具有竞争力的核心要素。原因是,文化能够为上述个体带来利益,正是文化利益的存在导致了文化在社会活动中处于核心地位,同时,这也使得各种社会活动主体在实践过程中更加注重文化利益的创造、交换、分享和实现,并认识到文化发展是人类社会发展的最高目标,文化利益是社会利益的最高形式。这种文化利益观念的形成对于促进经济社会不断发展具有极其重要的现实意义。

文化利益在社会利益结构中占有极其重要的位置,只是在思想观念上重视文化利益是远远不够的,应更加关注文化利益的总过程在实践中是如何运作的,或者说,如何在实践中获得更多的文化利益。因此,本书除了对文化利益的创造、交换、分享和实现过程作了理论分析之外,还根据中国文化建设的实践,对文化利益作了微观和宏观的分析,并结合国外文化利益的实践经验,对中国文化利益的实现提出了一些重要的政策建议。具体地说,一方面,本书分析了中国文化建设中的文化利益实践状况,从微观和宏观两个层面剖析中国文化利益的过程、特点、格局及趋势,从而为我们了解中国的文化利益实践并提出有益对策提供了坚实的理论基础,同时,也为我们对中国文化利益的实证研究进行了有益的尝试;另一方面,本书并没有将文化利益的研究范围仅仅局限于中国,而是以全球化的视角,考察了美国、欧洲、亚洲等一些具有代表性国家的文化利益实践,通过对这些国家实践经验的比较分析,概括、提炼出了一些值得中国借鉴的经验和启示,从而为中国文化利益实现对策的制定提供了参照对象和国际背景。通过这两方面的分析,有助于我们更好地理解和贯彻党的十七届六中全会的精神,更好、更快地推进中国社会主义文化大繁荣大发展,这是本书研究的现实意义。

第二节 研究的对象与方法

一、研究对象

概括地说,本书研究的对象是文化利益。文化利益在目前的文献中尚无明确的定义,对于其内涵、类型、演变发展以及在整个社会利益关系体系中的地位和作用也没有理论上的定性分析,至于对文化利益在经济社会发展中的实证分析就更加缺乏了。本书通过对经济学思想史上利益概念和文化学中文化概念的梳理、综合,形成了文化利益的概念;分析文化利益的定义、主体和客体、特征、分类以及它与其他社会利益的区别和联系;在上述基础上,对文化利益的总过程,即创造、交换、分享和实现等各个过程进行了具体的分析。

由于文化利益根据不同的划分方式可以划分为不同的类型,因此,本书分别从微观和宏观的角度,以不同主体的文化利益为进一步研究的对象,从理论和实证的角度加以考察和分析。具体地说,在微观层面上,以个人文化利益为研究对象,通过对个人文化需求及个人文化消费的考察,分析中国个人文化利益实现的理论和实践;以企业文化利益、产业文化利益为研究对象,通过对文化企业和文化产业生产经营活动的考察,分析了中国企业、产业文化利益的实践情况。在宏观层面上,分别以区域文化利益和国家的文化利益为研究对象,结合中国区域经济和国内经济发展状况,探讨了文化利益对区域经济和国内经济增长的作用机制,并加以尝试性的实证检验;此外,还着重以国家文化利益为研究对象,讨论了在经济、文化全球化背景下,中国文化利益发展的国际化道路。当然,本书并没有将研究对象局限于中国的文化利益,而是把国外一些发达国家的文化利益也纳入了研究对象之列,以便为更好地研究中国的文化利益提供比较和借鉴的对象。

二、研究方法

本书不仅从理论上分析文化利益的总过程,而且从实证上对中国文化利益的微观实践和宏观实践加以研究。同时,本书不仅静态地分析文化利益的获得情况,而且动态地分析文化利益的发展趋势。尤其重要的是,本书试图揭示文化利益与经济社会发展之间内部的、本质的、必然的联系。为此,本书在研究过程中力求多角度、多方法、多层次地研究不同层面、不同主体的文化利益,最大可能地做到理论研究与实证研究相结合、静态研究与动态研究相结合、独立研究与比较研究相结合。具体地说,本书所采用的研究方法主要包括以下几种:

第一,实证分析与规范分析相结合的研究方法。经济学中的实证分析是指排除了主观价值判断,只对经济现象、经济行为或经济活动及其发展趋势做客观分析,它考虑的是经济事物间存在的规律,要回答的是客观事物"是什么"。规范分析则是从一定的价值判断出发,说明某一具体经济事物是否符合某种价值标准,它要回答的是某一事物"应该是什么"。实证分析与规范分析并不是绝对互相排斥的。规范分析要以实证分析为基础,而实证分析也离不开规范分析的指导。本书将从经济学视角出发,对文化利益的总过程加以理论分析,即回答"应该是什么"。同时,本书以中国经济社会发展的相关数据对文化利益的理论加以实证检验,回答客观状况"是什么"。

第二,静态分析与动态分析相结合的研究方法。静态分析是对经济运行的一种短期分析,仅仅注重所出现的结果,而不涉及如何达到该种结果的中间过程。动态分析导入了时间因素,重点研究事物实际变化的过程。本书对文化利益实现的分析,既采用截面数据这种静态的分析方法,也采用了时间序列、面板数据等动态的分析方法,以求更为准确地刻画中国文化利益实现的真实状况。

第三,比较研究的方法。本书在对中国文化利益的实现进行了微观实践和宏观实践分析之后,对国外一些代表性国家文化利益的实践活动进行了分析,特别是对文化政策、文化产业和国际文化贸易等方面进行了细致的研究,并将得出的结论与中国实践相比较,以期为中国文化利益的实现和发展提供参考和借鉴。

第四,博弈论的方法。当前文化经济的发展是一种既竞争又合作的模式,不同的主体在选择自己的文化策略、实现自己的文化利益之时,还需要考虑其对手的策略。因此,博弈论的运用,为分析各个主体文化利益的实现情况提供了有力的工具。本书在文化共同体形成的分析和国家文化对外开放的分析中,分别运用了联合博弈和重复博弈,并取得了较好的解释效果。

第三节　研究的内容与架构

一、主要内容

首先,本书从文化利益的基本理论入手,对文化利益的定义、内涵、特征、分类以及在社会利益结构中的地位加以明确,并从马克思主义学说、西方经济学说、当代国内经济学说等领域为文化利益探寻理论渊源,并结合中国文化建设实践,对文化利益的微观层面和宏观层面进行理论分析和实证分析;其次,对国外主要发达国家文化利益实践进行考察,分析中国文化利益发展中存在的各种矛盾;最后,提出文化利益发展的对策。全书除导论之外,分为三篇,共八章。第一篇为理论研究,包括第一章、第二章、第三章。主要对文化利益的理论基础、理论渊源和理论内容进行了阐述,这三个部分的有机结合,构成了文化利益的理论体系。第二篇为实践研究,包括第四章、第五章、第六章。主要对文化利益的微观实践和宏观实践进行了分析,同时,对国外文化利益的实践经验进行了分析。第三篇为矛盾与对策研究,包括第七章、第八章。主要是在前两篇的基础上,对中国文化利益发展中存在的矛盾进行梳理和分析,并提出相应的对策。各个章节的主要内容分述如下:

第一章阐述了文化利益的理论基础。本章重点分析了文化利益的内涵、特征、分类及其在社会利益结构中的地位。第一节为文化利益的内涵,在对利益和文化各自含义解析的基础上,结合已有文献中对文化利益的定义,归纳、提炼出本书对文化利益的定义:文化利益既是主体为获得经济利益而追求的精神性需要的满足,又是主体对自身精神文化领域(如思想观念、文学艺术、教育科学等领域)需要的直接满足。第二节为文化利益的特征,指出了文化利益具有整体性、稳定性、共享性、动态性和积累性五个基本特征。第三节为文化利益的分类,分别从微观和宏观两个层面对文化利益进行了划分。其中,微观的文化利益包括个人文化利益、企业文化利益和产业文化利益;宏观的文化利益包括区域文化利益和国家文化利益。第四节为文化利益在社会利益结构中的地位。通过对文化利益、经济利益和政治利益三者之间的两两比较,凸显出文化利益在社会利益结构中的地位,此外,还创造性地用一个三维空间来展现文化利益、经济利益和政治利益所构成的社会利益结构。本章通过对以上几方面内容的阐述,为后文对文化利益理论与实践的分析提供了坚实的理论基础。

第二章阐述了文化利益的理论渊源。本章作为文献综述,着重从马克思主义学说、西方经济学说、当代国内经济学说等学说中探寻文化利益的理论渊源。第一节为马克思主义文化利益思想。对马克思、列宁以及东欧学者奥塔·锡克等人关于文化利益的思想进行了综述,同时,对中国共产党人对文化利益的相关论述加以梳理和归纳,为本书的研究寻找直接的理论来源。第二节为西方学界的相关研究。通过对西方古典经济理论观点、经济增长理论观点以及新兴经济理论观点加以考察,总结西方经济学者对文化与经济之间关系的研究,为文化利益研究提供了经济学的思路。此外,本节也兼顾了西方其他学者的观点,例如马克斯·韦伯的命题。第三节为国内经济学界的相关研究。重点总结和回顾了中国经济学领域的社会利益理论,特别是关于经济利益理论和新时期中国社会利益关系的发展变化研究,这些成果都为本书对文化利益的研究提供了理论基础和方法论指导。此外,对国内学界已有的文化经济学理论的观点、文化力与生产力理论的观点、文化资本理论的观点以及文化产业理论的观点分别加以归纳和总结,提炼出其中关于文化利益的思想,从而成为文化利益可以追溯的理论渊源。

第三章阐述了文化利益的理论内容。本章主要分析了文化利益的创造、交换、分享和实现的具体过程,为后文对文化利益实践的分析提供理论基础。第一节为文化利益的创造。重点从文化利益创造的动力、文化利益创造的主要途径、文化利益创造的策略选择以及文化利益创造的二重性等方面阐述文化利益的创造机制。第二节为文化利益的交换。重点讨论了个人文化利益的交换、企业文化利益的交换以及国家文化利益的交换,并尝试用经济学的模型加以解释说明。第三节为文化利益的分享。提出了文化利益的分享是按照投入文化要素的多少进行分配的观点,以及对文化利益分享方式的划分,进而利用相关的理论模型对个人文化利益的分享和社会文化利益的分享分别作了分析。第四节为文化利益的实现。首先分析了文化利益实现的特点和作用，并按照利益主体的不同，分别讨论了个人文化利益、企业文化利益、产业文化利益和国家文化利益实现的具体表现形式，以及文化利益实现中存在的影响因素。

第四章是对文化利益的微观实践。本章结合文化建设的微观实践，按照微观利益主体的不同，分别对个人文化利益、企业文化利益、产业文化利益进行了理论分析和实证研究。第一节为个人文化利益的理论分析。从个人文化需求和文化消费两个方面对个人文化利益的实现作了分析，认为文化消费在很大程度上体现了文化利益的实现。第二节为个人文化利益的实证分析。主要采用中国改革开放三十多年来城乡居民的人均收入和人均文化消费支出数据，通过时间序列的计量方法，对中国城镇居民和农村居民的文化利益实现情况做了实证检验，结论为个人文化利益的实现程度与个人收入之间存在着协整关系。第三节为企业和产业文化利益的理论分析。主要以文化企业和文化产业为研究对象，通过文化企业的生产和经营、文化产业的结构和发展战略、文化市场的划分与调控，分析企业文化利益和产业文化利益的实现过程。第四节为企业和产业文化利益的现状分析。利用中国文化企业和文化产业近年来的生产、经营以及文化市场发展的相关数据，通过分析和比较的方法，反映中国企业文化利益和产业文化利益的实现情况。

第五章是对文化利益的宏观实践。本章结合中国文化建设的宏观实践，从两个方面对文化利益的宏观实践进行分析：一方面，讨论了文化利益与国内经济增长的理论关系，并辅之以实证检验；另一方面，以国家为主体，讨论了国家文化利益发展的国际化，并专门分析了国际文化贸易中文化利益的实现问题。第一节为文化利益与国内经济的理论分析。首先，以国家为利益主体，通过对文化与经济增长的理论述评，提出了文化利益对国家经济增长的作用机制；其次，以区域为利益主体，从区域文化和区域文化产业的角度讨论了文化利益与区域经济发展的关系；最后，鉴于文化共同体在区域文化利益实现中的积极作用，对其进行了博弈分析。第二节为文化利益与国内经济的实证分析。通过对中国改革开放以来各个省、自治区、直辖市经济增长与文化发展的相关数据进行分析，利用空间面板数据分析技术，对中国文化利益对经济增长的作用机制加以实证检验。第三节为文化利益发展国际化的理论分析。首先分析了文化利益与国际文化安全之间的关系，其次通过一个博弈模型，分析国家文化利益在实行国际化发展时的情况，进而提出中国文化利益国际化发展的战略选择。第四节为文化利益发展国际化的现状分析。在全球化背景之下，国际文化贸易作为文化利益发展国际化的重要途径，备受各国的关注。本节着重讨论了国际文化贸易中文化利益的发展情况，并对中国当前的国际文化贸易状况进行了分析。

文化利益理论与实践

第六章是对国外文化利益的实践。主要选取了北美、欧洲和亚洲一些具有代表性的国家作为考察的对象,对它们在实现文化利益方面的实践加以介绍和分析,并做出了经验总结。第一节为美国文化利益的实践。主要分析了美国这个世界文化产业大国的文化政策和文化产业,并对美国文化产业中的各个行业以及国际文化贸易状况进行了具体的分析,进而得出美国在文化利益实现方面的主要经验。第二节为欧洲文化利益的实践。主要选取了在欧洲比较有代表性的国家——英国和法国作为分析对象,对它们的文化政策、文化产业特点和成就分别加以分析,并总结了它们在文化利益实现方面值得借鉴的经验。第三节为日韩文化利益的实践。日本和韩国作为亚洲文化产业发展迅速的国家,主要得益于其国家文化发展战略。本节从日本和韩国国家文化战略入手,分析了其文化产业成功和文化利益实现的主要原因,并对相关的经验进行了总结。

第七章分析了文化利益发展中的矛盾。本章立足于微观、宏观和国际化三个领域,对文化建设中各个方面的矛盾进行了系统的分析,并探究矛盾产生的主要原因,以利于准确地认识中国当前文化利益发展所面临的挑战。第一节为微观领域中的矛盾。根据文化利益微观主体的不同,对个人文化利益、企业文化利益、产业文化利益三个方面所存在的各种矛盾进行分析,并探寻矛盾产生的原因。第二节为宏观领域中的矛盾。本节从宏观视角出发,分析了区域和国家两个层面的文化利益发展中所存在的矛盾。第三节为国际化进程中的矛盾。一方面,从文化主权、文化经济、文化资源和文化生态角度入手,对国家文化安全领域的突出矛盾进行具体的分析。另一方面,对中国当前的国际文化贸易领域的矛盾进行分析,指出文化利益发展国际化进程中亟待解决的问题。

第八章提出了文化利益发展的对策。在对文化利益理论与实践研究的基础上,结合对中国文化利益微观实践和宏观实践的考察以及国外文化利益的实践经验,针对中国文化利益发展中的各种矛盾,提出了相应的对策。第一节为文化利益发展的总体思路。提出了指导思想、国家文化战略和文化利益战略,并明确了中国文化利益发展的主要路径。第二节为文化利益发展的微观对策。根据不同的微观主体,分别对个人、企业和产业文化利益的实现提出了相应的对策。第三节为文化利益发展的宏观对策。对区域和国家发展中文化利益的实现提出了对策。第四节为文化利益发展国际化的对策。首先给出了维护国家文化安全的相关对策,进而从政策、产业、人才以及贸易等方面提出了文化利益发展国际化的对策。

二、基本架构

本书研究的基本架构如图0-1所示。

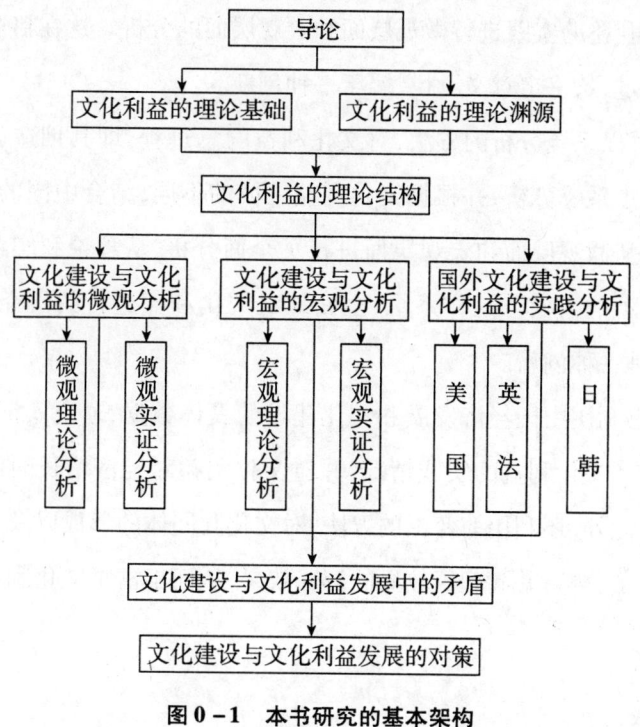

图 0-1 本书研究的基本架构

第四节 创新与不足

一、创新

本书研究中的创新之处主要在于：基于经济学的视角研究文化利益，即将文化利益这一人文领域的研究对象，置于现代经济学分析的框架之中，进行理论与实证的研究。具体地说：

第一，文化利益理论尚属一个新范畴，是经济学与文化学相交叉的一个新的研究领域。本书在经济学思想史的基础上，充分借鉴了文化学的理论，结合中国的实际，对文化利益进行明确的界定，初步建立了一个比较系统的文化利益理论框架，并对中国文化利益的实践进行微观层面和宏观层面的分析。这在目前已有的研究之中并未出现过,从一定意义上说,属于一种创新。

第二,本书以系统分析的方法,对文化利益的总过程,即其创造、交换、分享和实现过程进行了系统分析,并根据文化利益主体的不同,结合中国的文化建设,对文化利益分别从微观层面和宏观层面进行了全面分析,从理论和实践两个方面提升了对文化利益的理解。这样系统、全面地对文化利益进行的研究尚不多见,因此,也可以说是一种创新。

第三,本书利用中国经济发展和文化建设的具体数据,通过实证的方法,分析了不同利益主体文化利益的实践情况,并对文化利益对经济增长的作用机制进行了实证检验。此外,还利用博弈论的方法,对文化共同体的形成以及文化利益的国际化发展进行了分析,并起到了较好的解释效果,从而丰富了文化利益理论研究的方法。

二、不足

本书研究中的不足之处在于:

第一,本书试图把文化理论和利益理论相结合,并置于现代经济学的分析框架之中进行分析研究。但是,这一研究方法在文化学界与经济学界并不多见,缺少丰富的研究经验,加之笔者理论水平有限,故研究结果尚不能令人满意。由于文化利益是一个全新的研究领域,主题内涵深刻而复杂,本书的研究只是此项研究的一个开始,而有关文化利益更深层次的理论,是今后研究的重点。

第二,本书试图利用实证的方法,结合中国文化建设的数据,对文化利益的微观理论和宏观理论进行检验和分析。但是,在指标体系的建立、变量的选取、模型的构建、数据的采集以及计量方法的运用等方面,都具有很大的尝试性,还有待进一步地提高。

第一篇 理论研究

第一章 文化利益的理论基础

利益作为一种不以人的意志为转移的客观存在,产生于人类的需求之中。同时,人类多样化的需求也决定了对多样化利益的追求。在漫长的社会发展进程中,人类不仅创造了丰富的物质文明,为自己提供了巨大的经济利益,而且创造了灿烂的精神文明,追求和实现着自己的文化利益。由于文化活动本质上是一种利益活动,因此,对文化利益的研究就成了剖析社会文化经济现象、探索其内在规律的重要途径。本章对与文化利益有关的基本概念作了简要阐述,如文化利益的内涵、文化利益的特征、文化利益的分类以及文化利益在社会利益结构中的地位等,从而为下文的分析提供了一个必要的理论基础。

第一节 文化利益的内涵

一、利益解析

1. 国内学界的定义

"天下熙熙,皆为利来;天下攘攘,皆为利往。"[1]熙熙攘攘的人们为了利益而奔波忙碌。那么,究竟何为利益呢?在《辞海》中,利益被言简意赅地定义为"好处",如集体利益、个人利益。[2] 从词源学和中国古代文化来查证,"利"在甲骨文中表示使用农具从事农业生产以及采集自然界果实或收割成熟的庄稼的意思。后来,"利"又逐步演变为祭祀占卜意义上的"吉利",即特定的活动能达到预期的目的和获得预期的效果,后又进一步引申出"好处"之意,与"害"相对。

---

[1] 司马迁:《史记·货殖列传》,北京:中华书局,1959 年,第 3254 页。
[2] 辞海编辑委员会:《辞海》,上海:上海辞书出版社,1979 年,第 1955 页。

把利益解释为"好处",仅仅是对利益表现形式的一种笼统的描述。国内学界也尝试着对它作进一步的定义,下面将对国内诸多学者的定义加以比较,以便我们更加准确、深刻地把握其含义。

洪远朋认为,利益是人们能满足自身需要的物质财富和精神财富之和,以及其他需要的满足。它既包括自然利益(或环境利益)、社会利益、经济利益,还包括精神利益、政治利益、文化利益等。特别是在经济利益的研究领域,洪远朋认为,利益就是人们在经济活动中的利益,经济活动包括人们的生产、流通、分配、消费活动。因此,利益就是指人们在生产、流通、分配、消费过程中的利益,即生产过程创造利益、流通过程交换利益、分配过程分享利益、消费过程实现利益。①

余政在对经济利益定义时,认为利益应该是一个主客观相统一的概念,利益的必要性源于需要,需要是主体对外界对象的依赖关系,所以,利益就是人类对自然和社会依赖关系的实现。利益具有三个内在的要素,即需要、权力、信息。需要使利益具有必要性,权力使利益具有可能性,信息则使利益具有现实性。②

孔爱国和邵平认为,利益的内涵就是人们对现实与未来"好处"的追求,进一步地说,这里的"好处"是行为者本身对目前或未来所估计的、具体的、单一的、成为关心对象的可能的机会,行为者的利益存在于其行为之中,是其行为的导向器。利益诉求在经济发展的初期是以物质利益为主导的,随着社会的发展,对精神利益的追求愈发重要,并成为时代的特征。③

谭培文认为,利益首先是人们的生存需要,利益是社会历史发展的本原,是社会历史发展的整个过程的根据。在社会历史观中,无非是两种现象,一种是利益现象,一种是思想现象。利益决定思想,利益是本体、是根据,思想是派生物。但是,这种决定思想的利益已经不是一般的抽象物质,而是人类的社会生活条件。④

张怡认为,利益是人们在社会活动和社会关系中并且只能通过一定社会关系才能发生的指向、拥有和享用,以满足人的各种需要的事物、状态、关系等。换言之,现实生活中存在着许多事物、状态与关系,如果这些事物与人们的需要没有任何关系,或者这些事物的获得完全由人们的自发行为所掌控,则这些事物并不构成利益,只有当外部的事物、状态、关系等与人们的需要发生勾连,尤其是这种勾连逐步由开始的主观状态慢慢转化为客观的、现实的、被人们孜孜以求的状况时,这时才形成了真正的利益。⑤

---

① 洪远朋:《经济利益关系通论——社会主义市场经济的利益关系研究》,上海:复旦大学出版社,1999年,第2页。
② 余政:《综合经济利益论》,上海:复旦大学出版社,1999年,第29页。
③ 孔爱国、邵平:《利益的内涵、关系与度量》,《复旦学报》(社会科学版),2007年第4期。
④ 谭培文:《马克思主义的利益理论》,北京:人民出版社,2002年,第24、68页。
⑤ 张怡:《论文化利益》,上海:复旦大学博士学位论文,2005年,第26页。

第一章 文化利益的理论基础

郝云认为,利益是一个关系范畴,如果只有主体的需要或客体的存在都不能完整地理解利益,这个关系范畴包括人与物的关系和人与人的关系,只有人与物的关系还只能是一个利益实现的一部分,或者说利益实现的一个必要条件。充分条件还在于人与人之间的利益关系,通过人际间的比较,或者人与自身的比较才能完整地理解利益。因此,人们利益的满足、利益的实现离不开现实的社会关系,在阶级社会里体现为一定的阶级关系。①

2. 国外学界的定义

"利益"(Interests)虽然在国外常用词典中也被简洁地定义为"好处、利益、福利",②但是,利益在国外学界,特别是在社会科学和历史中,是处于最中心的和争论最多的概念之一。

自16世纪晚期,在欧洲各国广泛使用实质上是从同一拉丁语(Intérêt, Interesse, etc.)派生来的词以来,基于自我保存和自我提高的动力,这个概念就已经代表着这种基本的力量,它激发或者应该激发国家、个人和后来占据相似社会或经济地位的人民的团体(各阶级、各利益集团)的行动。当关系到个人时,这个概念不时具有范围非常广的意义,包括名誉的利益、光荣的利益、自重的利益甚至身后的利益,而在另一些时候又完全限于为了经济上的好处而进行的竞赛。利益激发的行为所受到的尊重也已经发生剧烈变化。这个词最初在中世纪晚期就已经被用作一种委婉说法,从以放高利贷罪恶闻名的放债收利变成了一个可敬的行为。在其更广的意义上,这个词有时获得通往一个可以运转的及和平的社会秩序的"钥匙"的巨大威信。③

同样,利益这个概念在当代西方经济学中也起着中心作用:塑造自私自利的、鼓励的个人,这种个人在计算各种可供选择的行动过程对自己预期的费用和收益以后,就自由而理性地进行选择,而不考虑对别人以及对整个社会的费用和收益,对这种人的塑造就构成了大部分经济学的基础。④

马克思则从人类的需要入手,通过一定社会关系来研究利益的本质。他在《1844年经济学哲学手稿》中对需要问题作了比较详细的论述,提出了社会的需要、肉体的需要、工人的需要、文明的需要、粗陋的需要、人的需要、利己的需要、交往的需要、自然的需要等概念。同时,他又在《政治经济学批评大纲》中提出了必要需要的概念,并把必要需要和必要劳动联系起来,阐明了社会需要的基本含义:人的需要是人的本质,人的需要是社会的需要,需要产生社会关系,生产决定需要,

---

① 郝云:《利益理论比较研究》,上海:复旦大学出版社,2007年,第52页。
② 牛津大学:《新牛津英汉双解大词典》,上海:上海外语教育出版社,2007年,第512页。
③④ 彼得·纽曼:《新帕尔格雷夫经济学大辞典》,北京:科学出版社,2005年,第951页。

需要推动生产。① 进而，马克思认为，利益是社会化的需要，是人们通过一定的社会关系表现出来的需要。利益在本质上属于社会关系的范畴。社会主体维持自身的生存和发展，只有通过对社会劳动产品的占有和享受才能实现，社会主体与社会劳动产品的这种对立统一关系就是利益。②

捷克学者奥塔·锡克（1966）从社会学角度出发，认为："利益是人们满足一定的客观产生的需要的集中的持续较长的目的；或者这种满足是不充分的，以致对其满足的要求不断使人谋虑；或者这种满足（由于所引起的情绪和感情）引起人的特别注意和不断重复的、有时是更加增强的要求。"同时，奥塔·锡克也指出，利益是通过环境对主体的一定系统的影响而产生的，并表现主体对这种环境的主动关系。该主体的社会地位，尤其是它的经济地位、它的社会出身、它所受的教育、它的生活经验、它的社会关系、它的劳动或"不劳动"等，都清楚地表现在利益上。③

3. 本书的定义

通过比较和归纳各种利益的定义，对利益的本质的认识有了一个大致的轮廓。利益的本质可以从需要、社会关系、能力和时间四个方面表现出来。

第一，需要是形成利益的必要性基础。没有需要，就没有利益。一定的需要才能激发对一定利益的追求。物质的自然生理需要是形成物质利益的自然基础；人的需要则体现了人对物质生活条件和精神需要对象的自觉指向和欲望追求。它反映了作为需要主体的人对作为需要客体的社会生活条件的感性需求。人的需求是人民进行历史活动的内在动因，是社会生产发展的原始推动力。④ 利益源于需要，需要是利益最原始、最根本的基础。

第二，社会关系是形成利益的可能性和社会基础。人的利益只有在社会中才有可能实现。任何物品只有当它与一定的社会主体联系起来时，才能是一种利益。利益的主体是人，而人不是孤立的人，是社会中的人，所以，利益离不开社会，利益在本质上就是一个社会关系的范畴。利益本身反映了人与人的社会关系，它反映了需要与需要对象之间的对立统一关系。如果说，人内在的生理上的需要是利益形成的必要性基础的话，那么，只有在社会中，利益形成才具有可能性和现实性。⑤

第三，能力是使利益成为可能性的重要条件。在一定的社会关系下，即使有了需要，利益还是无法实现，它还需要另外一个重要的因素，即能力。具体地说，这种能力包括利益主体所具有的自然资源、资本、劳动、文化和信息等方面的要素。自然资源一般是指土地、能源、矿产等资源，由于自然环境越来越复杂，自然资源越来

---

① 王伟光：《利益论》，北京：人民出版社，2001年，第2~30页。
② 李淮春：《马克思主义哲学全书》，北京：中国人民大学出版社，1996年，第376页。
③ 奥塔·锡克：《经济—利益—政治》，北京：中国社会科学出版社，1984年，第263页。
④⑤ 朱鸣雄：《整体利益论》，上海：复旦大学出版社，2006年，第25页。

越少,不妨把自然资源和资本统称资本,即主体所具有的禀赋;劳动是主体所具备的自然能力,即所能够提供的劳动力的大小;文化包括主体的科学技术水平、受教育程度以及思想道德、行为规范等方面;而利益主体的能力是否能够得到有效的行使,也离不开主体所拥有的信息量的多少,信息越多,则能力的运用就越充分,获得的利益就越多。

第四,时间是考察利益变化的重要依据。利益总是在一定的时间中实现的,并且会随着时间的变化而变化。时间是物质存在与运动的客观形式,它由过去、现在和未来构成不断运动着的特殊物质系统,也是人类一切生产活动的前提和不可代替的特殊资源。而利益并不是凝结在某一个时点上的静态利益,利益的本质是追求现在与未来的"好处"及其机会。也就是说,利益主体不会只把眼光限定在某一个时点的利益之上,它追求的是一种动态的利益。

综上所述,可以给利益下这样一个定义:利益是在一定的社会关系之下,人们能满足自身需要的现在和未来的物质财富和精神财富之和,以及来自社会的其他需要的满足。这个定义体现了需要、社会、能力和时间这四个因素。需要表现为"自身需要"和"其他需要";社会表现为"一定社会关系之下";能力表现为"能满足";时间表现为"现在和未来"。

因此,利益是需要、社会、能力、时间的函数。如果把"一定的社会关系"看作是外生变量的话,利益则是需要、能力和时间这三个自变量的函数。可以用公式表示为:

$$I = f(d,p,t) \tag{1-1}$$

其中,$p = g(k,l,c,i)$ （1-2）

且有:$\frac{\partial I}{\partial d} > 0, \frac{\partial I}{\partial p} > 0, \frac{\partial I}{\partial t} \neq 0$

又因为:$\frac{\partial p}{\partial k} > 0, \frac{\partial p}{\partial l} > 0, \frac{\partial p}{\partial c} > 0, \frac{\partial p}{\partial i} > 0$

所以有:$\frac{\partial I}{\partial k} = \frac{\partial I}{\partial p} \cdot \frac{\partial p}{\partial k} > 0, \frac{\partial I}{\partial l} = \frac{\partial I}{\partial p} \cdot \frac{\partial p}{\partial l} > 0, \frac{\partial I}{\partial c} = \frac{\partial I}{\partial p} \cdot \frac{\partial p}{\partial c} > 0, \frac{\partial I}{\partial i} = \frac{\partial I}{\partial p} \cdot \frac{\partial p}{\partial i} > 0$

上式中,I 表示利益,d 表示需要,p 表示能力,t 表示时间。其中,p 又是资本 k、劳动 l、文化 c 和信息 i 的函数,这也表明了利益是一个复合函数。通过上述公式可以看出,利益与需要、资本、劳动、文化、信息等变量之间成正相关关系,利益也会随着时间的变化而发生变化。

式(1-1)和式(1-2)表明了利益主体在一定的社会关系之下,依据掌握的信息,运用所拥有的能力,满足自己当前和未来需要的过程。上述利益定义还指明了利益的源泉:如果利益主体在一定的社会关系之下,依据掌握的信息,将主体与客体相结合形成的创造利益的能力叫做生产力,即生产力就是利益的源泉。而这种生产力不但包括经济生产力,还包括文化生产力。

二、文化解析

1. 国内学界的解释

从字源上说,"文"与"化"在三千年前的卜辞中就已经出现了。"文"通"纹",本义是文错、文饰、纹理,表示记号或痕迹。可以说,文或纹,是一种自然美,不论是水纹、木纹,还是云纹、蛇纹,都给人以美的享受。"化"是中国古代很重要的一个概念。古人认为万事万物都有生克制化,"化"是一种规律。甲骨文的"化"像两个人一正一反,表示一个事物的两个方面。"化"可以引申为教化、风化、感化,表示事物形态或性质的改变。正如《说文》中所言,"化,教行也"。古书最早把"文"、"化"二字放在同一句子的文献是《周易》,其《贲卦·象传》说:"观乎人文,以化成天下。"说明两千年前就有了对文化的粗浅认识,而这个认识是对自然与社会观察的结果。

"文化"一词,从表面的词义看,就是文治与教化。汉代的刘向在《说苑·指武》中说道:"凡武之兴,为不服也;文化不改,然后加诛。"《文选》载录的晋代《补亡诗》中说:"文化内辑,武功外悠。"这些关于文化的词语体现了文与武、化与功的相对关系,寓意文化是进步的现象。①

梁漱溟在《东西文化及其哲学》一书中把文化定义为"所谓文化不过是一个民族生活的种种方面"。他认为,文化不外三个方面:一是精神生活方面,如宗教、哲学、艺术等;二是社会生活方面,如社会组织、伦理习惯、政治制度及经济关系等;三是物质生活方面,如饮食、起居种种享用,人类对于自然界求生存的各个方面。②

陈序经则在《文化学概观》中介绍了各种各样关于文化的定义,如文化是文学、是文雅、是道德、是美术、是学术、是精神、是进步、是能力。最后,他自己得出结论:文化不外是人类为着适应自然现象或自然环境而努力利用这些自然现象或自然环境的结果。③ 这个定义强调的是自然与结果。

《辞海》中对文化的定义是:文化"从广义来说,指人类社会历史实践过程中所创造的物质财富和精神财富的总和。从狭义来说,指社会的意识形态,以及与之相适应的制度和组织机构。文化是一种历史现象,每一社会都有与其相适应的文化,并随着社会物质生产的发展而发展。作为意识形态的文化,是一定社会的政治和经济的反映,又给予巨大影响和作用于一定社会的政治和经济"。④ 而国内学界也

---

① 王玉德:《文化学》,昆明:云南大学出版社,2006年,第4页。
② 梁漱溟:《梁漱溟全集》(第一卷),济南:山东人民出版社,1989年,第339页。
③ 陈序经:《文化学概观》,北京:中国人民大学出版社,2005年,第28页。
④ 辞海编辑委员会:《辞海》,上海:上海辞书出版社,1979年,第1533页。

基本上认同这种定义,认为文化有广义和狭义之区别。广义的文化,指的是物质财富和精神财富的总和;狭义的文化,指的是社会意识形态及相应的制度和组织结构。

2. 国外学界的解释

西方人对文化的解释与中国人对文化的解释是不一样的。"文化"这个名词,在英文和法文中都为 Culture,在德文中为 Kultur,原从拉丁文的 Cultus 而来。其意义有五个方面:一是含有耕种的意义;二是含有居住的意义;三是含有练习的意义;四是含有留心或注意的意义;五是含有敬神的意义。但西方各国的学者都从不同的角度对文化作出了不同的解释。

英国学者爱德华·泰勒(1871)认为:"文化,或文明,就其广泛的民族学意义来说,是包括全部的知识、信仰、艺术、道德、法律、风俗以及作为社会成员的人所掌握和接受的任何其他的才能和习惯的复合体。"①这是综合性的、现象描述性的定义,是迄今为止最有影响的文化定义。

英国学者马林诺夫斯基(1944)则认为,文化是"一个满足人的要求的过程,应付该环境中面临的具体、特殊的课题,而把自己置于一个更好的位置上的工具性装置"。② 这是价值认定性的定义,其特点是从文化的意义、功用等方面对文化进行界定。

美国学者南达认为,"文化作为理性规范、意义、期待等构成的完整体系,既对实际行为按既定方向加以引导,又对明显违背理想规范的行为进行惩罚,从而遏制了人类行为向无政府主义倾向发展"。③

美国学者克罗伯和克拉克(1952)在梳理了164种关于文化的定义之后,提出了自己的文化定义:文化是由外显的和内隐的行为模式构成的;这种行为模式通过象征符号而获传递;文化代表了人类群体的显著成就,包括它们在人造器物中的体现;文化的核心部分是传统(即历史地获得和选择的)观念,尤其是它们所带有的价值;文化体系一方面可以看作是活动的产物,另一方面是进一步活动的决定因素。④

3. 本书的解释

综合以上国内外学界各种对文化的观点,特别是国内学界对文化的定义,不难看出,文化是体现人类思想和实践的现象。我们认为,文化是人类在社会历史发展过程中所创造的物质财富和精神财富的总和,特指精神财富,如科学、技术、教育、

---

① 爱德华·泰勒:《原始文化》,上海:上海文艺出版社,1998年,第1页。
② 庄锡昌:《多维视野中的文化理论》,杭州:浙江人民出版社,1987年,第371页。
③ 南达:《文化人类学》,西安:陕西人民教育出版社,1987年,第46页。
④ 傅铿:《文化:人类的镜子——西方文化理论导引》,上海:上海人民出版社,1990年,第12页。

文学、艺术等方面。文化既是人类适应各种自然现象或自然环境而努力利用这些自然现象或自然环境的结果,也是人类适应环境以满足其生存的努力的结果。

可以说,文化是在人类为维持和繁衍自己的生命存在而对基本生存和发展利益的需求中产生的。经济是文化的基础,决定着文化的发展;文化是经济基础的上层建筑,支配和影响着经济的发展。这说明人类的一切经济活动都具有一定的文化意义,同时也使得文化活动本身蕴涵着经济因子,经济活动中也蕴涵着文化因子。① 文化和经济作为人的本质存在的一种体现,统一地存在于人类活动的同一对象之中,形成了文化经济共同体,即文化经济一体化。②

根据以上论述,不难得出文化与经济之间的互动关系,并可以建立一种传导结构体系,如图1-1所示。

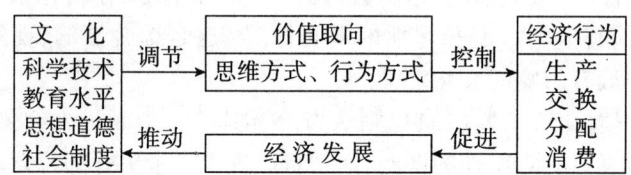

图1-1 文化与经济相互作用的传导结构体系

三、文化利益的含义

1. 中外学界对文化利益的定义

根据当前中外已有的研究,可以发现有关文化利益的研究尚未得到足够的重视。在国外,"文化利益(Cultural Interests)"并不是一个新名词,但是,西方学者运用"文化利益"一词的时候,往往只侧重于"文化"意旨层面。在国内,尽管中央有关文件明确出现过文化利益的字样,相关的政策研究人员在一些场合也提到过这一名词,但是专门研究文化利益理论的学术著作却并不多见。以下将对一些与文化利益相关的表达和论述进行汇总和整理。

奥塔·锡克(1966)在《经济—利益—政治》一书中,明确使用了"文化利益"这一词语。他认为,"一定的需要或爱好形成人们的利益。利益是以特别强烈地和比

---

① Innis Harold A.,1944,On the Economic Significance of Culture,The Journal of Economic History,Vol. 4,pp. 80 – 97;Heibrun James,Gray Charlesm,2001,The Economics of Art and Culture,Cambridge University Press.

② Fang Hanming,2001,Social Culture and Economic Performance,The American Economic Review,Vol. 91,No. 4,pp. 924 – 937;Fershtman,Chaim,Weiss,Yoram,1993,Social Status,Culture and Economic Performance,The Economic Journal,Vol. 103,No. 419,pp. 946 – 959;Lipset,Seymour Martin,1993,Culture and Economic Behavior:A Commentary,Journal of Labor Economics,Vol. 11,No. 1,pp. 330 – 347.

第一章 文化利益的理论基础

较持久地满足一定需要为目的的"。① 这里的需要,包括经济性物质的需要和非经济性非物质的需要,"社会生产的发展,从来都不仅是为了满足肉体的需要,而且必须从物质上不断保证各种各样的在社会生产中产生的非物质需要"。② 奥塔·锡克指出,"物质需要的满足越充分,所有非物质需要的增长就越迅速"。③ 这样,"文化利益(游戏、围猎、淫荡等利益)也同这种物质利益一起迅速增长起来"。④

俄国学者普列汉诺夫(1897)也指出,"社会生产的合理的有计划的组织,可以保证人的'物质需要'得到满足,正像自然界本身在一切社会关系条件下都可以保证'呼吸的需要'得到满足一样。因此,物质的需要将不再在人们的相互关系中起巨大的作用"。⑤ 普列汉诺夫已经十分清楚地预见到了文化利益将会随着物质利益的增长而增长,并超过物质利益的增长速度。

2001年,中国共产党在党的文件中第一次明确提出了"文化利益"一词:"我们党要始终代表中国最广大人民的根本利益,就是党的理论、路线、纲领、方针、政策和各项工作,必须坚持把人民的根本利益作为出发点和归宿,充分发挥人民群众的积极性主动性创造性,在社会不断发展进步的基础上,使人民群众不断获得切实的经济、政治、文化利益。"⑥

党的十七大报告也明确提出:"当今时代,文化越来越成为民族凝聚力和创造力的重要源泉、越来越成为综合国力竞争的重要因素,丰富精神文化生活越来越成为我国人民的热切愿望。要坚持社会主义先进文化前进方向,兴起社会主义文化建设新高潮,激发全民族文化创造活力,提高国家文化软实力,使人民基本文化权益得到更好保障,使社会文化生活更加丰富多彩,使人民精神风貌更加昂扬向上。"⑦党的十七大虽然没有直接提出文化利益,但是在报告中第一次独立地提出了文化权益。这里,文化权益即文化的权力和利益,文化权益之中包含了文化利益。

党的十七届六中全会通过的《中共中央关于深化文化体制改革 推动社会主义文化大发展大繁荣若干重大问题的决定》,再次强调保障人民基本文化权益,并指出,满足人民基本文化需求是社会主义文化建设的基本任务;必须坚持政府主导,按照公益性、基本性、均等性、便利性的要求,加强文化基础设施建设,完善公共

---

① 奥塔·锡克:《经济—利益—政治》,北京:中国社会科学出版社,1984年,第262页。
② 奥塔·锡克:《经济—利益—政治》,北京:中国社会科学出版社,1984年,第259页。
③ 奥塔·锡克:《经济—利益—政治》,北京:中国社会科学出版社,1984年,第302页。
④ 奥塔·锡克:《经济—利益—政治》,北京:中国社会科学出版社,1984年,第307页。
⑤ 普列汉诺夫:《普列汉诺夫哲学著作选集》(第2卷),北京:三联出版社,1961年,第255~256页。
⑥ 江泽民:《江泽民文选》(第三卷),北京:人民出版社,2006年,第279页。
⑦ 胡锦涛:《高举中国特色社会主义伟大旗帜,为夺取全面建设小康社会新胜利而奋斗——在中国共产党第十七次全国代表大会上的报告》,北京:人民出版社,2007年,第1~71页。

文化服务网络,让群众广泛享有免费或优惠的基本公共文化服务。同时,还强调加强公共文化服务是实现人民基本文化权益的主要途径;发展现代传播体系、建设优秀传统文化传承体系和加快城乡文化一体化发展是保障人民基本文化权益的重要措施。①

洪远朋在《经济利益关系通论》中认为,"文化利益是人类精神需要的满足。文化利益是多方面的,可包括:语言、文学、艺术、教育、科学等等精神领域的利益。但从根本上讲,仍然是经济利益决定文化利益,而且经济利益本身具有文化利益的内涵"。② 2008年,他又指出:"社会利益包括:经济利益、政治利益和文化利益。经济利益是社会的基本利益,政治利益是社会的核心利益,文化利益则是社会最高形态的利益。"③

余政认为,文化是一个与经济、政治相对应的概念,经济利益中的精神内涵与政治利益中的精神内涵就是经济文化和政治文化,是文化的重要组成部分。"肯定经济利益与政治利益中的文化内涵,也就是肯定了文化利益。即文化本身就是一种利益。文化利益是人类的精神需要的满足。正因为经济利益本身具有文化的内涵,所以不同经济主体之间的经济利益关系同时也是一种经济文化关系。"④

张怡"以利益理论为基础,将利益形态中的'文化利益'作为研究对象,将其界定为一种满足人的相关'精神文化性'需要的对象物,可以是事物、社会关系、行为或活动,内容极其丰富,类型多种多样"。⑤ 她认为,文化利益是指"一种深层次的、可持续的、与人的全面发展直接关联的需要的外部表现方式","文化利益是利益的种种表现形态之中最为根本性的之一"。⑥

2. 本书对文化利益的定义

结合上文中"利益"、"文化"以及"文化利益"的已有释义,文化利益可以被看作是人类在物质活动和精神活动中,对精神需求的满足。具体地说,文化利益既是主体为获得经济利益而追求的精神性需要的满足,又是主体对自身精神文化领域(如思想观念、文学艺术、教育科学等领域)需要的直接满足。前者表明文化利益是主体追求经济利益的一种手段,后者表明文化利益是主体在精神文化领域所追求的目的。这是因为:一方面,文化活动贯穿于经济活动的过程中,文化活动的结

---

① 中共中央十七届六中全会:《中共中央关于深化文化体制改革 推动社会主义文化大发展大繁荣若干重大问题的决定》,北京:人民出版社,2011年,第1~73页。
② 洪远朋:《经济利益关系通论》,上海:复旦大学出版社,1999年,第62页。
③ 洪远朋、郝云:《十七大对马克思主义利益理论的坚持与发展》,《复旦学报》(社会科学版),2008年第3期。
④ 余政:《综合经济利益论》,上海:复旦大学出版社,1999年,第208页。
⑤ 张怡:《论文化利益》,上海:复旦大学博士学位论文,2005年,第2页。
⑥ 张怡:《论文化利益》,上海:复旦大学博士学位论文,2005年,第30页。

果存在于经济活动的物质性成果之中,即经济利益之中;另一方面,文化活动在经济活动过程中进行自觉的、符合目的的精神文化产品的生产、流通、分配和消费活动,以实现其精神利益。

另外,需要指出的是,主体所追求的是现在和未来的经济利益与精神满足。这种追求是一种动态的行为。

因此,可以把文化利益认为是经济、文化和时间的函数,其表达式为:

$$CI = f(E,C,t) \qquad (1-3)$$

式中,CI 表示文化利益,E 表示经济,C 表示文化,t 表示时间。这里,E 可以看作是资本 k、劳动 l 等自变量的函数,即 $E = g(k,l,\cdots)$,C 可以看作是科学技术 T、教育 E 等自变量的函数,即 $C = h(T,E,\cdots)$。所以,文化利益是一个复合函数。

3. 文化利益的客体

文化利益的客体指的是人类文化活动所指向的对象,即主体的精神性需要,包括主体为获得经济利益而追求的精神性需要,又是人对自身精神文化领域的直接需要。文化利益的客体具有客观性、对象性、社会性、动态性等特点。客观性是指文化利益对于主体来说是客观存在的,不以主体的意志为转移;对象性是指文化利益是人类自身所设置的对象,是人类文化活动所要达到的目标;社会性是指文化活动的开展和文化利益的实现必须是建立在一定的社会关系基础之上的;动态性是指文化利益的质、量、结构是随着时间的变化而不断变化的。[①]

主体为获得经济利益而追求的精神性需要,指的是主体在经济活动中,为了获得经济利益而产生的精神性需要。随着经济的发展,经济利益的产生已经不再局限于物质生产领域,而是延伸至很多非物质生产领域。因此,要在这些领域获得经济利益,就要求具备一定的精神(文化)条件(科学技术、教育水平、文学艺术等),从而引起主体产生了相应的精神需求。例如,在虚拟经济中,若要获得经济利益,必须具有较高的科学技术和教育水平;在文化产业中,若要生产出高质量的文化产品,实现经济利益,则需要具有与之相关的文学、艺术等方面的才能。

主体在自身精神文化领域的需求,是指主体为了提高自身的精神文化水平而产生的对科学技术、教育水平、文学艺术、思想观念、行为准则等方面的精神需要。这些需要原本并不是具体地为了在经济活动中获得某种经济利益而产生的,甚至不能直接以经济活动的成果来满足,但是,从人类社会发展的长远来看,这种精神需求提高了人自身的素质,有利于提高社会生产力水平,最终还是和经济发展成果相联系的,同时,这种精神需求的产生也是以一定的经济社会发展水平为基础的。

---

① 辛敬良:《马克思主义哲学导论》,上海:复旦大学出版社,1991 年,第 12~70 页。

4. 文化利益的主体

文化利益的主体是指在一定经济关系下从事文化活动的利益的承担者、追求者、实现者和归属者。具体地说，作为文化利益主体的可以是个人（家庭）、企业、产业、共同体、地方、区域、国家等。文化利益的主体具有自然属性、社会属性和意识属性。自然属性是指文化利益主体归根结底还是人，是自然机体，具有自然力与生命力；社会属性是指文化利益主体是社会关系的总和，一切文化活动都是在主体的相互关系中实现的；意识属性是指主体在进行文化活动时具有目的性和主观能动性。

文化利益的主体作为文化利益最终的享有者，表明了只有符合主体需要的文化利益才是真正的文化利益。如果主体所得到的科学技术、教育水平、文学艺术、思想观念、行为准则等不是主体所需要的，既不能满足主体获得经济利益的需要，又不能满足主体自身在精神文化领域的直接需要，那就不是文化利益，而是文化损害或者负文化利益。另外，不同的文化利益主体的精神文化需要的满足形成了不同的主体文化利益形式，如个人文化利益、企业文化利益、产业文化利益、共同体文化利益、地方文化利益、区域文化利益、国家文化利益等。各种主体文化利益和客体文化利益相互交织，又可以形成多种多样的文化利益形式。

由于文化利益的主体是由人组成的，因而文化利益与人的意志不无关系。没有意志的人不成其为人，脱离人的利益就不成其为利益。所以，文化利益不仅与人有关，而且与人的意识有关。作为一般的利益未必为人们所强烈意识到，而文化利益必定是为人们所意识到的，因为文化利益的获得要通过人们有意识的活动。因此，研究文化活动和文化利益就不能完全置人的意识于不顾。①

第二节 文化利益的特征

一、整体性

文化利益作为人类社会利益关系中一个重要组成部分，具有整体性。这里的整体性包括两层意思：一是文化利益具有形式上的整体性；二是文化利益是实实在在的物质利益。通常，人们把社会活动划分为政治、经济、文化三个领域，文化利益代表着整个精神世界中的利益，与经济利益、政治利益一道构成了人类的根本利益。联合国教育、科学及文化组织（以下简称联合国教科文组织）一直认为，"发展

---

① 余政：《综合经济利益论》，上海：复旦大学出版社，1999年，第58页。

可以最终以文化概念来定义,文化的繁荣是发展的最高目标"。那么,文化利益也可以说是人类发展所要获取的最终结果。国内学者也曾指出,"文化利益是社会最高形态的利益"。① 因此,文化利益一词具有很强的整体性。

文化利益是由文化这个集合中的各个子集所形成的利益,其整体性表现为这些子集中利益的累加,当然,这不是简单的累加;文化利益的整体性还表现为利益的宏观主体和微观主体之间的利益关系,这种表现为不同主体之间关系的文化利益,不一定仅仅体现为形式上的利益,还体现为物质利益。其实,这种形式上的整体性恰恰表明文化利益也是生产关系的表现,是人们之间的相互依存关系,体现了脱离物化形式的生产关系,因此,这也增加了人们对文化利益认识的困难。

文化利益的整体性还指集合主体内部的共同利益,这种共同利益是实实在在的物质利益。这种共同性是构成文化利益并使文化利益保持整体性的基础,在这种物质利益的基础之上,文化利益的整体性可以体现为:文化利益可以分解成其相应子集的利益;反之,作为子集的局部或个体利益是文化利益的一部分,它们的组合恰好构成一个整体。所以,文化利益的整体性使文化利益既包括了精神利益又包括了物质利益。

二、稳定性

作为意识形态、信仰等的文化利益是在长期的经济社会实践中形成的。因而,它的变化亦是十分缓慢的。这种稳定性在一定的条件下会表现为保守性和落后性。相对而言,经济利益是暂时的,文化利益则是持久的,有些文化利益几乎是永恒的。具体地说:

第一,文化利益的变化发展同经济社会的变化发展不一定完全同步。文化利益的发展有时会落后于经济社会的发展,并且不能迅速地达到与经济社会相适应的水平,进而会对经济社会的发展又起阻碍作用;有时文化利益又会预见到经济社会的未来发展趋势,并形成了既定的、更高水平的文化利益,因此对经济社会发展又起推动作用。所以,无论是阻碍还是推动经济社会发展,都反映了文化利益具有相对于经济社会发展的自身稳定性。

第二,文化利益的发展具有历史继承性。一定历史发展阶段上的文化利益,在内容上主要是反映现实的经济社会存在,但同时也会吸收、保留以往形成的某些文化因子,即"古为今用";在形式上继承以往既有的方式和方法,同时又根据新的内容和条件加以改造、补充和发展,并增添一些新的形式,即"推陈出新"。正是由于这种继承性和创新性,才使得文化利益的发展具有独特的轨迹,才形成了文化利益

---

① 洪远朋、郝云:《十七大对马克思主义利益理论的坚持与发展》,《复旦学报》(社会科学版),2007年第3期。

的稳定性。

第三,文化利益的存在对社会经济结构以及政治结构具有能动的反作用。这种反作用就在于,它把不同集团、阶级、阶层的文化利益要求内化为人的思想、情感、意志,以支配人们的行动,从而影响社会的经济结构和政治结构,为文化利益的实现创造必要的经济社会基础,从而确保了文化利益的稳定性。

三、共享性

由于一种意识形态、信仰、习惯等的形成有一定的区域性、民族性或国家性,因此,文化利益的共享性表明文化利益是一种公共利益,为同一个区域、民族或国家的主体所共享。文化利益在一定程度上,不是私人产品,而是公共产品。文化利益的共享性使之具有广泛的辐射性。文化利益的传播不受时间和空间的限制。文化利益的共享性,具体表现在以下几个方面:

第一,在既定的条件下,经济利益在满足人们需求的时候,往往带有排他性和竞争性,因为经济利益不具有公共品的属性。但是,文化利益却不同,具有共享性,它所内含的价值在消费或使用中,非但不会被消耗,还具有很高的边际效益,也就是说,第一个人对一种文化资源的消费,完全不会使第二个人在使用时感到有质量上的削减,即不同的使用者可以享用和占有同样的资源。

第二,现实中的文化利益是人们在物质活动和精神活动中对精神需要的满足,即对人的共同的精神文化需要的满足,具有社会性,导致其必然被这个社会的大多数成员共同享有,而不会受到时间和空间的限制。在当今日益密切的社会交往中,文化产品的共享性甚至具有世界性,对文化利益的理解在时空性上有较大的自由。

第三,文化利益在被共享的时候,其价值表现为不断的扩大性,类似于经济利益的规模效应。当一个主体在享有了某种文化利益之后,会带动其他主体也来追求这种文化利益,即文化利益随着人们的消费或使用可以不断地扩大影响,并且不断地延伸。正是这种特征存在于人们分享文化利益的过程之中,可以成为推动人们更进一步创造社会利益的基础。①

四、动态性

文化利益作为利益的一种形式,具有一般利益概念上的动态性。利益是利益主体与主体需要的对象,即与利益客体之间建立起来的一种对立统一关系。这种对立统一关系的具体内容、实现方式和手段并不是固定不变的,而是动态变化、发展的。

---

① 张怡:《论文化利益》,上海:复旦大学博士学位论文,2005年,第67页。

第一,在落后的人类社会发展阶段,社会产品匮乏,利益客体极其不足,利益主体的需要也比较简单,文化利益与经济利益都处于一种较低的发展水平。经过奴隶社会、封建社会以及资本主义社会,无论是利益主体需求方式,还是能够满足利益主体的利益客体,都从数量到质量上发生了很大的变化。文化利益在社会利益体系中的地位和作用也随之发生了巨大的变化,并成为当代社会利益体系中最重要的利益之一。

第二,就文化利益的主体来说,个体、群体、整体的地位和相互关系也是随着生产关系的变化而变化的。即使在同一生产关系下,文化利益主体的形式和性质也不是一成不变的,量的变化在时刻发生着,主体的内容和形式更是多变的,在当今社会就出现了不同形式的社会阶层。另外,利益客体的形式也由单一化向多样化演变,随着文化与经济之间互动关系的加强,文化利益由最初单纯满足精神文化领域的精神需要,发展成为既能满足获得经济利益的精神需要,又能直接满足精神文化领域的精神需要。

第三,文化利益是经济社会发展的动力,经济社会发展反过来又影响着文化利益的变化,两者时常发生交互作用。同时,国际形势变幻莫测,无时无刻不在影响着一个国家文化利益的形成和发展。另外,将文化利益作为一个系统来看,它也是一个动态的和开放的系统,由于开放的系统一直与外界发生物质与能量的交换,使得整个文化利益一直处于动态的变化之中。①

五、积累性

文化利益的生产与获得在很大程度上都是通过文化利益的积累而实现的。特别是在由工业经济社会向知识经济社会的转变过程中,文化利益的积累性特征就显得更加突出了。文化利益的积累是一个动态的概念,它是社会成员凭借一定的经济、文化、社会、符号等要素通过自身的活动使文化利益增值的过程。与其他形式的利益不同,文化利益的积累性主要体现在以下几个方面:

第一,在文化利益客体的积累性方面,由于文化利益具有自我组织能力,一旦形成就会不断地自我强化,这也是一切文化所具有的特征。一种文化一旦在竞争中胜出,被人们接受时,它就会竭力形成垄断,排除其他文化的存在。在经济增长过程中,如果文化利益偶尔积累了更多的利益,则会吸引更多的人来迅速地学习或复制甚至创新特定的文化利益,要想阻拦这种文化观念的传播几乎是不可能的。当更多的利益主体获得这种特定的文化利益之后,该国家或地区的文化利益将会沿着这一方向持续发展下去,而导致经济增长中特定文化利益与其他文化利益相

---

① Lesthaeghe Ron, Surkyn Johan, 1998, Cultural Dynamics and Economic Theories of Fertility Change, Population and Development Review, Vol. 14, No. 1, pp. 1-45.

互融合、自我组织和进一步的强化。

第二，在文化利益主体的积累性方面，人是社会的主体，是文化的创造者、传播者。因此，人是文化发展中最积极、最活跃的因素。文化利益的积累性与资本占有者的素质、能力和活动紧密相连。文化利益主体的精力、记忆力、理解力、想象力等构成了文化利益积累性的基础，影响着文化利益积累的形式和程度；而主体的学习、创新等具体的实践活动则是文化利益积累的基础。也就是说，只有通过文化利益主体以习得的方式将客观化于物之中的文化利益具体化为自身的一种获得性利益，才能形成事实上的文化利益的积累。

第三节 文化利益的分类

根据前文的定义，文化利益既是主体为获得经济利益而追求的精神性需要的满足，又是主体对自身精神文化领域（如思想观念、文学艺术、教育科学等领域）需要的直接满足。前者表明文化利益是主体追求经济利益的一种手段，后者表明文化利益是主体在精神文化领域所追求的目的。因此，可以按照主体的不同，把文化利益划分为两大类：一类是微观的文化利益，另一类是宏观的文化利益。

一、微观的文化利益

对于微观的文化利益主体，主要研究个人、企业和产业三个方面，相应地，微观的文化利益包括个人文化利益、企业文化利益和产业文化利益。

1. 个人文化利益

个人文化利益是更高形态文化利益的微观基础，文化的发展与繁荣离不开个人的文化利益作为支撑。个人文化利益主要研究的是在一定经济利益基础之上，对个人精神性需要的满足，包括个人为了获得经济利益而追求的精神性需要的满足，也包括对个人自身精神文化领域需要的直接满足。例如，一方面，文化能够使个人在就业市场上更具竞争力，在利益的创造、分享和实现领域占据更大的优势，进而获得更高的个人收入，这就直接提高了个人的经济利益，最终实现个人福利的满足；另一方面，在个人经济利益实现的整个过程中，个人在精神文化领域的利益也会得到相应的提高。文化利益是由经济利益决定的，并能够促进经济利益的实现，对文化利益的研究，绝不能脱离经济利益这个基础。因此，我们不能仅仅研究纯粹精神领域的文化利益，而是要把文化利益纳入经济学的视野，根据个人的文化需求与供给状况、文化消费结构与消费水平,分析个人文化利益的创造、交换、分享与实现,及其对经济利益的影响作用。

2. 企业文化利益

企业文化利益是指文化为企业带来的利益,可以分为有形利益和无形利益。有形的文化利益即产品的文化利益,研究的是企业通过文化产品的生产、流通、销售等环节获得的经济利益;无形的文化利益研究的是企业在实现经济利益的基础上逐渐形成的企业文化及其对企业精神文化需求的满足,而这种企业文化反过来又能提高企业的经济利益。不难看出,这两种文化利益是相辅相成的,产品形成的文化利益为企业文化的形成和发展提供经济基础,而企业文化形成的文化利益可以优化企业制度和企业行为,为经济利益的创造提供精神动力,并推动经济利益的发展。

3. 产业文化利益

产业文化利益是指文化为整个产业所带来的利益,尤其是共同的文化认知对产业发展的影响作用。这里的产业包括文化产业和其他产业,而本书所要着力研究的是文化产业中文化利益的创造、交换、分享和实现。文化产业是基于文化产品发展起来的。由于经济的发展,文化产品从物质产品中分离出来,以商品的形式进入市场。随着文化产品生产的利益机制作用的显现,大批投资者把资本由物质产品生产领域引入到文化产品生产领域。商品生产的规律进入了文化产品生产领域,而商品生产的目的就是要获取经济利益。这种考虑投入产出比、以经济利益为目的的文化产品生产就逐渐演变成为文化产业。在这一过程中,文化产品的生产、文化资本形成、文化市场的发展以及文化投资的增加,无不体现着该产业中文化利益的创造、交换、分享和实现。

二、宏观的文化利益

宏观的文化利益研究的是宏观利益主体的文化利益。对于宏观利益主体,主要研究区域和国家两个部分,因此,宏观的文化利益包括区域文化利益和国家文化利益。

1. 区域文化利益

区域文化利益是较高形式的文化利益,指的是在区域经济利益基础上,对精神文化需求的满足,而精神需求反过来又能促进经济利益的发展。这一研究是在各个区域的经济社会发展水平差异和经济利益实现程度不同的基础上,分析区域经济增长与精神文化需求之间的关系。具体地说,一个区域的文化对区域经济的发展有着全方位、持久性的影响,通过文化利益与资本、劳动、技术之间的作用机制,探求文化利益与地区经济增长之间的关系及其发展的趋势。此外,一个地区由于对共同文化内涵的确认,产生了文化认同,在此基础上形成的文化共同体反映了该地区各成员的利益、愿望和意志,同时也支配着成员的行为,调节着各种社会关系,对促进区域合作与经济发展有着巨大的影响。对于不同区域之间文化利益的比较研究,可以通过把全国划分为不同地区,研究文化利益与不同地区经济增长差异之间的关系,进而探寻出各个地区文化利益的现状和未来的发展趋势。

2. 国家文化利益

国家文化利益是最高形式的文化利益。1998年,联合国教科文组织在"文化政策促进发展"政府间会议上指出,"发展可以最终以文化概念来定义,文化的繁荣是发展的最高目标"。① 因此,也可以说,一个国家的发展最终体现在文化利益的实现上。国家文化利益与国家经济利益、国家政治利益也是密切相关的,对于一个国家来说,经济利益是根本利益,政治利益是核心利益,而文化利益则是最高利益。国家文化利益是在国家经济利益得以实现的同时,对国家精神文化需求的满足。一方面,文化利益的实现可以促进国家文化产品的生产、发展文化产业、繁荣文化市场、增加国际文化贸易、积累文化资本、完善文化政策、维护国家文化主权与文化安全,推动国家经济利益与政治利益的实现;另一方面,文化利益的实现又可以继承民族传统、培育民族文化、弘扬民族精神,加快教育、科学事业的发展,提高国民素质、积累人力资本,创造良好的文化环境等,以满足国家精神文化方面的需求,同时,又可以进一步地为国家的发展和进步创造条件。由于国家文化利益在制度、物质和精神层面有着不同的体现,国家文化利益的实现与社会和谐发展之间也存在着密不可分的联系。另外,在国际方面,随着全球化进程的不断加深,各种文化与文明之间的冲突也日益显现,而这种冲突恰恰可以体现为不同国家的文化利益上的冲突。在这种文化利益冲突之下,以一种大国发展的角度,分析在国际合作与竞争中对国家文化利益的维护和发展,进而探求国家文化利益与大国发展之间的关系,就显得尤为重要了。

第四节 文化利益的地位

根据马克思主义基本原理,经济是基础,政治、文化是上层建筑,经济基础决定上层建筑,上层建筑反作用于经济基础。在社会利益的庞大结构中,经济利益是根本利

---

① 联合国教科文组织:《文化政策促进发展行动计划》,《国家版权局版权公报》,2000年第1期。

第一章 文化利益的理论基础

益,政治利益是核心利益,文化利益是最高利益。这三者之间有着密切的联系。

一、文化利益与经济利益

1. 经济利益对文化利益的决定作用

(1)经济利益。经济利益就是人们在经济活动中的利益,经济活动包括人们的生产、流通、分配、消费活动。因此,又可以说,经济利益是人们在生产、流通、分配、消费过程中的利益。生产过程创造利益,流通过程交换利益,分配过程分享利益,消费过程实现利益。① 经济利益也是对经济关系、经济活动及其成果的或者对经济需要的满足,是反映了社会利益的一种经济社会关系。在历史发展进程中,经济利益的主要形式是物质利益,即获得一定的物质使用价值、满足一定物质需要的利益。属于这种利益的还有对货币的利益,即对人们能够用以交换所有任何其他商品的一种特殊物质使用价值的利益。但是,经济利益是比物质利益更为一般的利益,它并不仅限于物质利益。在经济利益中,还包括对某种经济活动的直接利益,或通过这种活动本身而产生的利益。② 在当今社会,使人民群众不断获得切实的经济利益,就是在国家经济得到迅速发展、综合国力显著增强的前提下,使人民群众的经济收入、社会福利和物质生活条件不断得到相应的提高,过上共同富裕的现代化生活。③

(2)经济利益是文化利益的物质基础。综观生产力发展和人类社会进步的历史,只有当人们的温饱问题得到解决之后,人们的需求才会从基本物质需求的基础上不断向更高层次的精神需求转移,才会对文化产品和文化活动提出更多、更高的要求。例如,在农业社会,自给自足的生产方式,使经济增长率处于低下状态,经济利益的实现受到极大的限制,因而文化传播十分缓慢,文化利益自然也无法得以充分的实现;在工业社会,强大的工业革命和市场机制使生产力和生产关系的发展突飞猛进,获得的经济利益大幅度提高,社会的文化活动和文化利益的积累不断增长;在知识经济时代,知识、智力和信息成为社会发展的依托,极大限度地推动经济的增长和经济利益的实现,人的文化需求也日益强烈,文化创新意识得到了极大的鼓舞,人们的文化活动也越来越丰富多彩。由此可见,人们只有在基本的经济利益得到一定的满足之后,才会去追求一定的文化利益的实现,因为经济利益的获得为文化利益的实现提供了必要的物质基础。相反,如果在一个经济利益普遍稀缺、经济需求得不到充分满足的社会之中,文化利益就不可能有大的发展。

恩格斯曾指出:"劳动产品超出维持劳动的费用而形成的剩余,以及社会生产

---

① 洪远朋:《经济利益关系通论》,上海:复旦大学出版社,1999年,第2页。
② 奥塔·锡克:《经济—利益—政治》,北京:中国社会科学出版社,1984年,第300页。
③ 张怡:《论文化利益》,上海:复旦大学博士学位论文,2005年,第40页。

基金和后备基金从这种剩余中的形成和积累,过去和现在都是一切社会的、政治的和智力的继续发展的基础。"①"资本的伟大的历史方面就是创造这种剩余劳动,即从单纯使用价值的观点,从单纯生存的观点来看多余劳动……为发展丰富的个性创造出物质要素。"②即能够"培养社会的人的一切属性,并且把它作为具有尽可能丰富的属性和联系的人,因而尽可能具有广泛需要的人生产出来——把它作为尽可能完整和全面的社会产品生产出来"。③ 这也体现出经济利益的满足和发展决定文化利益的产生与实现。人的经济利益的实现,也为人的创造性活动提供了满足内在需要的、潜在的或显在的思想动力和自觉意识,对人的种种文化需要起到主导、制衡和调节的重要作用。而这一切的活动都必须建立在经济利益这一物质基础之上。

2. 文化利益对经济利益的反作用

(1)文化利益的相对独立性。虽然经济利益是文化利益的物质基础,并决定着文化利益,但是,文化利益作为一个与经济利益相对独立的概念,并不是经济、政治关系的消极产物或简单等价物,文化利益一旦形成,就具有相对独立性及其特殊的规律性。这种相对独立性使得文化利益的发展有时会落后于经济社会的发展,对经济社会的发展起阻碍作用;有时又会预见到经济社会的未来发展趋势,并形成了既定的、更高水平的文化利益,对经济社会发展起推动作用。正如恩格斯所说:"经济上落后的国家在哲学上仍然能够演奏第一提琴。"④通过文化利益的这种相对独立性可以看出,尽管文化利益的产生和发展与物质生产的面貌和状态大体是同步的、平衡的。但是,这种同步与平衡绝不是单一的、刻板的和绝对化的。特别是当经济利益的增长为文化利益的增长提供了物质基础的时候,文化利益的增长速度将会最终超过经济利益的增长速度(如图1-2所示),文化利益将成为社会利益结构中的最高利益。

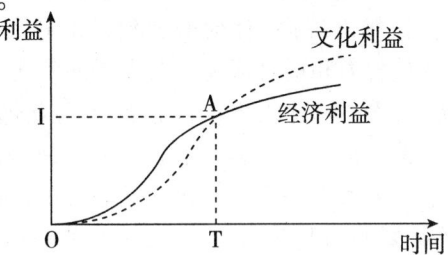

图1-2 文化利益与经济利益的增长路径

---

① 马克思、恩格斯:《马克思恩格斯选集》第3卷,北京:人民出版社,1995年,第233页。
② 马克思、恩格斯:《马克思恩格斯选集》第46卷(上),北京:人民出版社,1995年,第287页。
③ 马克思、恩格斯:《马克思恩格斯选集》第46卷(上),北京:人民出版社,1995年,第392页。
④ 马克思、恩格斯:《马克思恩格斯选集》第4卷,北京:人民出版社,1995年,第485页。

(2)文化利益是经济利益的推动力量。文化利益"不是经济基础的消极分泌物,它通过人们的性格结构,间接地对经济基础发生重大的作用……尤其在经济基础本身陷入矛盾,意识形态就引导性格结构沿着与经济基础不同的、甚至相反的方向发生作用"。① 也就是说,"文化利益并不仅是一套反映某个阶级经济利益的体系,其自身的发展也更为复杂。它往往通过影响人的心理与性格结构:价值、规范、情感、直觉、信仰与偏见等在社会经济生活和社会政治变革中发挥重要的又是间接的反作用"。② 因此,文化利益能够从多方面推动经济利益的进一步发展:①文化利益为经济发展提供了精神动力。作为对人类精神需求的满足,文化利益的实现有利于利益主体树立良好的思想道德、价值观念和积极向上的精神,并能够把文化利益转化为社会的精神动力,推动经济的发展。②文化利益为经济发展提供智力支持。文化利益的实现离不开科学、教育的发展,而科学、教育的发展有利于培养更多的科技人才,有利于提高社会的研究开发水平,进而可以满足经济发展对人才和技术的需求。③文化利益可以优化经济发展环境。在文化利益的作用下所形成的良好的人文环境,是一种宝贵的无形资产,能够极大地吸引资本、人才和技术等要素,推动经济的发展。④文化利益可以形成强大的文化产业。文化利益的实现有利于文化生产力水平的提高、文化产业的壮大和文化市场的繁荣,进而带动经济的发展。⑤文化利益有利于提高产品的附加值。文化利益的实现使得文化因素融入到包括经济活动在内的一切人类活动之中,并成为主导力量。③

3. 文化利益与经济利益的融合

随着知识经济兴起和信息技术发展,经济与文化进一步相互渗透、相互促进、相互融合,出现了经济与文化一体化的趋势,即经济文化化和文化经济化。④ 因此,在利益结构中,文化利益与经济利益也出现了相互融合的趋势,即经济利益文化化和文化利益经济化。

(1)经济利益文化化。所谓经济利益文化化是指在经济利益的创造、交换、分享与实现过程中的文化因素,包括观念、知识、信息、科技乃至心理因素越来越具有重要的、主导的甚至一定程度的决定性的作用。特别是 20 世纪以来,文化因素在西方发达国家国民生产总值增长率中的贡献率越来越高,文化已经成为现代市场经济发展与经济利益实现的根本动力。具体地说:①文化对经济利益的发展具有

---

① 俞吾金:《意识形态论》,上海:上海人民出版社,1993 年,第 261 页。
② 张怡:《论文化利益》,上海:复旦大学博士学位论文,2005 年,第 43 页。
③ Franke Richard H., Hofstede Geert, Bond Michael H., 1991, Cultural Roots of Economic Performance: A Research Note, Strategic Management Journal, Vol. 12, pp. 165 – 173.
④ 王水嫩:《论经济与文化的一体化趋势》,《经济论坛》,2003 年第 11 期;Nash Manning, 1959, Some Social and Cultural Aspects of Economic Development, Economic Development and Cultural Change, Vol. 7, No. 2, pp. 137 – 150.

先导作用。文化为经济发展提供了价值导向和精神动力,文化中的理想信念、价值标准、行为规范对于支配人的行为、调节社会关系、促进经济发展、实现经济利益有着巨大的影响。②文化因素向经济利益之中全面渗透,文化力成为经济利益竞争的核心力量。这表现为知识代替资本成为企业至关重要的资源,成为经济利益竞争的关键因素;文化内涵是商品价值实现的重要因素,也是经济利益竞争的有力武器;企业文化也成为企业竞争的核心力量,是经济利益实现的重要保障。③经济利益的文化化还表现在文化产业对国民经济结构变化以及经济利益实现的影响上。自20世纪90年代以来,文化产业已经成为一种相对独立的、发展速度最快的朝阳产业,在国家经济中占据着越来越重要的地位,是创造经济利益的一支生力军。

（2）文化利益经济化。所谓文化利益经济化是指在文化利益的创造、交换、分享和实现的过程之中不断融入经济因素,而且经济因素在文化利益发展中的决定作用日益增强。文化利益的发展不仅要以经济为基础,还要以经济为手段来加以推动。这是因为:①文化利益的发展要以社会文化消费需求的存在和增长为前提条件和拉动力量,而文化消费需求的形成和增长又是以经济发展为支撑的。另外,由于经济发展能够为文化发展提供物质基础,因此,文化利益的创造、交换、分享与实现都要求经济发展达到相应的水平。②在文化利益的创造过程中,特别是在文化产业的运作过程之中,需要实施产业化经营,需要用经济的手段来发展。也就是说,在文化利益的发展中,处处都有经济手段在发挥作用。③文化利益的实现,需要引入市场机制,对文化资源实行市场化配置,并在文化产品的生产、文化市场的管理、文化产业的发展等各个方面运用一般化的市场规律,即文化利益的发展也必须置于市场经济规律的指导之下。

二、文化利益与政治利益

1. 政治利益

政治是经济的集中表现。政治由经济决定,同时又反作用于经济。政治给予经济发展以巨大的影响,是实现经济目的的手段。政治的内容包括处理阶级之间的关系、阶级内部的关系以及民族间、阶层间的关系。所以,这些关系本质上是利益关系。政治的具体表现形式是代表一定阶级的政党、社会集团、社会势力在国家生活和国际关系等方面的政策和活动。任何一个政治主体从事政治活动的目的都是为了在如上各种关系中实现一种特定的利益均衡关系。政治主体追求的是政治利益。政治利益包括政党、政府等政治制度利益,选举、制定方针政策等政治行为利益,满足物质与精神需要的物质资料与意识形态等政治产品利益等。所以,政治本质上是一种利益关系。①

文化与政治都是上层建筑,与经济基础联系紧密,因而,文化利益、政治利益与经济利益之间有着密切的联系。但是,文化利益与政治利益之间的联系同样不可忽视。

2.政治利益是文化利益实现的保障

符合大多数人的利益和意愿的国家机器、制度、机制和功能可以维护和发展人的良性生态,民主的政治气氛对文化利益的全面实现,即广度和深度的发展产生了积极的促进作用,提供了良好的政治保障。②"人们真正的政治自由,在于没有阻碍和无需担心地享用一切能够满足自身的自然愿望——因而也是十分合理的愿望——的一切东西。"③只有人们从政治制度和政治体制中充分地享受到了政治利益,才会更加积极地去创造和实现文化利益。这个时候,政治制度才会为文化利益的实现创造良好的政治环境、制度安排和制度保障。相反,如果在一个政治制度落后的社会,人们缺乏应有的政治权力、无法实现自身政治利益的时候,这种政治制度或政治体制可能会变成压抑、威慑和嘲弄人文精神的、粗暴的、强制的铁腕,侵犯和剥夺人们正常的、合理的文化利益。

3.文化利益是政治利益的精神动力

文化利益虽然不能造就有序的社会政治结构的自觉产生,也不能直接导致人们政治利益的获取,但是,文化可以改造人,而人是按照自己的意识改造客观世界的。因此,文化利益通过改造人的主观世界,为政治利益的实现提供了精神动力。当社会结构稳定的时候,文化利益具有使社会政治以及政权稳定的"钢筋水泥"作用。人们会在实现文化利益的过程中,能够以文化产品和文化观念的形式,对政治活动中产生的物质与精神需求予以满足。正是文化利益的这种精神力量强化了人们对社会政治秩序和政治权力的认同感和归属感,为政治利益的实现提供了精神动力。当社会结构不稳定的时候,人们可以借用文化活动,表达自己的政治诉求,通过文化利益的各种形式,特别是文化产品、价值观念等,来间接地、隐讳地表达不满和抵抗,为促进和扩大政治权力、实现政治利益发挥其巨大的精神作用。

三、经济利益与政治利益

1.经济利益对政治利益的决定作用

经济利益是政治利益的根源和归宿。正如马克思所说,"土地占有制和资产阶级之间的斗争,正如资产阶级和无产阶级之间的斗争一样,首先是为了经济利益而

---

① 余政:《综合经济利益论》,上海:复旦大学出版社,1999年,第203页。
② 张怡:《论文化利益》,上海:复旦大学博士学位论文,2005年,第44页。
③ 摩莱里:《自然法则》,北京:商务印书馆,1996年,第59页。

进行的,政治权力不过是用来实现经济利益的手段"。① 首先,经济利益是产生政治利益的根源,正是经济利益决定了某些集团要求维护或改变一定的社会关系、社会结构,维持或改变一定的权力,从而形成了政治利益;其次,政治利益是以经济利益为转移的,当不停分化的集团其经济利益发生改变之后,其政治利益也必然会发生相应的转变,且这种转变既体现在质上,也体现在量上。② 正是由于政治主体谋求政治利益都是以经济实力为后盾的,经济利益必然决定着政治利益。例如,中国改革开放以来,随着国家经济实力的增强,作为国家政治利益核心的国家主权进一步确立,作为国家政治利益基础的安全利益进一步巩固。同时,人民群众由于物质生活水平的提高、经济利益的实现,其当家做主的觉悟和行使自己政治权力的意识也逐步增强。

2. 政治利益对经济利益的反作用

政治是经济的集中反映。政治作为实现经济利益的手段和工具,是为经济服务的,同时,也为经济利益的实现提供了重要的保障。政治利益对经济利益的反作用表现在以下几个方面:①政治利益为经济利益的实现提供政治环境。由于经济利益的创造、交换、分享和实现必然是在一定的政治环境中完成的,为了获得一定的经济利益,必须实现一定的政治利益,即掌握国家政权、建立必要的政治制度和政治体制,为经济利益的实现提供前提条件。②政治利益可以为经济利益的实现提供制度保障。既得利益者既可以通过各种政治活动如政治斗争、政治宣传等,巩固其既得利益,也可以通过一系列的制度安排,排斥他人的利益,为维护自己的既得利益提供有力的制度保障。

四、文化利益与社会利益

人类社会是一个复杂的综合体。从政治角度看,整个社会关系都具有强烈的政治色彩,体现着政治利益;从经济角度看,整个社会却充满经济因素,处处充斥着经济利益;从文化角度看,整个社会又是人类文化发展的产物,人类活动中无不体现着文化利益。任何社会实体都可以从政治、经济和文化三个方面进行观察和分析,如果将其连接起来就可以构建一个政治、经济和文化所构成的三维坐标(如图1－3所示),而任何一个社会实体都将存在于这个由政治、经济与文化所构成的三维空间之中。同样,社会利益结构也可以由经济利益、政治利益和文化利益所组成的三维空间所构成,社会生产力正是在这三种利益的共同作用下不断向前发展的。

---

① 马克思、恩格斯:《马克思恩格斯选集》第4卷,北京:人民出版社,1995年,第250页。
② 张怡:《论文化利益》,上海:复旦大学博士学位论文,2005年,第45页。

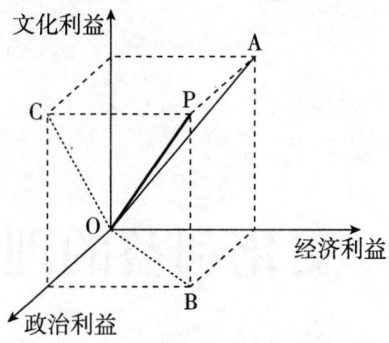

图 1-3 文化利益与社会利益的关系

图 1-3 反映了文化利益与社会利益之间的关系。在这个三维坐标中,三条坐标轴分别表示文化利益、经济利益和政治利益,由虚线维持的空间表示利益空间,直线 OP 表示社会利益,其方向和大小由文化利益、经济利益和政治利益共同决定。直线 OA、OB、OC 分别表示 OP 在不同利益平面上的投影。为了更好地分析文化利益、经济利益与社会利益之间的关系,我们暂时忽略政治利益,这样,由文化利益坐标与经济利益坐标就构成了利益空间中的一个文化利益—经济利益平面,社会利益 OP 在这个平面上也有了相应的投影 OA。由于文化利益、经济利益和社会利益是三个相互渗透、相互融合的系统,在这个平面之中,任何社会利益总是既具有经济性质又具有文化性质,而无法将文化利益、经济利益和社会利益截然分开。因此,在这个坐标系中,文化利益、经济利益和社会利益之间的关系可以分为四种:一是低水平文化利益、低水平经济利益和低水平社会利益;二是低水平文化利益、高水平经济利益和中水平社会利益;三是高水平文化利益、低水平经济利益和中水平社会利益;四是高水平文化利益、高水平经济利益和高水平社会利益。其中两种文化利益与经济利益不协调发展的情况,需要从更新文化观念和促进经济增长两个方面来加以解决。

第二章 文化利益的理论渊源

人类一切经济活动乃至一切人类活动的核心就是利益。正因为利益是人类活动的根本动因和最终目标,对利益的研究就成了剖析社会现象,尤其是经济现象,探索社会和经济发展内在规律的重要途径。在各种各样的利益研究领域,文化利益正以其所蕴涵的独特魅力吸引着越来越多的社会学家和经济学家为之做出更加深入的研究。在文化利益理论的研究过程中,马克思主义者、西方学者和国内诸多学者都留下了相关的论述。本章将对这些论述进行回顾与评述,以期能够系统地展示出文化利益的理论渊源。

第一节 马克思主义文化利益思想

一、经典马克思主义的相关论述

1. 马克思关于文化利益的论述

作为马克思主义经济学的创始人,马克思在文化利益领域有着精辟的论述。

对于利益的论述,马克思指出,人们所奋斗的一切都与其利益息息相关。马克思1842年在《莱茵报》陆续发表的《第六届莱茵省议会的辩论》中指出:"人们奋斗所争取的一切,都同他们的利益有关。"[①]人们从事物质生产活动,是为了获取物质利益;人们的社会结合,是为了取得共同的利益;革命也是为了利益。恩格斯指出:"革命的开始和进行将是为了利益,而不是为了原则,只有利益能够发展为原则。"[②]正是由于人们追求利益,才会有利益关系的存在,利益关系的存在只不过是

---

①② 马克思、恩格斯:《马克思恩格斯选集》第1卷,北京:人民出版社,1995年,第82页。

追求利益过程中合作与冲突的均衡状态。

马克思还分析了不同制度下的利益关系。他认为,不同的经济制度追求不同的利益。在资本主义经济制度条件下,生产资料的资本主义私有制,决定了资本家追求的是以剩余价值形式表现的私人利益。所以,"私人利益本身已经是社会所决定的利益"。① "生产剩余价值或赚钱,是这个生产方式的绝对规律。"②在社会主义制度下,生产资料的社会主义公有制决定了社会全体共同利用全体利益。由于"整个社会对一切生产资料——土地、铁路、矿山、机器等等的直接占有,供全体为了全体利用而共同利用"。③ 同时,马克思也强调,"在协作和对土地及靠劳动本身生产的生产资料的共同占有的基础上,重新建立个人所有制"。

由于马克思的《资本论》以剩余价值为中心,实际上就是以分析资本主义利益关系为中心,分析了资本主义利益关系产生、发展和消亡的演进方向与路径。因此,马克思主义经济学在本质上是以利益为核心的。根据马克思的"经济是基础,政治、文化是上层建筑,经济基础决定上层建筑,上层建筑反作用于经济基础"的基本原理,在社会利益的庞大系统中,经济利益是根本利益,但是也绝不能忽视政治利益与文化利益。

对于文化的论述,也频频出现在马克思的著作之中,其中也包含了文化利益的思想。马克思早在《1844年经济学哲学手稿》中,就流露出了对文化与文化利益的思考。他认为早期粗陋的共产主义是"对整个文化和文明的世界的抽象否定,向贫穷的、没有需求的人——他不仅没有超越私有财产的水平,甚至从来没有达到私有财产的水平——的非自然的单纯倒退"。④ 在这里,马克思将文化看作是人类活动的积极成果或进步、合理成分的总和。通过对早期粗陋共产主义的批判,表现出了马克思对人类活动所形成的文化利益的关注。

在《1844年经济学哲学手稿》中,马克思还谈到"在异化范围内活动的人们"可以把"普遍存在"、"普遍运动"本身"看成是工业的一个特殊部分"。此处,"具有抽象普遍本质的历史"的"普遍存在"和"普遍运动",指的是"如政治、艺术和文学等等"。所以,这里可以理解为,文化作为一种"普遍性"存在和运动的现象,是工业化生产的一个组成部分。马克思还指出,由于人的需要的丰富性,从而生产的某种新的方式和生产的某种对象就会产生,"宗教、家庭、国家、法、道德、科学、艺术等等,都不过是生产的一些特殊的方式,并且受生产的普遍规律的支配"。⑤ 在马克

---

① 马克思、恩格斯:《马克思恩格斯选集》第46卷,北京:人民出版社,1995年,第102页。
② 马克思、恩格斯:《马克思恩格斯选集》第23卷,北京:人民出版社,1995年,第679页。
③ 马克思、恩格斯:《马克思恩格斯选集》第4卷,北京:人民出版社,1995年,第258页。
④ 马克思、恩格斯:《马克思恩格斯选集》第42卷,北京:人民出版社,1995年,第118页。
⑤ 马克思、恩格斯:《马克思恩格斯选集》第42卷,北京:人民出版社,1995年,第121页。

思看来,文化同样是一种生产性的力量,并且能够带来利益,满足人的需要的丰富性。

在《哥达纲领批判》中,马克思在批判"劳动是一切财富和一切文化的源泉"时指出,"孤立的劳动(假定它的物质条件是具备的)即使能创造使用价值,也既不能创造财富,又不能创造文化。……随着劳动的社会性的发展,以及由此而来的劳动之成为财富和文化的源泉,劳动者方面的贫穷和愚昧、非劳动者方面的财富和文化也发展起来"。① 而且,"权利永远不能超过社会的经济结构以及由经济所制约的社会的文化发展"。② 这里,马克思将劳动者的贫穷和愚昧与非劳动者占有的财富和文化发展对应着提出来,表明了文化具有非物质性,即知识性。

此外,在《哲学的贫困》中,马克思把人类"文明的果实"称为"已获得的生产力"。③ "文明的果实"自然包括文化活动的成果,即文化利益。马克思在晚年写作《巴枯宁〈国家制度和无政府状态〉》一书摘要时更明确地提出了"两种生产力"的概念:"……平原和山区的差别,沿河流域、气候、土壤、煤、铁、已经获得的生产力(物质方面和精神方面的)、语言、文学、技术能力等等。"④这里,马克思提出了除了物质方面的生产力外,还存在"精神方面的生产力"(包括语言、文学、科学技术等文化因素)。至此,马克思已经明确地把文化包含到了他的"大生产力"的概念之中,认为文化是可以带来利益的生产力。

2. 列宁关于文化利益的论述

列宁对利益的论述,主要是通过变革利益关系来展开的。列宁在总结历史经验时认为,革命要胜利、建设要成功,都必须依靠亿万人民的积极性。而调动人民的积极性,最根本的方法就是,通过变革利益关系让人民在建设中不断得到实际利益,从得到实际利益中切实感受到建设的好处,从而更加关心建设,保持旺盛的积极性。列宁指出,必须"靠个人利益,靠同个人利益的结合,靠经济核算,在这个小农国家里先建立起牢固的桥梁,通过国家资本主义走向社会主义"。⑤ "必须把国家经济的一切大部门建立在同个人利益的结合上面。共同讨论,专人负责。由于不善于实行这个原则,我们每走一步都要吃苦头。"⑥同时,列宁还提出在社会主义社会要探索和发现私人利益服从共同利益的合适程度。列宁指出,"我们发现了私人利益即私人买卖的利益与国家对这种利益的检查监督相结合的合适程度,发现

---

① 马克思、恩格斯:《马克思恩格斯选集》第3卷,北京:人民出版社,1995年,第300页。
② 马克思、恩格斯:《马克思恩格斯选集》第19卷,北京:人民出版社,1995年,第22页。
③ 马克思、恩格斯:《马克思恩格斯选集》第1卷,北京:人民出版社,1995年,第152页。
④ 马克思、恩格斯:《马克思恩格斯选集》第18卷,北京:人民出版社,1995年,第682页。
⑤ 列宁:《列宁全集》第42卷,北京:人民出版社,1959年,第369页。
⑥ 列宁:《列宁全集》第42卷,北京:人民出版社,1959年,第191页。

了私人利益服从共同利益的合适程度,而这是过去许许多多社会主义者的绊脚石"。①

列宁的变革利益关系的思想在文化方面也有深刻的反映,特别是他的"文化革命"理论。十月革命胜利后,如何加强社会主义经济建设与文化建设,彻底改变俄国的落后面貌成为列宁最关心的问题。为此,他提出,"在解决了世界上最伟大的政治变革的任务以后,摆在我们面前的已是另一类任务,即可称为'小任务'的文化任务。必须消化这个政治变革,使它为人民群众所理解,使它不致仅仅是一纸宣言"。② 显然,列宁把夺取政权后如何搞好文化建设、实现文化利益作为巩固政权之关键,这主要是由当时俄国文化建设的重要性与紧迫性所决定的。因为,列宁发现,当时的俄国经济、文化非常落后,是一个"文盲的国家"。在这里,文化利益无法实现正是阻碍俄国社会政治、经济进一步快速发展的最大障碍。

1923年,列宁在《论合作社》一文中首先提出了文化革命概念,他说:"要是完全实现了合作化,我们也就在社会主义基地上站稳了脚跟。但完全合作化这一条件本身就包含有农民的文化水平的问题,就是说,没有一场文化革命,就完全合作化是不可能的。我们的敌人曾不止一次地对我们说,我们在一个文化不够发达的国家里推行社会主义是冒失行为。但是他们错了:我们没有从理论所规定的那一端开始,我们的政治变革和社会变革成了我们目前面临的文化变革、文化革命的先导。现在,只要实现了这个文化革命,我们的国家就能成为完全社会主义的国家了。"③由此可以看出,列宁文化革命理论的核心是要把文化"由资本主义的工具变成社会主义的工具",④把文化利益由少数资本家享有改变为由大多数人民群众享有。并且,列宁认为只有实行了文化变革,实现了文化利益,才能把俄国变成一个完全的社会主义国家。

列宁对文化建设与经济建设、政治建设之间的关系,也有科学的论述。列宁指出,"建成社会主义的基础已有了完全足够的经济和政治手段。缺少什么呢? 缺少文化,缺少本领"。⑤ 他认为,实行新经济政策,必须提高人的文化水平,把经济建设和文化建设统一起来,是问题的关键所在。因此,列宁提出应当把中心转移到文化建设上来,"充分地把这一具有世界历史意义的巨大文化任务提出来"。⑥ 对于文化建设重要性的认识,列宁做出了判断,"现在,只要实现了这个文化革命,我们

---

① 列宁:《列宁全集》第43卷,北京:人民出版社,1959年,第362页。
② 列宁:《列宁选集》第4卷,北京:人民出版社,1959年,第585页。
③ 列宁:《列宁全集》第43卷,北京:人民出版社,1959年,第368页。
④ 列宁:《列宁全集》第34卷,北京:人民出版社,1959年,第357页。
⑤ 列宁:《列宁全集》第43卷,北京:人民出版社,1959年,第399页。
⑥ 列宁:《列宁全集》第43卷,北京:人民出版社,1959年,第404页。

的国家就能成为完全社会主义的国家了"。① 因此,列宁在加强文化建设中一直强调:"要使整个苏维埃建设获得成功,就必须使文化和技术教育进一步上升到更高阶段。"②他认为,只有加强文化建设,不断提高人民群众的文化水平,才能提高整个社会的劳动生产率,才能实现更高水平的文化利益,才能完成新生政权的建设。同时,列宁还指出,民主政治的进步"仅靠军事胜利和政治改革是无法治好的,只有用提高文化的办法才能治好"。③

列宁还主张继承人类优秀文化遗产为社会主义服务。他在《青年团的任务》一文中解释道,"无产阶级文化并不是从天上掉下来的,也不是那些自命为无产阶级文化专家的人杜撰出来的",而是在"吸收和创造了两千多年来的人类思想和文化发展中一切有价值的东西"的基础上产生的,可以用来建设社会主义大厦。列宁精辟地指出,"必须取得资本主义遗留下来的全部文化,并且用它来建设社会主义。必须取得全部科学、技术、知识和艺术",④必须最大限度"利用大资本主义所达到的技术和文化成就"。⑤ "如果不学会利用资产阶级文化",社会主义就"不可能实现"。⑥ 在社会主义与资本主义的国际竞争中,吸收资本主义国家先进的东西以加速本国经济发展,这是经济与文化落后的俄国走社会主义道路的必由之路。

这充分证明,列宁已经认识到了俄国自身的文化落后性严重制约了苏维埃政权作用的发挥,影响了社会主义优越性的充分体现,必须通过文化革命、加强文化建设,才能提高人民的文化水平,实现文化利益,最终推动国家、社会的发展与进步。

3. 东欧学者对文化利益的论述

捷克著名学者奥塔·锡克(1966)在《经济—利益—政治》一书中,明确使用了"文化利益"一词。他认为,"一定的需要或爱好形成人们的利益。利益是以特别强烈地和比较持久地满足一定需要为目的的。这些需要是:物质需要、对活动和关系的需要或文化的需要"。⑦ 在奥塔·锡克看来,人们的需要可以分为两种属性,一种是经济性的物质需要,另一种是非经济性的非物质需要。"社会生产的发展,从来都不仅是为了满足肉体的需要,而且也是必须从物质上不断保证满足各种各样在社会中产生的非物质需要。"⑧同时,他又认为,物质需要是直接作为经济活动

---

① 列宁:《列宁全集》第43卷,北京:人民出版社,1959年,第360页。
② 列宁:《列宁全集》第38卷,北京:人民出版社,1959年,第176页。
③ 列宁:《列宁选集》第4卷,北京:人民出版社,1959年,第588页。
④ 列宁:《列宁全集》第36卷,北京:人民出版社,1959年,第48页。
⑤ 列宁:《列宁全集》第3卷,北京:人民出版社,1959年,第535页。
⑥ 列宁:《列宁全集》第38卷,北京:人民出版社,1959年,第111页。
⑦ 奥塔·锡克:《经济—利益—政治》,北京:中国社会科学出版社,1984年,第263页。
⑧ 奥塔·锡克:《经济—利益—政治》,北京:中国社会科学出版社,1984年,第261页。

的动机发挥作用,因为它本身就是直接的经济活动,或者说,是通过生产方式引起的和满足的;而非物质需要也可以间接地对经济活动的发展产生作用。他特别指出,"非经济需要是直接由非经济活动在生产方式发展的基础上发展所引起的。当然,它的发展也具有某种相对独立性,并且对非经济活动的发展发生反作用……非经济需要的发展,不仅影响直接满足非经济需要的活动的发展,而且也在不同的程度上间接影响经济活动的发展"。①

奥塔·锡克认为,"物质需要的满足越充分,所有非物质需要的增长就越迅速。真正成熟的科学的培养、国民教育、宣传、普及等等,就越能满足和进一步刺激人民占有新知识的利益、发展优美的艺术能力、刺激对艺术和发展体育的利益以及满足人们对发展其能力的利益,非物质利益的增长和扩大也就越迅速"。② 这样,"文化利益(游戏、围猎、淫荡等利益)也同这种物质利益一起迅速成长起来"。③ 由于"满足日益增长的非经济需要,首先要求不断扩大和完善用来进行例如文化(科学、教育、艺术、保健等等)活动的手段和工具的生产",故而,奥塔·锡克认为各种各样的"文化活动的手段和工具"就是实现和满足人民的文化需要的客体对象——文化利益,对于社会生产的发展、人的能力的全面发展而言是十分重要的环节、步骤和手段。

另外,奥塔·锡克还阐述了文化利益与经济利益之间的关系。他认为,只要基本生活需要得到满足,"利益便转到其他需要的满足,不仅是物质需要的满足,而且也包括非物质需要的满足。某些利益,首先是各种高度发展的文化利益,只有在物质保证达到相当高的水平时才能产生"。④ "因为社会主义(尽管它在最初的阶段还远远不能满足所有物质需要)为迅速地、普遍地提高人民的物质消费提供了可能,所以也引起其他的、特别是文化的需要空前迅速地增长,这种需要的增长速度最终会超过物质需要的增长速度。"⑤

俄国著名学者普列汉诺夫(1897)也指出,"社会生产的合理的有计划的组织,可以保证人的'物质需要'得到满足,正像自然界本身在一切社会关系条件下都可以保证'呼吸的需要'得到满足一样。因此,物质的需要将不再在人们的相互关系中起巨大的作用"。⑥ 普列汉诺夫已经十分清楚地预见到了,文化需要将会随着物质需要的增长而增长,并超过物质需要的增长速度,人们需要的满足还要取决于文化利益的满足。因而,文化利益将对人们的各种社会利益起到巨大的作用。

---

① 奥塔·锡克:《经济—利益—政治》,北京:中国社会科学出版社,1984年,第258页。
② 奥塔·锡克:《经济—利益—政治》,北京:中国社会科学出版社,1984年,第302页。
③ 奥塔·锡克:《经济—利益—政治》,北京:中国社会科学出版社,1984年,第307页。
④ 奥塔·锡克:《经济—利益—政治》,北京:中国社会科学出版社,1984年,第266页。
⑤ 奥塔·锡克:《经济—利益—政治》,北京:中国社会科学出版社,1984年,第267页。
⑥ 普列汉诺夫:《普列汉诺夫哲学著作选集》第2卷,北京:三联出版社,1961年,第255~256页。

由此可见,早期东欧的社会主义学者已经明确意识到了文化需要和文化利益对未来社会发展的重要作用,以及文化利益与经济利益之间的辩证关系。因为文化利益的发展不仅影响直接满足非经济需要的活动的发展,而且也在不同程度上间接影响经济活动的发展。

4. 毛泽东关于文化利益的论述

在领导中国革命和建设的实践中,毛泽东对如何维护人民的利益问题做出了深刻的阐述,形成了科学的人民利益观。他指出,"人民,只有人民才是创造世界历史的动力",①"真正的铜墙铁壁是什么?是群众,是千百万真心实意地拥护革命的群众"。② 因此,中国共产党作为广大人民群众的领导者就必须一切从人民的利益出发,以最大限度地实现人民利益作为党的根本价值取向,"使广大群众认识我们是代表他们的利益的,是和他们呼吸相通的"。③

毛泽东在《关于正确处理人民内部矛盾的问题》中论述了社会主义利益关系的实质。他指出:"我们的人民政府是真正代表人民利益的政府,是为人民服务的政府,但是它同人民群众之间也有一定的矛盾。这种矛盾也是人民内部的一个矛盾。一般来说,人民内部的矛盾,是在人民利益根本一致的基础上的矛盾。"④此外,毛泽东在《论十大关系》中也论述了对各种利益关系的协调,其中包括对国家、集体、企业、个人、中央、地方等之间利益关系的协调。尤其在分配问题上,他指出,"我们必须兼顾国家利益、集体利益和个人利益"。⑤ "总之,国家和工厂,国家和工人,工人和工人,国家和合作社,国家和农民,合作社和农民,都必须兼顾,不能只顾一头。"⑥统筹兼顾、适当安排是毛泽东在处理利益关系问题上的重要思想。这些观点在付诸中国的革命与建设的实践之后形成了毛泽东的利益观。

毛泽东的利益观在文化领域得到了进一步的发展,形成了他的文化利益思想。毛泽东最早提出了新民主主义文化的概念,他指出:新民主主义文化"应为全民族中百分之九十以上的工农劳苦民众服务,并逐渐成为他们的文化"。"一切进步的文化工作者,在抗日战争中,应有自己的文化军队,这个军队就是人民大众。"⑦《在延安文艺座谈会上的讲话》一文中,毛泽东发展了他的文化思想,他指出:"我们的文学艺术都是为人民大众的,首先是为工农兵的,为工农兵而创造,为工农兵所利用的。"这些观点,本质上就是使文化为人民服务,文化的利益为人民所享有。毛泽

---

① 毛泽东:《毛泽东选集》第 3 卷,北京:人民出版社,1991 年,第 1031 页。
② 毛泽东:《毛泽东选集》第 1 卷,北京:人民出版社,1991 年,第 139 页。
③ 毛泽东:《毛泽东选集》第 1 卷,北京:人民出版社,1991 年,第 138 页。
④ 毛泽东:《毛泽东选集》第 5 卷,北京:人民出版社,1991 年,第 365 页。
⑤ 毛泽东:《毛泽东选集》第 5 卷,北京:人民出版社,1991 年,第 380 页。
⑥ 毛泽东:《毛泽东选集》第 5 卷,北京:人民出版社,1991 年,第 275 页。
⑦ 毛泽东:《毛泽东选集》第 2 卷,北京:人民出版社,1991 年,第 708 页。

东认为:"民族压迫和封建压迫所给予中国人民的灾难中,包括着民族文化的灾难。"他以革命家的敏锐目光看到了占统治地位的旧文化阻碍了中国社会的进步,使在历史上创造了举世公认灿烂文化的文明古国落伍于世界潮流,而且使人民群众处于愚昧、不觉悟的状态。为彻底改变这一状态,他提出了建设"民族的科学的大众的文化"的战略方针,积极领导在贫穷落后的中国开展文化建设,实现国家和人民的文化利益。

在《新民主主义论》这一纲领性文件中,毛泽东明确指出:"我们共产党人,多年以来,不但为中国的政治革命和经济革命而奋斗,而且为中国的文化革命而奋斗;一切这些的目的,在于建设一个中华民族的新社会和新国家。在这个新社会和新国家中,不但有新政治、新经济,而且有新文化。……一句话,我们要建立一个新中国。建立中华民族的新文化,这就是我们在文化领域中的目的。"①"新的政治力量,新的经济力量,新的文化力量,都是中国的革命力量。""新民主主义的政治、新民主主义的经济和新民主主义的文化相结合,这就是新民主主义共和国。"②实际上揭示了政治、经济和文化是人类社会发展的三种基本力量。而中国的历史经验表明,文化确实是一支重要的革命力量,它同政治力量、经济力量一起,构成了完整的革命力量。毛泽东认为,构成综合国力的要素是多方面的、综合的,文化是综合国力的重要构成要素。

在改变旧文化、建设新文化、增强文化实力上,毛泽东从中国国情出发,提出了一系列文化建设的思想和主张,明确了文化对人民大众服务的方针,阐明了对待中华文化遗产批判、继承和借鉴的基本原则,以及"百花齐放、百家争鸣"的繁荣科学文化的方针。为文化利益的创造、分享和实现提供了思想指导。毛泽东在1949年召开的中国人民政治协商会议上宣告:"随着经济建设的高潮的到来,不可避免地将要出现一个文化建设的高潮。中国人被认为不文明的时代已经过去了,我们将以一个具有高度文化的民族出现于世界。"③

此外,毛泽东在《新民主主义论》中,还提出了政治、经济、文化并列的社会结构理论,并规定了三者的关系:"一定的文化(当作观念形态的文化)是一定社会的政治和经济的反映,又给予伟大影响和作用于一定社会的政治和经济;而经济是基础,政治则是经济的集中的表现。这是我们对于文化和政治、经济的关系及政治和经济的关系的基本观点。"毛泽东的这一论断也体现了社会利益的结构,以及该结构中的文化利益与经济利益、政治利益之间的关系,即经济利益决定文化利益,而经济利益本身又有文化利益的内涵。

---

① 毛泽东:《毛泽东选集》第2卷,北京:人民出版社,1991年,第663页。
② 毛泽东:《毛泽东选集》第2卷,北京:人民出版社,1991年,第695页。
③ 毛泽东:《毛泽东著作选读》(下册),北京:人民出版社,1986年,第692页。

5. 邓小平关于文化利益的论述

邓小平在党的十一届三中全会后,以人民利益为向导,在领导中国改革开放的进程中,做了两方面的探索,即"政治上发展民主"、"经济上进行改革","同时相应地进行社会其他领域的改革"。① 政治上发展民主,是实现人民政治利益的需求;而经济上进行改革则是邓小平一贯强调的以经济建设为中心的指导思想,即以人民的利益为中心。

邓小平认为,社会主义建设和改革也是为了人民利益。人民利益决定建设和改革的命运,所以,进行社会主义现代化建设和改革,人民利益是根本。他在1979年时就指出,"社会主义现代化建设是我们当前最大的正事,因为代表着人民的最大利益,最根本的利益"。② 1980年,他在《党和国家领导制度的改革》中又指出,"社会主义现代化建设的极其艰巨复杂的任务摆在我们的面前。很多旧问题需要继续解决,新问题更是层出不穷。党只有紧紧地依靠群众,密切地联系群众,随时听取群众的呼声,了解群众的情绪,代表群众的利益,才能形成强大的力量,顺利地完成自己的各项任务"。③

由于利益主体的不同,在正确处理社会主义制度下各种利益关系之间矛盾的问题上,邓小平指出,"在社会主义制度之下,个人利益要服从集体利益,局部利益要服从整体利益,暂时利益要服从长远利益,或者叫做小局要服从大局,小道理服从大道理。我们提倡和实行这些原则,绝不是说可以不注意个人利益,不注意局部利益,不注意暂时利益,而是因为在社会主义制度之下,归根结底,个人利益和集体利益是统一的,局部利益和整体利益是统一的,暂时利益和长远利益是统一的。我们必须要按照统筹兼顾的原则来调节各种利益的相互关系。如果相反,违反集体利益而追求个人利益,违反整体利益而追求局部利益,违反长远利益而追求暂时利益,那么,结果势必两头都受损失"。④

邓小平按照利益的客体不同,把利益分为物质利益和精神利益(文化利益)。他指出,"不加强精神文明建设,物质文明建设也要受到破坏,走弯路。光靠物质条件,我们的革命和建设都不可能胜利"。⑤ 因此,他认为,通过改革开放、现代化科学技术的推动,大力发展生产力,并且加快社会主义精神文明建设,使物质利益、政治利益和文化利益兼顾起来,才是具有中国特色的社会主义。邓小平在"建设社会主义物质文明和精神文明"的谈话中说:"一个真正的马克思主义政党执政以后,

---

① 邓小平:《邓小平文选》第3卷,北京:人民出版社,1993年,第116页。
② 邓小平:《邓小平文选》第2卷,北京:人民出版社,1993年,第163页。
③ 邓小平:《邓小平文选》第2卷,北京:人民出版社,1993年,第342页。
④ 邓小平:《邓小平文选》第2卷,北京:人民出版社,1993年,第175页。
⑤ 邓小平:《邓小平文选》第3卷,北京:人民出版社,1993年,第144页。

一定要致力发展生产力,并在这个基础上逐步提高人民的生活水平。这就是建设物质文明。建设社会主义精神文明,最根本的是要使广大人民有共产主义的理想,有道德,有文化,守纪律。"①邓小平指出:"我们要在建设高度物质文明的同时,提高全民族的科学文化水平,发展高尚的丰富多彩的文化生活,建设高度的社会主义精神文明。"这一观点表现了他对经济利益和文化利益两者共同发展、缺一不可的思想。

在社会主义新的历史发展时期,邓小平又根据形势发展的需要,及时地提出文化工作要把社会效益放在首位的价值观。他强调指出:"任何进步的、革命的文艺工作者都不能不考虑作品的社会影响,不能不考虑人民的利益、国家的利益、党的利益。"邓小平认为,社会主义文化不是不要经济效益、商业利益,相反,在保证社会效益的前提下也要取得较好的经济利益和商业利益,而且这两者之间是可以实现统一的。一部作品、一件艺术品、一部电影、一台戏,如果没有观众、没有读者,那就算不上是优秀的文艺作品,就不会有社会效益,更谈不上社会效益与经济效益的统一。自20世纪80年代以来,邓小平针对改革开放带来的某些经济活动中损害人们精神文明的现象,提出了文化工作的价值准则。他一直强调:"思想文化教育卫生部门,都要以社会效益为一切活动的唯一准则。"②邓小平的这些观点表明,文化利益的实现必须体现为经济效益和社会效益的统一。

随着中国改革开放和现代化建设的深入发展,以及对世界新科技革命的深刻认识和对当代生产力发展规律的准确把握,邓小平总结了20世纪70年代以来世界经济和科技发展的新经验,提出了"科学技术是第一生产力"的科学论断,形成了自己的科技文化思想。他指出,"马克思说过,科学技术是生产力,事实证明这话讲得很对。依我看,科学技术是第一生产力"。③ 在1992年的南方谈话中,邓小平又进一步强调指出,"经济发展得快一点,必须依靠科技和教育。我说科学技术是第一生产力。近一二十年来,世界科学技术发展得多快啊!高科技领域的一个突破,带动一批产业的发展。我们自己这几年,离开科学技术能增长得这么快吗?要提倡科学,靠科学才有希望"。④ "劳动者只有具备较高的科学文化水平,丰富的生产经验,先进的劳动技能,才能在现代化的生产中发挥更大的作用。"⑤同时,邓小平也明确指出,"科技人才是科学技术的载体,是科学技术的发明者、掌握者、使用者,而科技人才的培养和造就,必须通过具有育人功能的学校教育。科学技术人才

---

① 邓小平:《邓小平文选》第3卷,北京:人民出版社,1993年,第28页。
② 邓小平:《邓小平文选》第3卷,北京:人民出版社,1993年,第145页。
③ 邓小平:《邓小平文选》第3卷,北京:人民出版社,1993年,第274页。
④ 邓小平:《邓小平文选》第3卷,北京:人民出版社,1993年,第377页。
⑤ 邓小平:《邓小平文选》第2卷,北京:人民出版社,1993年,第88页。

的培养,基础在教育"。①

在全球化突飞猛进的发展进程中,邓小平的文化思想也具备了极大的开放性,他主张要积极学习世界的先进文化。他深知"中国长期处于停滞和落后状态的一个重要原因是闭关自守。经验证明,关起门来搞建设是不成功的,中国的发展离不开世界"。②"我们要向资本主义发达国家学习先进的科学、技术、经验管理方法以及其他一切对我们有益的知识和文化,闭关自守、固步自封是愚蠢的。"③邓小平指出,"科学技术是人类共同创造的财富。任何一个民族、一个国家,都要学习别的民族、别的国家的长处,学习人家的先进科学技术。我们不仅因为今天科学技术落后,需要努力向国外学习,即使我们的科学技术赶上了世界先进水平,也还要学习人家的长处"。④他认为学习发达资本主义国家的文化不会动摇中国的社会主义制度和发展,他主张要长期发展与发达资本主义国家的文化交流。他一再强调,"对于现代西方资产阶级文化,我们究竟要采取什么态度呢?经济上实行对外开放的方针,是正确的,要长期坚持。对外文化交流也要长期发展"。⑤邓小平开放的文化思想极大地体现了在全球化过程中,文化利益在国际环境中的创造、交换、分享与实现。

二、新时期中国马克思主义的相关论述

在新的历史时期,中国共产党人对文化利益又有了新的认识。

对于利益方面的论述,党的十六大报告指出,"最大多数人的利益和全社会全民族的积极性创造性,对党和国家事业的发展始终是最具有决定性的因素。在我国社会深刻变革、党和国家事业快速发展的进程中,妥善处理各方面的利益关系,把一切积极因素充分调动和凝聚起来,至关紧要"。"在建设中国特色社会主义的进程中,全国人民的根本利益是一致的,各种具体的利益关系和内部矛盾可以在这个基础上进行调节。制定和贯彻党的方针政策,基本着眼点是要代表最广大人民的根本利益,正确反映和兼顾不同方面群众的利益,使全体人民朝着共同富裕的方向稳步前进。""共产党执政就是领导和支持人民当家作主,最广泛地动员和组织人民群众依法管理国家和社会事务,管理经济和文化事业,维护和实现人民群众的根本利益。""必须始终紧紧抓住发展这个执政兴国的第一要务,把坚持党的先进性和发挥社会主义制度的优越性,落实到发展先进生产力、发展先进文化、实现最

---

① 邓小平:《邓小平文选》第3卷,北京:人民出版社,1993年,第275页。
② 邓小平:《邓小平文选》第3卷,北京:人民出版社,1993年,第78页。
③ 邓小平:《邓小平文选》第3卷,北京:人民出版社,1993年,第44页。
④ 邓小平:《邓小平文选》第3卷,北京:人民出版社,1993年,第372页。
⑤ 邓小平:《邓小平文选》第3卷,北京:人民出版社,1993年,第43页。

广大人民的根本利益上来,推动社会全面进步,促进人的全面发展。紧紧把握住这一点,就从根本上把握了人民的愿望,把握了社会主义现代化建设的本质。"①

对于文化方面的论述,习近平指出:"使人民群众不断获得切实的文化利益,就是在坚持以马克思主义为指导的前提下,大力发展面向现代化、面向世界、面向未来的,民族的科学的大众的社会主义文化,使人民群众的思想道德素质、教育科学文化水平和精神生活质量得到相应提高。由于人们所处的社会环境、地位不同,经济状况不同,受教育的程度不同,以及不同阶层、不同民族、不同地区群众的文化知识水平、发展条件和历史传统等各有不同,决定了他们在文化需求方面也有着各自的特点。党在实现、维护和发展人民群众的文化利益时,既要重视在全社会形成共同的理想信念,又要注意统筹兼顾,不断满足不同社会群体和个人的不同文化需求,保证每个社会成员都有受教育的机会,都能充分享受到共同的文化成果,都能在群体的文化氛围和道德规范中使个体的精神得到陶冶和升华。"②

在文化利益与经济利益、政治利益之间的关系上,习近平进一步指出:"人民群众的经济、政治、文化三大利益,构成了人民群众的根本利益这个有机联系的辩证统一整体。在这个有机整体中,经济利益是基础,只有首先满足了物质生活这一最基本的社会需求,人民群众才能更好地追求和享受政治利益、文化利益;政治利益是核心,人民群众只有在政治上当家作主,才能充分享有对生产资料和物质生活资料的支配权,获得更高质量的经济利益,接受更多的科学文化知识教育,追求更加丰富的物质和文化生活;文化利益是经济利益和政治利益的一种反映或表现,只有充分享有文化利益,才能实现人的全面发展,人民群众才能更加自觉、更加科学、更加有效地追求和实现经济利益和政治利益。由此可见,经济利益、政治利益、文化利益从不同领域、不同层面反映了人民群众的根本利益,三者相互联系,相互依存,相互促进。"③

党的十六大报告指出:"当今世界,文化与经济和政治相互交融,在综合国力竞争中的地位和作用越来越突出。文化的力量,深深熔铸在民族的生命力、创造力和凝聚力之中。"在党的重要文献中,这是第一次明确使用"文化的力量"这一提法,凸显了文化建设在社会主义现代化建设事业中的重要地位。在中国的文化建设中,"必须立足中国现实,继承民族文化优秀传统,吸取外国文化有益成果,建设社会主义精神文明,不断提高全民族的思想道德素质和科学文化素质,为现代化建设提供强大的精神动力和智力支持"。并且使得"全民族的思想道德素质、科学文化

---

① 江泽民:《全面建设小康社会,开创中国特色社会主义事业新局面——在中国共产党第十六次全国代表大会上的报告》,北京:人民出版社,2002年,第1~68页。
② 习近平:《使人民群众不断获得切实的经济、政治、文化利益》,《求是》,2001年第19期。
③ 习近平:《使人民群众不断获得切实的经济、政治、文化利益》,《求是》,2001年第19期。

素质和健康素质明显提高,形成比较完善的现代国民教育体系、科技和文化创新体系、全民健身和医疗卫生体系。人民享有接受良好教育的机会,基本普及高中阶段教育,消除文盲。形成全民学习、终身学习的学习型社会,促进人的全面发展"。①

党的十六大提出积极发展文化事业和文化产业,认为"发展各类文化事业和文化产业都要贯彻发展先进文化的要求,始终把社会效益放在首位。国家支持和保障文化公益事业,并鼓励它们增强自身发展活力"。"加强文化基础设施建设,发展各类群众文化。积极推进卫生体育事业的改革和发展,开展全民健身运动,提高全民健康水平。""发展文化产业是市场经济条件下繁荣社会主义文化、满足人民群众精神文化需求的重要途径。完善文化产业政策,支持文化产业发展,增强我国文化产业的整体实力和竞争力。"最终使"人民的政治、经济和文化权益得到切实尊重和保障"。② 这是中国共产党全国代表大会报告中第一次出现"文化权益"的概念。

党的十六届四中全会通过的《中共中央关于加强党的执政能力建设的决定》中,首次以中央文件的形式肯定并阐述了"文化生产力"的概念:"深化文化体制改革,解放和发展文化生产力。根据社会主义精神文明建设的特点和规律,适应社会主义市场经济的要求,进一步革除制约文化发展的体制性障碍。坚持把社会效益放在首位,实现社会效益和经济效益的统一,把文化发展的着力点放在满足人民群众精神文化需求和促进人的全面发展上。以体制机制创新为重点,增强微观活力,健全文化市场体系,依法加强管理,促进文化事业全面繁荣和文化产业快速发展,增强我国文化的总体实力。推动中华文化更好地走向世界,提高国际影响力。……加强文化发展战略研究,抓紧制定文化发展纲要和文化体制改革总体方案。"③从而为发展文化经济、实现文化利益提供了坚实的理论基础和政策思路。

党的十七大报告对文化利益的论述又上升到了一个新的高度。随着"社会主义文化更加繁荣,同时人民精神文化需求日趋旺盛,人们思想活动的独立性、选择性、多变性、差异性明显增强,对发展社会主义先进文化提出了更高要求;社会活力显著增强,同时社会结构、社会组织形式、社会利益格局发生深刻变化,社会建设和管理面临诸多新课题"。因此,党的十七大提出,"加强文化建设,明显提高全民族文明素质。社会主义核心价值体系深入人心,良好思想道德风尚进一步弘扬。覆盖全社会的公共文化服务体系基本建立,文化产业占国民经济比重明显提高、国际竞争力显著增强,适应人民需要的文化产品更加丰富"。报告中指出,"当今时代,文化越来越成为民族凝聚力和创造力的重要源泉、越来越成为综合国力竞争的重

---

①② 江泽民:《全面建设小康社会,开创中国特色社会主义事业新局面——在中国共产党第十六次全国代表大会上的报告》,北京:人民出版社,2002年,第1~68页。

③ 中共中央十六届四中全会:《中共中央关于加强党的执政能力建设的决定》,北京:人民出版社,2004年,第1~55页。

要因素,丰富精神文化生活越来越成为我国人民的热切愿望。要坚持社会主义先进文化前进方向,兴起社会主义文化建设新高潮,激发全民族文化创造活力,提高国家文化软实力,使人民基本文化权益得到更好保障,使社会文化生活更加丰富多彩,使人民精神风貌更加昂扬向上"。①

党的十七大报告进一步指出,"在时代的高起点上推动文化内容形式、体制机制、传播手段创新,解放和发展文化生产力,是繁荣文化的必由之路。要坚持为人民服务、为社会主义服务的方向和百花齐放、百家争鸣的方针,创作更多反映人民主体地位和现实生活、群众喜闻乐见的优秀精神文化产品。深化文化体制改革,完善扶持公益性文化事业、发展文化产业、鼓励文化创新的政策,营造有利于出精品、出人才、出效益的环境。大力发展文化产业,繁荣文化市场,增强国际竞争力。运用高新技术创新文化生产方式,培育新的文化业态,加快构建传输快捷、覆盖广泛的文化传播体系。设立国家荣誉制度,表彰有杰出贡献的文化工作者"。②

党的十七大虽然没有直接提出文化利益,但是在报告中第一次独立地提出了文化权益。权益即权力和利益,文化权益即文化的权力和利益,文化权益包含了文化利益,文化利益是最高形态的利益。同时,党的十七大报告中又提出了发展文化的一系列重要措施,为文化利益的创造、交换、分享和实现提供了制度性的保障。

党的十七届六中全会通过了《中共中央关于深化文化体制改革　推动社会主义文化大发展大繁荣若干重大问题的决定》(以下简称《决定》),此次全会认为,面对国内外形势新变化、我国经济社会发展新要求、各族人民过上更好生活的新期待以及文化建设面临的新情况新问题,必须深化文化体制改革、推动社会主义文化大发展大繁荣。因此,《决定》对兴起社会主义文化建设新高潮、推动社会主义文化大发展大繁荣作出战略部署,强调中华民族伟大复兴必然伴随着中华文化繁荣兴盛,要更加自觉、更加主动地推动文化大发展大繁荣,在中国特色社会主义的伟大实践中进行文化创造。

《决定》从以下九个方面对新时期为我国文化建设作出了部署:一是充分认识推进文化改革发展的重要性和紧迫性,更加自觉、更加主动地推动社会主义文化大发展大繁荣;二是坚持中国特色社会主义文化发展道路,努力建设社会主义文化强国;三是推进社会主义核心价值体系建设,巩固全党全国各族人民团结奋斗的共同思想道德基础;四是全面贯彻"二为"方向和"双百"方针,为人民提供更好更多的精神食粮;五是大力发展公益性文化事业,保障人民基本文化权益;六是加快发展

---

①② 胡锦涛:《高举中国特色社会主义伟大旗帜,为夺取全面建设小康社会新胜利而奋斗——在中国共产党第十七次全国代表大会上的报告》,北京:人民出版社,2007年,第1~70页。

文化产业,推动文化产业成为国民经济支柱性产业;七是进一步深化改革开放,加快构建有利于文化繁荣发展的体制机制;八是建设宏大文化人才队伍,为社会主义文化大发展大繁荣提供有力的人才支撑;九是加强和改进党对文化工作的领导,提高推进文化改革发展科学化水平。这一系列的举措将有力推动中国文化的大发展和大繁荣,并进一步促进文化利益的发展。①

在文化权益的保障方面,《决定》强调,满足人民基本文化需求是社会主义文化建设的基本任务,必须坚持政府主导,按照公益性、基本性、均等性、便利性的要求,加强文化基础设施建设,完善公共文化服务网络,让群众广泛享有免费或优惠的基本公共文化服务。《决定》进一步指出,加强公共文化服务是实现人民基本文化权益的主要途径,要以公共财政为支撑,以公益性文化单位为骨干,以全体人民为服务对象,以保障人民群众看电视、听广播、读书看报、进行公共文化鉴赏、参与公共文化活动等基本文化权益为主要内容,完善覆盖城乡、结构合理、功能健全、实用高效的公共文化服务体系。此外,保障人民文化权益还需要发展现代传播体系,提高社会主义先进文化辐射力和影响力;建设优秀传统文化传承体系,加强对优秀传统文化思想价值的挖掘和阐发,维护民族文化基本元素,使优秀传统文化成为新时代鼓舞人民前进的精神力量;加快城乡文化一体化发展,增加农村文化服务总量,缩小城乡文化发展差距,推进社会主义新农村建设。②

党的十七届六中全会通过的《决定》是中国新时期文化建设和文化利益发展领域最科学、最全面、最系统的纲领性文件,既包括了文化利益的生产、交换、分享和实现的各个环节,又涵盖了个人文化利益、企业和产业文化利益、区域文化利益、国家文化利益等各个层面。这份文件不但为中国社会主义文化大发展大繁荣作出了制度性安排,也为本书文化利益理论的研究提供了重要的指导和启发。

第二节 西方学界的相关研究

一、古典经济理论的视角

亚当·斯密(1776)是西方政治经济学古典学派的创立者,在他的学术著作中,

---

①② 中共中央十七届六中全会:《中共中央关于深化文化体制改革 推动社会主义文化大发展大繁荣若干重大问题的决定》,北京:人民出版社,2011年,第1~73页。

不仅反映了当时社会物质产品生产的发展水平,也反映了文化因素在社会生活中的地位和作用。亚当·斯密继承了威廉·配第关于生产劳动和非生产劳动划分的思想,认为生产或者供给文化产品的劳动属于非生产劳动的范畴,对文化产品的消费反映了人的精神需求,是人们生活的一个组成部分,并成为判断一个人贫富的标准。① 并且,文化产品生产已经成为需要通过交换才能获得的商品。同时,文化产品生产已经随着社会分工的日趋细化而从其他行业中分离出来。因此,出现了以雇佣劳动为基础的文化产品生产企业,资本进入这一领域也就不再是个别的和偶然的了。亚当·斯密关于文化生产与消费的论述也不再停止在生产劳动与非生产劳动的划分之上,他不仅谈到了教育的作用,而且谈到了如何提高教育质量使其发挥更大作用的办法。尤其重要的是,他认识到文化利益的实现对于经济发展和社会进步的重要作用,这就要求不能单纯依靠经济利益,而是要求在一定程度上实现经济利益与文化利益的协调发展。

另外,亚当·斯密在对"经济人"的界定中,也包含了精神文化方面的因素。他心目中的"经济人"并不是单纯为实现其私利的人,而是具有一定文化和价值观的新兴的"市民阶级"。这些新兴的市民阶级相互结合,逐渐形成了其本身固有的文化和价值观,他们自己教育自己,聚集成了一个与封建文化诀别的新兴思想阶层,他们要求自由行动,实现其"利己心",为此,他们必须遵守社会正义的一般规律,具有"勤勉"、"节约"、"慎重"、"机敏"、"质朴"、"用心周到"等品德。② 因此,他在《国富论》和《道德情操论》中把"经济人"的活动看作是经济与道德的统一。他认为,如果不具备必要的伦理道德,仅仅追求自利是无法促进社会财富增进的,任何市场经济只有在共享的道德观的基础上才能正常运行,人的文化观念是经济进步必不可少的条件。③

大卫·李嘉图(以下简称李嘉图)(1817)认为,社会财富不仅包括物质产品,也包括文化产品。他把亚当·斯密曾经说过的"一个人的贫富取决于他能够享受生活必需品、享用品和娱乐品的程度"这句话当作经济学的信条。他指出,"一个人的贫富取决于其所能支配的必需品和奢侈品的多寡"。"必需品、享用品和娱乐品"都是社会财富的组成部分,"它们总是能同样有益于所有者的享受"。④ 可以看出,在李嘉图的时代,文化生产已经很自然地成为社会总供给的组成部分,而不是以单独的形式存在,文化产品已经越来越多地被赋予商品的属性。在李嘉图看来,那些能够满足人们精神需求的奢侈品(如享用品、娱乐品等)"是能同样有益于所

---

① 亚当·斯密:《国富论》上卷,西安:陕西人民出版社,2001年,第41、325页。
② 朱绍文:《〈国富论〉中的"经济人"的属性及其品德问题》,《经济研究》,1987年第4期。
③ 阿马蒂亚·森:《以自由看待发展》,北京:中国人民大学出版社,2002年,第262页。
④ 大卫·李嘉图:《政治经济学及赋税原理》,北京:商务印书馆,1962年,第235~236页

有者的享受"的。他认为,随着时代的变化和经济的进步,文化产品的效用将会增大,人们的精神需求将会增加。每个人的文化需求都是存在的而且是无限的,因此,生产技术的改进对满足人民这种欲望是有限的,而且社会各阶层的人都会从中受益。此外,他还认为,文化的先进与落后是衡量一个国家先进与落后的标志,先进的文化能够促进物质产品生产的发展,而落后的文化则阻碍物质产品生产的发展。"采用了文化非常先进的国家的技艺和知识以后,资本就可能有一种比人口增加更快的趋势。"①可见,在李嘉图的经济学理论中,文化对经济发展的作用是巨大的,文化先进代表着科学技术的先进和文化知识的发达,文化落后则意味着居民的愚昧、懒惰和不开化,而先进文化则有助于资本的增加和生产力的发展。②

约翰·穆勒(1848)将政治经济学研究的对象定位于道德和社会科学的范畴,认为各国的经济情况取决于人的道德或心理因素,从而依赖于各种制度和社会关系,依赖于人的本质。为此,他在论述中注意到了与经济发展有关的制度因素和知识、道德因素。在研究信仰与经济发展的相互关系时,他认为一国人民的信仰和法律对他们的经济状况起很大作用,而经济状况通过对智力发展和社会关系的影响,又作用于人民的信仰和法律。在研究道德与经济发展之间的关系时,他认为劳动者的道德品质对其劳动的效率和价值来说,与智力是同等重要的。特别是他在研究生产力程度时指出,整个社会的知识水平和相互信任程度对生产要素、生产力程度有较大的决定作用,很有必要建立相互信任的关系,同时建议改进学校教育质量和数量,迅速提高人民大众的精神文明程度和依赖于精神文明程度的道德品质。③

古典经济学集大成者阿尔弗雷德·马歇尔(以下简称马歇尔)(1890)认为,政治经济学或经济学一方面是一门研究财富的学科,经济学研究的对象仍然是"真实的"人;另一方面也是更重要的方面,它是研究人类学科的重要组成部分。因为人的习惯本身大都基于有意识的选择,而人的性格则是由其日常工作以及由此而获得的物质资源所形成的。他提出,世界历史的两大构成力量,就是宗教和经济的力量。虽然宗教的动机比经济的动机更为强烈,但是它的直接作用却不像经济动机那样普遍地影响着人类生活。④ 在马歇尔看来,文化(包括宗教、道德、观念、理想等)因素和经济动机共同决定着人们的行为。人的行为会受到个人情感、责任观念和对高尚理想的崇拜的影响。同时,马歇尔还较为深刻地分析了宗教改革对经济

---

① 大卫·李嘉图:《政治经济学及赋税原理》,北京:商务印书馆,1962年,第234、82页。
② 孟晓驷:《文化经济学思维——物质与文化均衡发展分析》,北京:人民文学出版社,2005年,第80页。
③ 高波、张志鹏:《文化与经济发展:一个文献评述》,《江海学刊》,2004年第1期。
④ 马歇尔:《经济学原理》,北京:商务印书馆,1981年,第27页;Marshall Alfred,1890,Principles of Economics,the First Edition,London:McMillan and Co. Ltd.

发展的作用,认为宗教改革、印刷术、发现新大陆等是工业革命的前提。① 所以,马歇尔主张,对经济利益之外的人的精神文化需求也应深入研究。

由于早期经济学家的研究对象是真实的社会与真实的人,因此文化(具体为道德伦理、宗教信仰、理想观念、风俗习惯等)必然在他们的考虑之中,在论述经济发展的条件时,他们所关注的更多的是那些具有"新文化"或价值观的人,在他们看来,特定的文化通过影响行为而造就了经济发展。②

二、经济增长理论的视角

在经济增长理论中,新古典经济学虽然重视资本、劳动和技术对经济增长的作用,但却忽视了文化因素的作用。到了 20 世纪以后,人们开始了对传统主流经济学的反思,文化作为经济增长的一种决定性资源因素逐渐进入经济学家考察经济增长动因的视野。

20 世纪初期,约瑟夫·熊彼特(1912)提出了以"创新"为核心内容的经济发展理论。他认为,经济发展的根本现象是"创新",而"创新"就是"建立一种新的生产函数",将一种从来没有过的关于生产要素和生产条件的"新组合"引入生产体系。他在《经济发展的理论》一书中提出,资本主义经济增长的主要动因是创新,创新是一个"内在的因素",经济发展就是"来自内部自身创造性的关于经济生活的一种变动"。他认为,创新的主体是富有才干、敢于冒险的企业家,他们以一定的动机、热情和意志为精神动力。企业家之所以能推动经济的发展,关键在于企业家具备一种不同于常人的品质,即"创新精神",亦叫"企业家精神"。而企业家的这种创业、创新动机、热情和意志,必然是在一定的社会文化氛围中得以孕育的。③ 可以看出,熊彼特所提出的创新并不是指科学技术上的发现与发明,而是指价值观的创新,即文化水平的提升。④ 熊彼特还认为,做一件新的事情,不仅在客观上比做已经熟悉的和已经由经验检验的事情更加困难,而且个人会感到不愿意去做,即使客观上的困难并不存在,也还是感到不愿意,这就是我们所讲的文化对人们行为的制约和规定作用。熊彼特认为,对这种传统习惯的超越和创新需要有新的另一种意志上的努力。⑤

阿瑟·刘易斯(1954)在全面分析影响经济增长的因素时,将"节约的意愿"和

---

① 杨继瑞、郝康理:《文化经济论》,成都:西南财经大学出版社,2007 年,第 27 页。
② 高波、张志鹏:《文化与经济发展:一个文献评述》,《江海学刊》,2004 年第 1 期。
③ Schumpeter Joseph Alois,1947,Theoretical Problems:Theoretical Problems of Economic Growth,The Journal of Economic History,Vol. 7,Supplement:Economic Growth:A Symposium,pp. 1 – 9;Schumpeter Joseph Alois,1949,Science and Idelogy,The American Review,Vol. 39,No. 2,pp. 346 – 359.
④ 约瑟夫·熊彼特:《经济发展理论》,北京:商务印书馆,1990 年,第 1~35 页。
⑤ 张佑林:《区域文化与区域经济发展》,北京:社会科学文献出版社,2007 年,第 20 页。

文化利益理论与实践

"工作态度"、"冒险精神"等放在了最前面。他清楚地意识到,"经济增长依赖于人们对工作、财富、节俭、生育子女、创造性、陌生人和冒险等等的态度,所有这些态度都是从人的头脑深处产生的"。① 刘易斯将影响经济增长的态度分为两类:一类是人们对财富的态度,他认为有限的眼界影响了人们努力获得财富的意愿。他认为,"各个社会在局限性程度上的差异是大不相同的,这取决于积累的物质财富资本和文化资本习惯和禁忌以及纯粹的愚昧无知"。② 另一类是人们对取得财富所需做出的努力的态度,即工作态度,他认为人们的不同态度往往与宗教信仰有关。③ 同时,刘易斯还详细分析了影响人们努力愿望的习俗和禁忌,包括对家庭生活的偏见、职业偏见以及对资源利用的限制。

到了20世纪60年代,西奥多·舒尔茨看到了现代经济增长过程中土地和资本等生产要素的作用在下降,同时也看到了人的技术及其知识水平,特别是文化素质,对经济增长的作用越来越重要。④ 因此,他提出了"人力资本"的概念。⑤ 在他看来,人力资本是包括教育科学等与提升劳动者技术和文化素质在内的概念。而在现实经济生活中,文化是通过人表现出来的,"人力资本"供给多少则是经济发展的文化支撑力大小的具体体现,也是文化利益实现的一种方式。⑥

阿马蒂亚·森在《伦理学与经济学》中明确指出,对自身利益的追逐只是人类许许多多动机中最为重要的动机,其他的如人性、公正、慈爱和公共精神等品质也相当重要。⑦ 另外,他在《以自由看待发展》一书中说道:"资本主义经济的高效率性依赖于强有力的价值观和规范系统。"⑧他认为,一个交换经济的成功运行是以共同的行为准则、相互信任和道德标准为基础的。⑨ 因此,他告诫发展中国家,必须要重视道德品质和价值观等文化因素的作用。

另外,美国经济管理学家彼得·德鲁克认为,真正占主导地位的资源以及绝对具有决定意义的生产要素,既不是资本,也不是土地和劳动,而是文化。原罗马俱乐部主席、著名发展经济学家弗朗索瓦·佩鲁曾经说过:"经济体系总是沉浸于文化环境的汪洋大海之中。"他在《新发展观》一书中指出,"经济现象和经济制度的存在依赖于文化价值;并且,企图把共同的经济目标同他们的文化环境分开,最终

---

① 阿瑟·刘易斯:《经济增长理论》,北京:商务出版社,1983年,第11页。
② 阿瑟·刘易斯:《经济增长理论》,北京:商务出版社,1983年,第28页。
③ 高波、张志鹏:《文化与经济发展:一个文献评述》,《江海学刊》,2004年第1期。
④ Schultz T. W. ,1961,Investment in Human Capital,American Economic Review,Vol. 51,No. 1,pp. 1 - 17.
⑤ 西奥多·舒尔茨:《人力投资》,北京:华夏出版社,1990年,第5~61页。
⑥ 刘迎秋、赵少钦等:《论经济发展的文化支撑力》,《国家行政学院学报》,2005年第5期。
⑦ 阿马蒂亚·森:《伦理学与经济学》,北京:商务印书馆,2000年,第3~77页。
⑧ 阿马蒂亚·森:《以自由看待发展》,北京:中国人民大学出版社,2002年,第261、265页。
⑨ Sen A. K. ,1966,Education,Vintage,and Learning by Doing,The Journal of Human Resource,Vol. 1,No. 2,pp. 3 – 21.

会以失败告终"。他认为,"各种文化价值在经济增长中起着根本性的作用,各种文化价值是抑制和加速增长的动机的基础,并且决定着增长作为一种目标的合理性"。①

三、新兴经济理论的视角

在主流经济学之外的研究领域中,对文化因素作用于经济发展的探索也始终没有停止。演化经济理论与新制度经济学的发展,让人们认识了文化与经济发展的内在关系。

哈耶克(1978)在他的文化进化理论中指出,文化是由一系列的惯例和行为复合而成的,这些惯例和行为之所以会被当作文化来接受,是因为人们在学习和实践之中发现利用它们能够获得成功,文化的形成是一种优胜劣汰的进化结果。哈耶克的进化理论主要关注的是制度和惯例的选择以及个人所具有的那些以文化方式传播或存续的能力的选择。他在《致命的自负》一书中论述道:"我们现在的这种不寻常的秩序的形成,以及存在着目前这种规模和结构的人类,其主要原因就是在于一些逐渐演化出来的人类行为规则,特别是有关私有财产、诚信、契约、交换、贸易、竞争、收获和私生活的规则。它们不是通过本能,而是经由传统、教育和模仿代代相传。"②

哈耶克认为,竞争在文化进化中扮演了重要的角色,复杂文化结构的形成是一种优胜劣汰的进化过程的结果,那些促进某些群体繁荣的惯例得到了更多人的采纳。在竞争中,一些人不断打破某些传统规则并实践新的行为,因为按照这些新的行为方式行事,群体可以更加兴旺发达,当前的社会秩序在很大程度上是通过那些在竞争过程中胜出的、更为有效制度的普遍盛行而逐渐形成的。③"这种以交易为基础的社会之所以有可能,通过可变的市场价格对广泛的劳动分工间的合作进行指导之所以有可能,都是以这样一个事实为基础的,即经由逐渐演化而形成的某些道德信念在众人之间地不断传播并在传播以后得到了大多数西方人的接受。"④因此,他认为文化进化为制度的演化提供了理论解释,制度的演化不过是文化进化的结果。由于制度决定了社会和经济的激励结构,所以,在哈耶克看来,现代经济增长的发源与文化的变迁是分不开的。

道格拉斯·诺斯(1981)认为,传统的主流经济学理论一直忽略了制度在经济

---

① 弗朗索瓦·佩鲁:《新发展观》,北京:华夏出版社,1987年,第15、165页。
② 哈耶克:《致命的自负》,北京:中国社会科学出版社,2000年,第3页。
③ 高波、张志鹏:《文化与经济发展:一个文献评述》,《江海学刊》,2004年第1期。
④ 哈耶克:《哈耶克论文集》,北京:首都经济贸易大学出版社,2001年,第617页。

增长中的作用,有效率的制度能够制造一种刺激,进而促进经济发展。① 制度包括正式制度安排和非正式制度安排。所谓的正式制度安排是指人们有意识创造的一系列政策法则;而所谓的非正式制度安排则是指人们在长期的社会交往中逐步形成并得到社会认可的一系列约束,包括价值信念、道德伦理、风俗习惯、意识形态等可以统称为文化的一些因素。非正式制度安排也是经济赖以进行的社会形式,通过对人的行为选择和激励的作用,以及对正式制度安排的制约,必然对经济发展产生重大影响。② 诺斯指出:"非正式制度安排源自于价值的文化遗传,来源于解决具体交换问题的正式制度的延拓与应用,也来自于解决简单协作问题的方案。总体来讲,它们对制度结构具有普遍的影响。有些有效的传统(如勤劳、诚实、正直)能降低交易的成本,且能使复杂的生产交换成为可能。"③因此,他将文化看成一种影响合约实施的不可缺少的变量,而合约的实施则最终决定了经济发展的状况。

诺斯反复谈到文化对体制形成的影响,一个社会体制的演变受到一些"非正式规则的限制",它们来自社会传播的信息,而这种信息是我们所说的文化的一部分。他运用文化因素来解释经济增长,认为制度和意识形态共同决定了经济绩效。在他看来,意识形态是影响经济绩效的个人选择的关键,许多国家复制了西方的法律体系,但由于忽视了相应的文化背景,期望的经济增长没有出现。④ 由此可知,在诺斯的理论框架中,文化或意识形态占据了重要的地位。除了文化影响着衡量实施合约的费用之外,诺斯还强调通过知识、观念和意识等文化因素对企业家决策进行影响。诺斯等人在新制度经济学中所做的工作,也为人们在经济理论中去进一步地挖掘更为深刻的文化变量提供了坚实的基础。

四、社会学理论的视角

最早全面考察文化与现代社会兴起关系的是德国著名社会学家马克斯·韦伯(1920),在其代表作《新教伦理与资本主义精神》中,他解释资本主义兴起时,认为它基本上是一种植根于宗教信仰的文化现象。因为西方通过宗教改革而形成的新教文化孕育了一种"资本主义精神",而这种精神对于近代资本主义的产生和发展起到了巨大的推动作用。⑤

马克斯·韦伯认为,资本主义之所以兴起于西方世界,除了那里具有历史唯物主义提到的物质因素之外,还有一种独特的、源于西方文化深处的精神动力在起作

---

① North D. C., Thomas R., 1990, Institutions, Institutional Change and Economic Performance, New York: Cambridge University Press; North D. C., 1996, Economic performance through time, from Leej Alston: Empirical studies in Institutional Change, Cambridge University Press, pp. 342 – 355.
② 陈立旭:《文化因素与中国经济增长的绩效》,《浙江学刊》,2000年第2期。
③ 道格拉斯·诺斯:《制度、制度变迁与经济绩效》,上海:上海三联书店,1994年,第1~28页。
④ 张佑林:《区域文化与区域经济发展》,北京:社会科学文献出版社,2007年,第19页。
⑤ 马克斯·韦伯:《新教伦理与资本主义精神》,北京:三联书店,1987年,第2~87页。

用,这就是"资本主义精神",即合理地、系统地追求利润的态度,要是没有这样一种精神,资本主义在西方的兴起同样是不可能。他认为,理性资本主义的产生,一方面来自于理性的经济主义(制度与技术问题),另一方面又取决于个人与某种群体的理性行为,而理性的行为则受到某种理性文化的影响,某种理性文化的发展又受到宗教和各种神秘力量的制约。马克斯·韦伯是从对资本主义精神的探讨开始对新教伦理与资本主义精神"亲和"关系进行研究的。他在新教伦理与现代资本主义之间的"非必然的亲和性"和相互促进中还看到了一种主导文化。马克斯·韦伯的命题是,近代资本主义扩张的动力首先不是用于资本主义活动的资本额的来源问题,更重要的是一种突破传统主义的精神动力的来源问题。他指出,资本主义精神不仅仅是一个抽象的历史概念,而是在历史的现实中相互联系的各种要素的复合体,它是从文化意义的观点出发,将那些因素组合成一个概念整体。为了在资本主义具体生成关系中把握作为一种抽象的历史现实的资本主义精神,我们必须从资本主义萌芽和发展时期的一种独特的文化现象——新教伦理中去寻找。马克斯·韦伯发现,体现在劳动者和企业家身上的这种"资本主义精神",强烈地渗透着一种有着宗教背景的"天职"观念,进而指出,现代资本主义精神以及全部现代化的一个根本要素是以天职为基础的,观念的有无乃是社会的主要决定因素。①

从20世纪80年代开始,支持马克斯·韦伯命题的研究重新升温。哈佛大学政治学教授塞缪尔·亨廷顿(1996)认为,人们用祖先、宗教、语言、历史、价值、习俗和体制来界定自己。而文化差别可以由文化因素而不是经济或意识形态所引起。除了对文明冲突的研究之外,他还积极地组织召开探讨文化与政治、经济、社会发展关系的研讨。罗纳德·英格尔哈特和韦恩·贝克(2000)运用"世界价值观调查"的结果描绘了一幅"全球文化地图",从中发现文化观念、宗教传统和社会信任与经济发展水平之间存在着密切的相关性。西摩·马丁·利普塞特等人还研究了价值观与腐败的关系。W.R.哥尔德夏米德则讨论了文化因素与新技术获取之间的相互关系,认为技术引进必须考虑与当地文化的融合。② 拉尔夫·林顿分析了影响经济增长的文化和人格因素,他指出无论在什么社会中,与私人工业和工人财富积累有关的价值观都将是决定经济发展程度和方向的重要因素。③ 这些将某一特定类型的文化与地区经济发展联系起来的社会学家认为,持久的文化传统影响着今天社会的各种政治和经济行为。④

---

① 张佑林:《区域文化与区域经济发展》,北京:社会科学文献出版社,2007年,第22~23页。
② W.R.哥尔德夏米德:《文化因素与新专门技术的获取之间的关系》,载谢立中、孙立平等编:《二十世纪西方现代化理论文选》,上海:上海三联书店,2002年,第591页。
③ 拉尔夫·林顿:《影响经济增长的文化和人格因素》,载谢立中、孙立平等编:《二十世纪西方现代化理论文选》,上海:上海三联书店,2002年,第621~627页。
④ 高波、张志鹏:《文化与经济发展:一个文献评述》,《江海学刊》,2004年第1期。

文化利益理论与实践

第三节 国内经济学界的相关研究

一、社会利益理论的观点

在经济学领域,洪远朋在《经济利益关系通论》一书中指出,"利益是人们能满足自身需要的物质财富和精神财富之和,以及其他需要的满足"。"利益是个很广泛的概念,在利益概念群中利益是最概括、最抽象的,它既包括自然利益(或环境利益)、社会利益、经济利益,还包括经济利益、政治利益、文化利益等等。"①在社会主义市场经济的利益关系研究中,洪远朋等一些研究人员认为,"经济学的核心是经济利益,经济学是研究生产、交换、分配和消费过程中经济利益问题的科学"。其基本见解包括:一是一切经济学的核心是经济利益。"无论是马克思主义经济学还是西方经济学,虽然各种说法不同,但实质上都是以经济利益为核心的。马克思主义经济学公开声明是为无产阶级(大多数人)的利益服务的,是以谋求无产阶级利益为目的的经济理论体系。西方经济学的核心虽然有多种说法,但是,实质上是以谋求资产阶级(即少数人)利益为目的的经济理论体系。"二是一切经济活动的核心是经济利益。"经济活动包括生产、流通、分配和消费。人们从事生产,实际上是创造经济利益;流通实际上是交换经济利益;分配实际上是分享经济利益;消费实际上是实现经济利益。人们从事各种经济活动,实际上都是企图以最少的耗费,取得最大的经济利益。"三是一切经济关系的核心是经济利益。"在各种社会关系中,首要的就是利益关系,各种经济关系实质上就是经济利益关系。"②

洪远朋在经济利益理论研究的基础上,对利益问题的研究又进行了拓宽,从而对社会利益理论展开了深入的研究。他在《社会利益关系演进论》一书中明确指出,首先,一切社会活动的中心是利益。"处于不同群体、集团、阶层、阶级、民族和国家中的人们,具有不同的利益目的和利益诉求。人们产生从事经济、政治、文化活动的动机无不出于对利益的追求。没有利益,人们从事社会活动就丧失了目标,社会主义也概莫能外。"其次,一切社会关系的核心是利益关系。"个人与社会互为前提,互为条件。社会的发展只能以每个人的利益为目标,以大多数人的利益为标准。个人的利益只有立足于有利于社会、民族、国家和人类的利益,只有合乎历史发展的总趋势和最广大人民的利益才能获得坚实的基础和保障。因此,处理一切社会关系,必须把握其核心,即利益关系。"最后,一切社会科学的核心归根结底是利益关系问题。"社会科学学科和社会科学学者在研究、解释和试图解决问题时,往往自觉或不自觉地站在特定利益的立场上,代表和维护特定集团的权益,接

---

① 洪远朋:《经济利益关系通论》,上海:复旦大学出版社,1999年,第2页。
② 洪远朋:《经济利益关系通论》,上海:复旦大学出版社,1999年,第3页。

受反映特定利益集团的意识形态,采取符合特定利益集团的价值判断。这也就决定了社会科学在性质上必然不同于没有社会性和人文性的自然科学,换句话说,一切社会科学的核心归根到底是利益关系问题。"①

余政在对利益定义时,认为利益应该是一个主客观相统一的概念,利益的必要性源于需要,需要是主体对外界对象的依赖关系,所以,利益就是人类对自然和社会依赖关系的实现。利益具有三个内在的要素,即需要、权力、信息。需要使利益具有必要性,权力使利益具有可能性,信息则使利益具有现实性。② 他进一步认为,文化是一个与经济、政治相对应的概念,经济利益中的精神内涵与政治利益中的精神内涵就是经济文化和政治文化,是文化的重要组成部分。"肯定经济利益与政治利益中的文化内涵,也就是肯定了文化利益。即文化本身就是一种利益。文化利益是人类的精神需要的满足。正因为经济利益本身具有文化的内涵,所以不同经济主体之间的经济利益关系同时也是一种经济文化关系。"③

在社会利益理论的研究领域中,孔爱国和邵平认为:"利益的核心问题仍然离不开经济利益,虽然有些行为主体的活动有时表现出与经济利益无关的现象,但透过现象看本质,围绕经济利益的其他利益的追求最终仍是为追求经济利益服务的。""因为在不同的时间与地点,随着经济主体的不断变化,驱动人们行为的变化不外乎来自政治利益、文化利益、宗教利益、军事利益,或者说来自社会利益、集团利益与个人利益,或者说来自物质利益与精神利益。如果说经济利益是核心的驱动力,那么其他的利益就是围绕在经济利益周围的不同层面上的驱动力,只是在不同的背景条件下,利益的表现形式多样化。"④这些观点都清晰地表明了经济利益作为基础,决定着政治利益、文化利益等各种社会利益,而这些社会利益对经济利益也具有一定的反作用。

此外,对于物质利益与精神(文化)利益之间的关系,孔爱国认为,"物质利益与精神利益是利益主体的双重追求,前提是在追求物质利益的基础上才有可能对精神利益产生追求"。"首先,精神利益的追求是物质利益达到一定程度的产物,不可能抑制对它的追求。其次,精神利益追求的更多是未来的机会。既有生存的机会,更有发展的机会。最后,精神利益的追求往往是通过比较得出来的。当我们打开国门之后,国人无时无刻不在比较当中,这种比较往往是与心目中最好的目标进行比较。我们在精神利益方面的调整程度决定了下个阶段物质利益的生产与调整。"⑤

关于文化利益的基本含义,洪远朋(1999)在《经济利益关系通论》一书中也有阐述,即"文化利益是人类精神需要的满足。文化利益是多方面的,可包括:语言、

---

① 洪远朋:《社会利益关系演进论》,上海:复旦大学出版社,2006 年,第 5 页。
② 余政:《综合经济利益论》,上海:复旦大学出版社,1999 年,第 29 页。
③ 余政:《综合经济利益论》,上海:复旦大学出版社,1999 年,第 208 页。
④⑤ 孔爱国、邵平:《利益的内涵、关系与度量》,《复旦学报》(社会科学版),2007 年第 4 期。

文学、艺术、教育、科学等等精神领域的利益。但从根本上讲,仍然是经济利益决定文化利益,而且经济利益本身具有文化利益的内涵","值得注意的是文化利益具有两面性。民族文化,既有精华,也有糟粕;有积极的东西,也有消极的东西。外来文化,有优秀的,也有颓废的;有先进的东西,也有腐朽的东西。精华和积极的与优秀和先进的东西是文化利益,是应该提倡和弘扬的;糟粕和消极的与颓废和腐朽的东西不是文化利益,是应该革除和抵制的。所以,我们在抓社会主义物质文明的同时,必须抓社会主义精神文明建设"。①

洪远朋进一步指出,在社会利益体系中,首要的、核心的就是经济利益;政治利益的稳定及均衡,是保障政治稳定的基础;文化利益则是一个具有丰富内涵的概念,它是人们对于文化需求、文化生活条件、文化劳动权益的概括反映。② 在文化利益与其他社会利益之间的关系上,洪远朋指出,社会利益包括经济利益、政治利益和文化利益。经济利益是社会的基本利益,政治利益是社会的核心利益,文化利益是社会最高形态的利益。③

在其他社会科学领域,也有一些学者对利益理论,包括文化利益理论进行了相关研究。在政治学领域,张怡"以利益理论为基础,将利益形态中的'文化利益'作为研究对象,将其界定为一种满足人的相关'精神文化性'需要的对象物,可以是事物、社会关系、行为或活动,内容极其丰富,类型多种多样。主要表现为'文化权力'、'文化商品'和'文化资本',与经济利益和政治利益之间存在极其复杂的互动关系。文化利益在各种利益形态中得以凸显是社会进步的必然趋势"。④ 张怡认为,"文化利益是由经济利益和政治利益决定的,是对经济利益与政治利益的一种间接地、深层地、隐约地、曲折地表达,又是一种未展开和未来的利益表现;一经形成或取得的文化利益又会对获取、占有、支配、享用和保障更大的经济利益和政治利益起反作用。从而对人可持续性发展产生重要影响;同时,由于文化利益独有的特征,在人们的经济和政治需要不能被满足的时候,文化利益的实现可以从中起到缓和与调节的功效,使得利益矛盾和冲突表现得不那么直接与激烈。因此,从这个意义上说,对文化利益的侵害,是对未来经济利益和政治利益的侵害和剥夺,对人的自由而全面的发展以及和谐社会的构建是一种更为致命、更为危险和更为关键性的威胁"。⑤

---

① 洪远朋:《经济利益关系通论》,上海:复旦大学出版社,1999年,第62页。
② 洪远朋:《社会利益关系演进论》,上海:复旦大学出版社,2006年,第4页。
③ 洪远朋、郝云:《十七大对马克思主义利益理论的坚持与发展》,《复旦学报》(社会科学版),2008年第3期。
④ 张怡:《论文化利益》,上海:复旦大学博士学位论文,2005年,第2页。
⑤ 张怡:《论文化利益》,上海:复旦大学博士学位论文,2005年,第2页。

二、文化经济学的观点

20世纪80年代中期,为了配合经济发展,上海等地陆续开展了文化发展战略和文化管理的研究,文化经济学也作为一个崭新的领域、边缘的学科,得到了快速的发展。其中,很多有关文化经济的思想,对于文化利益的研究具有很大的参考价值。

方家良等认为,文化经济学要运用政治经济学的一般原理,研究文化艺术产品在生产、流通、分配、消费等环节的运行机制及其运行规律,研究文化企事业单位在经济管理方面的问题,研究文化艺术生产力与生产关系相互作用关系。① 程恩富也指出,文化经济学的"研究对象是文化活动中的经济行为、文化生产力与文化生产关系,研究目的是要揭示社会主义文化经济运行过程及其发展规律。在社会主义市场经济条件下,文化产品多数以商品形式进入流通领域实现交换、产生文化经济关系"。他认为,"文化经济学是文化与经济相互融合而衍生出来的一门边缘学科,也是经济科学向文化领域的延伸,是经济理论的一个分支"。② 由此可以看出,文化经济学是把人类的文化活动纳入经济学视野进行研究的一种有益的探索,对非物质生产领域的经济学研究的发展具有重要的启发意义。

文化经济学研究的重点是文化产品,并没有涉及文化利益这一概念,但是,这门学科对文化的经济效益与社会效益的论述,为文化利益研究提供了重要的参考依据。方家良等认为,文化生产必须重视经济效益,文化生产部门需要增强商品观念和价值意识,提高文化产品质量,增加经济收入;文化生产更须重视社会效益,文化生产的结果是创造具有一定思想内容和艺术水平的精神产品,它可以通过其思想性和艺术性对人们的思想观念和精神状态产生影响,可以为社会主义物质文明的发展提供精神动力和智力支持;文化生产需要处理好经济效益和社会效益的关系,把社会效益放在首位,同时,努力提高经济效益。③ 程恩富认为,文化经济效益是文化经营活动中劳动消耗量同劳动成果的比较。进一步地,文化的经济效益可以分为直接经济效益和间接经济效益。所谓直接经济效益就是指因从事文化活动而直接所得的经济效益。所谓间接经济效益是指由于文化活动及其相应的社会影响力,而表现为其他部门和行业的经济效益。文化的社会效益可以表现为特定价值观的普及和改变、社会行为的协调、社会生活福利的提高和人类生物意义的进化四个方面。他认为,"文化的社会效益往往独立于其经济效益,并作为衡量社会运行总效益的一个指标而存在。同时,文化经济效益的最终目的是为了实现文化的

---

① 方家良、郭清康等:《文化经济学》,上海:上海交通大学出版社,1991年,第11页。
② 程恩富:《文化经济学通论》,上海:上海财经大学出版社,1999年,第13页。
③ 方家良、郭清康等:《文化经济学》,上海:上海交通大学出版社,1991年,第55~57页。

社会效益。在公有制市场经济社会中,基于相应的社会结构和利益决定,注重文化活动社会效益的高低尤为必要"。①

在文化发展与经济发展的关系上,胡惠林、李康化提出了正确处理区域文化经济的发展速度和比例关系。他们认为,"均衡配置文化生产力,缩小以至消除各地区文化经济发展水平的差异,是文化经济发展的基本的社会目标和客观要求"。"拉开不同地区文化投资分配比例和发展速度,通过文化中心区位的辐射作用,带动整个文化区域经济的起飞。"②孟晓驷从经济学的角度出发,在经济人的基础上,探讨了文化产业、文化产品生产与物质产品生产的关系。她指出,"只有物质产品生产和文化产品生产均衡发展,只有人们两方面的需求都得到满足,人类社会才是和谐的,经济增长和社会发展才是均衡的、科学的"。③ 杨继瑞和郝康理认为,21世纪经济与文化互动关系存在如下机理:首先,从本源上看,经济是文化的基础;其次,从发展上看,文化是经济发展的根本动力与源泉;最后,决定一个国家或地区经济产业结构的发展和水平的是这个国家或地区的文化内容。因此,他们认为,"文化与经济社会的一般关系可以表述为:一方面,文化对经济社会发展的促进作用主要体现在文化是现代经济增长的根本动力与源泉。文化促进经济与产业结构合理化,促进产业结构升级,使物质产业与文化产业保持合理、协调发展;文化提高劳动者素质,文化产业的发展提升社会消费结构,使物质产品逐步艺术化、文化化,消费者的中心从物质消费向精神消费和文化消费过渡。另一方面,经济社会对文化的作用体现在经济发展要求从根本上规定了文化生产的性质与方向"。④ 在区域文化与区域经济发展的关系上,张佑林将区域文化与工业化理论有机地结合起来,对区域经济的增长动力和源泉问题进行了研究。他以中国改革开放后的吴越文化作为分析模本,并进一步延伸到对中国传统农业文化的分析上,在一个多民族、多元文化的发展中大国的背景下,探讨了特定区域文化对企业家创新精神及企业家阶层形成的影响,进而对区域经济发展的影响进行了研究。他认为,传统的文化精神是现代区域经济增长和工业化动力的源泉。⑤

三、文化力与文化生产力理论的观点

20世纪80年代,日本学者名和太郎在《经济与文化》一书中明确提出了"文化力"的概念,并指出了文化是产业的重要因素。⑥ 中国学者贾春峰在1992年第一

---

① 程恩富:《文化经济学通论》,上海:上海财经大学出版社,1999年,第200~211页。
② 胡惠林、李康化:《文化经济学》,太原:书海出版社,2006年,第221~222页。
③ 孟晓驷:《文化经济学思维——物质与文化均衡发展分析》,北京:人民文学出版社,2005年,第4页。
④ 杨继瑞、郝康理:《文化经济论》,成都:西南财经大学出版社,2007年,第3页。
⑤ 张佑林:《区域文化与区域经济发展》,北京:社会科学文献出版社,2007年,第7页。
⑥ 名和太郎:《经济与文化》,北京:中国经济出版社,1987年,第74页。

次提出"文化力"这个概念。贾春峰认为:"文化力的内涵,既包括科技、教育在内的智力因素,也包括理想、信念、道德、价值观在内的种种精神力量,还包括社会文化网络,以及作用于现实生活的传统文化的力量。"①在他看来,文化力是市场经济的推动力、导向力、凝聚力和鼓舞力。

在文化力与综合国力的关系上,贾春峰认为,综合国力当然以经济实力和科技实力为基础,包括军事实力,但不能仅仅就是这些,它还包括精神文明、包括文化力在内。精神文明,文化力在综合国力中具有巨大的凝聚力量、动员力量、鼓舞力量和推动力量。因此,增强综合国力,不仅要大力发展经济和科技实力,发展政治力,发展国防事业,而且也必须发挥精神文明这个优势,发展文化力。此外,周浩然、李荣启在《文化国力论》中认为,经济发展中的文化力是在经济活动中所产生和蕴涵的、推动经济文化紧密结合和协调发展过程的,以人为主体,通过人的活动所显化出来的精神力与物质力的结合力。进而,他们又提出,文化国力(国家文化力)的构成要素包括人的现代化素质、科技教育、文化事业与文化产业、可持续发展、民族精神、民族文化、民族形象、创新、民主与法制建设九个方面。其中,人的现代化素质是文化国力的决定性因素,科技教育是文化国力的基础,文化事业与文化产业是文化国力的重要组成部分。②

在文化生产力的研究中,丹增指出,当文化力融入生产消费过程之中时,文化力就具备了生产力的特质。文化力经过与经济力、科技力的相互融合、相互渗透,形成了具有崭新功能的文化生产力。文化生产力就是经济和文化及其相互融合发展到一定阶段的产物。文化产品生产中的智力投入和物质投入,具备社会生产力诸要素的基本特征。因此,他认为,文化生产力是社会生产力的重要构成,同时,文化生产力也形成了自己的特征:一是文化内容主导;二是人文精神彰显;三是不同文化的融合;四是突出以人为本。③李江帆也认为,文化力在很大程度上是与经济力交织在一起的。无论是有形的文化产品,还是无形的文化产品的生产、交换、分配和消费活动,都既是文化活动,又是经济活动。就此而论,文化力就是一种生产力。就生产文化产品的能力而论,文化力本身就具有经济力,二者是合二为一、不可分割的。④周立华、邓志平、陈声明、吴嘉年把文化力与社会进步、经济发展问题相结合,论述了生产形式的变化。他们认为,当文化的积累达到某种程度时,社会则发生某一质的变化,发生某一生产形式不同于以往的变化,发生某一生活方式不同于以往生活方式的变化,这就是文化生产力的形成过程。进而,他们对

---

① 贾春峰:《文化力——21世纪经济角逐的主角》,《中国改革报》,1998年3月5日。
② 周浩然、李荣启:《文化国力论》,沈阳:辽宁人民出版社,2000年,第24～30页。
③ 丹增:《文化力与文化生产力:文化经济发展的立足点》,《思想战线》,2007年第3期。
④ 李江帆:《文化力、文化生产力与精神生产力》,《中国经济问题》,2007年第5期。

教育、工业、农业、商业、金融、企业等领域的文化力和文化生产力进行了系统的论证。①

四、文化资本理论的观点

文化资本理论如今正在成为东西方经济学界热烈讨论的一个话题。布迪厄在其著名的论文《资本的形式》中，第一次完整地提出了文化资本理论。他认为资本可以分为经济资本、文化资本和社会资本三种基本形式，其中，文化资本可以以具体的形式、客观的形式和体制的形式存在。②

薛晓源、曹荣湘系统地总结了布迪厄的文化资本理论，特别是其对三种文化资本形式的论述。他们对文化资本的研究基本上遵循了布迪厄的划分，沿着个体文化资本、文化产品和文化制度三个方面深入展开。他们认为，"个体的文化资本又叫具体化的文化资本，它与经济学所说的人力资本概念尽管不同，但又有重合和一致之处。文化产品以及文化产业的基础是布迪厄所说的第二种形式的文化资本，即客观化的文化资本。第三种形式的文化资本即体制化的文化资本，其内涵更加丰富。它从学术资格、文化制度等角度，对个体、企业、国家乃至全球经济都有着一定的影响"。③

对于文化资本概念的界定，施炎平认为，文化资本不是文化概念与资本概念的简单拼凑，它本身既具有经济学意义，又具有文化学意义；既有财富属性，又有价值属性。"文化资本概念确立的基础，是要克服社会生产和经营活动中常常表现出来的经济效益和文化意义上的背离，建立文化价值与经济价值之间的内在联系，用于指导和规范生产经营活动的可持续性。所以，文化资本是一个学科综合性很强，又兼具有学理性、产业化特征的新概念。"④姚俭建认为，"文化资本是以人的能力、行为方式、语言风格、教育素质、品位与生活方式等等形式表现出来的，包括文化能力、文化习性、文化权力、文化产品在内的文化资源的综合。"⑤他进一步指出，作为一种能力，文化资本体现了对资本占有者的依赖；作为一种习性，文化资本表现为活性状态；作为一种权力，文化资本体现为一种社会的支配形式；作为一种产品，文

---

① 周立华、邓志平、陈声明、吴嘉年：《文化力、知识度的经济学》，北京：中国经济出版社，2010年，第1~5页。
② Bourdieu P. ,1977,Cultural Power,in karabel. I. and Halsey A. H. , Power and Idelogy in Education, Oxford:Oxford University Press; Bourdieu P. ,1989,The Forms of Capital,in Halsey A. H. , Laucler H. , Brown P. and Stuart - Wells A. ,Education:Culture,Economy and Society,New York:Oxford University Press.
③ 薛晓源、曹荣湘：《全球化与文化资本》，北京：社会科学文献出版社，2005年，第14页。
④ 施炎平：《从文化资源到文化资本——传统文化的价值重建与再创》，《探索与争鸣》，2007年第6期。
⑤ 姚俭建：《论西方社会的中产阶级——文化资本理论框架内的一种解读》，《上海大学学报》（社会科学版），2005年第5期。

化资本蕴涵了有别于经济资本或社会资本的普适价值。

对于文化资本与经济增长的关系,袁晓婷、陈春花认为,在人类的实践活动中,进行文化资本投资与积累是普遍存在的,特定的文化资本不仅指导着人们对自己的生产和消费做出合理安排,而且最终决定着人们的需求和观念;文化资本既体现了人类行为的本质特征和决定人类选择的基本依据,又潜在地制约和影响着制度安排、技术进步及物质利用。她们把文化资本对经济增长的影响分为间接影响和直接影响两个方面。间接影响是指文化资本制约着人们对资源、技术、制度等要素的选择和配置;决定着人们需求的变化和观念的创新;以及文化资本所具有的规模报酬递增的特性。直接影响是指文化资本能够促进人们转变经济增长方式,能够为经济增长中的互利交易提供便利。① 李永刚认为,文化资本已成为继物质资本和人力资本之后解释经济增长的又一个重要的变量。他通过分析浙江传统文化理性九个方面的特征及其形成的自然地理环境原因,从文化资本的视角对浙江经济高速增长的内在奥秘给出了一种理论诠释,同时也预示了中国不同区域现代经济增长所面临的文化理性缺失。② 何一鸣在对文化资本、体制转轨和经济增长进行比较研究之后,发现文化可以视为一种资本,是因为文化自身具备产生外部性从而实现价值增值的资本功能。而中国渐进式双轨制的成功推行所实现的社会财富增加就是中华文化的资本积累和投资所带来的利息增量和利润回报。在计划体制下被行政手段管制的文化资本中的市场观念在改革开放后被重新激发出来,从而成为推动中国经济增长的内生性解释变量。换言之,与文化资本匹配的体制转轨最有效率。③

五、文化产业理论的观点

20世纪90年代后,文化产业发展的浪潮日益高涨,无论是发达国家还是发展中国家,都将发展文化产业提升到提高国家竞争力的战略高度,集中力量发展的优势产业。并以此为龙头,全面提升文化产业的国际竞争力。在这种环境下,中国的文化与经济学者也越来越多地把目光聚集到了文化产业的研究之上。

胡惠林认为,"文化产业是现代工业文明的产物,同时也是现代社会运动的基本形态和基本动力。文化产业在不同的历史阶段上的发展形态,不仅折射了现代工业文明的发展历程,而且也记录了现代社会运动发展的历程"。④ "在现代工业

---

① 袁晓婷、陈春花:《文化资本在经济增长中的表现形式和影响研究》,《科学学研究》,2006年第8期。
② 李永刚:《文化资本与浙江现代经济增长》,《财经论丛》,2007年第1期。
③ 何一鸣:《文化资本、体制转轨与经济增长——兼及文化产业发展路径》,《产经评论》,2012年第2期。
④ 胡惠林:《文化产业学:现代文化产业理论与政策》,上海:上海文艺出版社,2006年,第81页。

文明基础上成长起来的文化产业,它不仅一般地反映出文明进步的文化形态,而且,更重要的是这种文化形态和文化结构是以生产力结构形态的变化反映出来的一种新的生产方式和生产关系,由这种生产关系所形成的文化经济制度。在这种文化经济制度中,占有物质生产资料的阶级,同时也是占有精神生产资料,而对精神生产资料的占有状况和占有程度,恰恰在经济层面上反映了社会的文化关系和文化结构。"此外,胡惠林又进一步指出,"文化产业结构是社会组织结构的文化关系反映,动态地表现着一个国家的文化权利关系:文化经济关系和文化政治关系,表明什么样的人群所处的文化文治,拥有的文化权力,掌握的文化资源,可动用的文化资本,以及文化消费能力,而正是这些,清楚地描绘出了不同人群之间的社会关系和文化关系"。①

陆祖鹤(2006)在《文化产业发展方略》一书中指出,文化是一种特殊的商品,它的精神性属性使文化及文化经济在其发展中有特殊规律,这种规律要求政府在文化产业发展中应采取以宏观指导为主、宏观指导与微观管理相结合的方法。她认为,文化产业的发展涉及政府职能、文化设施、现代企业制度、区域合作、文化市场、人力资源、法律环境等各个方面,并提出了文化产业发展的关键是文化体制,文化产业发展的主要力量是民营企业,文化产业发展的基础是全民族文化意识和文化素质的提高,文化产业发展的保障问题是文化经济、法律、行政手段的完善。②此外,在区域文化产业研究领域,花建指出,"区域的进步有赖于文化的贡献,文化的贡献包括文化产业的强大推动力"。他认为,由于文化产业总是在一定的空间区域中分布和展开的,文化产业对市场空间和生产要素的需求,决定了它对区域的选择性,而区域所拥有的市场空间和资源要素,决定了它对文化产业的需求性。当一个区域的经济社会发展达到一定的程度,就需要文化产业来提供强大的经济动力和文化的促进能力,而文化产业达到一定的水平,也要在某一个区域的一体化发展过程中,获得丰富的资源和广阔的市场空间;文化产业同时也受到区域发展条件的内在制约,既要充分利用区域的文化资源,又要克服和突破区域条件的局限,并且走向全球化条件下的跨区域发展,因此演化出丰富多彩的区域文化产业路径和模式。③

邹广文和徐庆文(2006)分析了全球经济一体化进程中的文化产业,他们认为,在经济全球化的背景下,文化产业发展的横向合作令人目不暇接。世界上许多文化产业集团正在不断打破行业与地区之间的分工界限,通过大公司之间在资金、技术、经营组织方式等方面的重新组合与集中,进行产业结构上的调整,形成传媒业、

---

① 胡惠林:《文化产业学:现代文化产业理论与政策》,上海:上海文艺出版社,2006年,第90~91页。
② 陆祖鹤:《文化产业发展方略》,北京:社会科学文献出版社,2006年,第2页。
③ 花建:《区域文化产业发展》,长沙:湖南文艺出版社,2008年,第1页。

娱乐业、旅游业与电信业、电脑业、出版业等相互融合、相互渗透的新格局,出现了一批大型和超大型的跨行业、跨国界的强势文化产业集团。而发达国家凭借它们的文化强势,通过经济上的自由经济与跨国资本运作、政治上的开放战略与政治权力运作、科技上的电子时代与全球媒介播撒、文化上的价值融合与文化资本输出以及民族间的话语霸权与多元民族认同等方式,向世界各国推销其文化产品和文化价值理念。可以说,"在全球一体化的今天,已经不可能有纯粹的单一民族文化存在的净土了,民族文化想要生存,必须与其他文化进行融合"。所以,他们认为,发展中国家文化产业发展首先要面对和解决的问题,就是如何在全球化境遇下与世界各国文化产业进行竞争、融合、共同发展。①

胡惠林(2009)也认为,文化产业发展是全球化进程中最重大的事件之一,文化产业不仅是最依赖于科学技术创新的产业,而且也是在国际政治事务中传播、助推和实现话语权的产业,并通过推行强势话语权的传播实现政治、经济和文化利益最大化的产业。因此,文化产业发展战略是国家文化战略竞争最重要的组成部分和实现形态。知识经济在全球的兴起和物质经济向非物质经济的全球性战略转变,以及人类社会正在遭遇的资源和环境发展危机,都使得大力发展文化产业、把文化产业发展作为今后长期的国家发展战略,成为国际社会广泛的战略选择和国际战略竞争新形态。此外,文化产业在承接经济结构战略性转型过程中所表现出来的巨大的发展潜力,以及文化元素更深入地渗透到经济变革之中,在改变了经济增长的价值含量的同时,也为经济增长方式的转变提供了巨大的创造性空间。②

六、结论性评价

综合上述的理论研究成果来看,马克思主义者对文化的论述,揭示了文化的本质内容,提升了文化的理论层次,也深化了文化利益的内涵,成为文化利益研究的直接理论来源;西方经济学者的研究主要处于对文化与经济发展关系的研究,也或多或少地涉及了人类精神需求对经济发展的影响,这对文化利益研究也具有重要的借鉴意义;国内经济学界对于社会利益理论的研究,为文化利益研究提供了理论基础和方法论指导,而文化经济领域的相关研究,尤其是国内经济学者虽然鲜有对文化利益的直接论述,但是他们在文化力、文化生产力、文化产业、文化资本等领域的研究成果,对文化利益的研究同样具有重要的参考价值。然而,必须认识到,已有的研究仅仅是对文化利益的初步探索,并没有明确地对文化利益进行专门的分析和论述。因此,这就为本书较为全面、系统地研究文化利益提供了一个有利的空间。

---

① 邹广文、徐庆文:《全球化与中国文化产业发展》,北京:中央编译出版社,2006年,第5~7页。
② 胡惠林:《关于我国文化产业发展战略研究的思考》,《东岳论丛》,2009年第2期。

第三章 文化利益的理论内容

一切社会活动的中心是利益,文化活动作为人类特有的一种社会活动,其本身也是一种利益活动:文化生产是创造文化利益,文化流通是交换文化利益,文化配置是分享文化利益,文化消费是实现文化利益。人们从事各种文化活动,实际上都是企图以最少的耗费,取得最大的文化利益。因此,文化在以上的四个环节中都是围绕利益这一核心来运行的,相应地,文化利益的总过程就包括了四个环节,分别是文化利益的创造、文化利益的交换、文化利益的分享和文化利益的实现。因此,围绕文化利益总过程的四个环节建立起来的理论框架就是文化利益的理论内容。其中,文化利益的创造是指通过不同的文化生产水平和形态来创造相应的文化利益,它是文化利益交换、分享和实现的前提,是文化利益总过程的基础;文化利益的交换是指流通领域,不同的主体之间通过文化交流和文化贸易来实现文化利益的交换,它是主体取得文化利益的一种非常有效的手段;文化利益的分享是指主体按照一定的原则,通过文化资源的开放与文化资本的积累,来分配文化利益,这既是包括利益主体按照贡献得到其应得的文化利益,也包括由于文化传播等方式而分享所得的与其贡献无直接联系的文化利益;文化利益的实现是指文化发展最终为个人、企业、地方和国家所带来的文化利益,它是文化利益总过程的最终目标,也是前三个环节相互作用的结果。当文化利益总过程的四个环节循环往复、周而复始地进行时,社会和人民的文化利益就会不断地增加,最终实现文化利益的发展。

第一节 文化利益的创造

一、文化利益创造的动力

研究文化利益的创造,必须首先研究一定社会发展条件下的文化生产水平、方式和文化生产特性。因为,文化生产的水平、方式和特性这三者构成了文化利益创造的动力机制。

1. 文化生产水平的推动

文化利益的创造取决于文化生产水平,在人类社会的不同时期,文化生产的发展水平不同,所创造出来的文化利益水平也不同。

(1)原始社会文化生产水平。在原始社会发展时期,文化生产是与物质生产同一的,但是,人们通过自觉的、有意识的物质生产活动为自己的劳动行为赋予了文化的意义,使劳动或多或少地包含了文化创造的史前形式与文化意识的萌芽,同时,这也为文化利益的创造提供了土壤。更重要的是,在这一时期,人类文化意识的自我觉醒和在物质生产过程中所表现出来的文化生产行为的主要标志就是文字符号的出现。文字作为人类认识事物、传递信息的识别标记,是人类文化发展的一个历史性飞跃。"由于文字的发明及其应用于文献记录而过渡到文明时代",①它使得人类文化生产的精神成果可以借助于物质形态的符号得到保存和传播,使得文化生产与物质生产的分离成为可能,也使得文化利益的创造成为可能。

(2)古代社会文化生产水平。古代社会发展时期,是人类文化生产发展的成长期,也是文化利益创造的重要时期。在这一时期,文化生产和物质生产逐步由同一走向分离,出现了专门从事文化生产的主体和为消费而生产的文化产品,并出现了初级文化产品的交换与流通,这使得文化利益的创造得到进一步确立,也为文化利益的交换和分享做了必要的准备。由于文化利益主体的生产,各种文化生产开始迅速地发展起来,并逐渐发展成为独立的文化生产部门,为古代社会的文化繁荣和文化利益创造的发展提供了条件。此外,文化生产技术手段的不断发展,也成为提高文化生产力、创造文化利益的关键。特别是文化生产效率的提高,扩大了文化产品的覆盖面,促进了文化产品的交换与流通,使文化利益在不同的时间与空间得以交换和分享。从而,这种文化生产的发展"变成科学复兴的手段,变成创造精神发展的必要前提的最强大的推动力",②也成为文化利益创造最主要的动力。

(3)现代社会文化生产水平。现代社会发展时期,是人类文化生产发展的成熟时期,也是文化利益创造比较完善的时期,在这个时期,文化生产成为独立的社会生产部门,文化生产因科技发达和商品化而成为大规模的社会事业和产业,文化利益的创造体系也日臻完善。随着商品经济的迅速发展,文化产品也成为商品,进入了流通领域,为文化生产技术的研发和文化利益的创造准备了社会条件,而文化生产技术又被应用于文化生产,为文化产品转为商品、为文化利益的创造准备了技术条件。由于文化生产的不断现代化和世界市场的形成,使得世界各国、各民族的文化交流成为可能,也使得文化利益的创造和交换在世界范围实现成为必然。文

---

① 马克思、恩格斯:《马克思恩格斯选集》第 3 卷,北京:人民出版社,1995 年,第 29 页。
② 马克思、恩格斯:《马克思恩格斯选集》第 3 卷,北京:人民出版社,1995 年,第 321 页。

化生产的发展和文化利益的创造,造就了越来越多的文化消费者和文化市场,让文化生产与经济发展之间的关系日益密切,也促进了文化利益与经济利益进一步融合。在现代社会文化生产的推动之下,"今天的文化就是明天的经济,今天的经济也是明天的文化",文化利益的创造已经和经济利益的创造一样,变得同等重要。

2. 文化生产方式的推动

文化生产方式作为文化生产过程的表现,是在一定的发展水平下文化生产的目的性和文化产品形态的整体反映。这种反映不仅揭示了一定历史条件下文化生产发展已经达到的水平,也反映了该条件下文化利益的创造所能达到的水平。具体地说,文化生产的方式可以分为以下几种:

(1)精神性的文化生产。精神性的文化生产是指文化生产主体以精神性劳动的形式,独立地按照个人的意愿,为表达自己的思想、观念、情感、审美,自己对人生、社会、世界等的看法而进行的精神生产活动,是整个文化生产过程的前期形态。"作为观念形态成果的存在样式,文化产品这时则是以非物质形式存在的精神劳动成果。虽然所有的精神性成果都取得了它的物质外壳,并借助这个外壳而以物的形态存在着,但是真正体现它的价值的是产品的精神文化含量,而不是它的物的外壳。一切文化都是经过以创造性为特征的脑力劳动、艺术劳动而走向物的生产的。"①因此,在精神性的文化生产方式之下,所创造的文化利益是主体对自身精神文化领域(如思想观念、文学艺术、教育科学等领域)需要的直接满足。我们不妨认为这是文化利益的初级形式。

(2)物质性的文化生产。物质性的文化生产是指文化生产主体运用社会化生产工具将精神性的文化产品制作、加工,转换为社会产品的生产过程,是整个商品经济条件下文化生产的后期形态——物化形态,其特征就是将具有价值的原创成果转化为具有使用价值的物化成果。精神性的文化生产方式之下所完成的文化产品,从市场的角度说,它仅仅是具备了文化产品应有的本质形态,但还不是可供交换进入流通领域的产品。也就是说,还不是文化产品应有的最终形态——可供交换的物的形态。如果要实现这个最终目标,文化生产还需要进入下一个生产过程,即物质性的文化生产。因此,精神性的文化生产方式所创造的文化利益只是用于满足自身精神文化领域的需要,却无法带来经济利益。而在物质性的文化生产方式之下,文化利益除了包括用于直接满足利益主体自身精神文化领域的需要之外,还包括为了获取经济利益而追求的精神性需要的满足。这可以认为是文化利益的高级形式。所以,物质性的文化生产方式把文化利益的创造从初级形式推到了高级形式。

---

① 胡惠林:《文化经济学》,上海:上海交通大学出版社,1996年,第25页。

第三章 文化利益的理论内容

（3）文化生产方式与文化利益的创造。精神性的文化生产方式和物质性的文化生产方式,作为文化生产过程的前后两种形式,相应地,创造出了初级形式的文化利益和高级形式的文化利益。初级形式的文化利益仅仅是满足主体的精神文化领域的需求;而高级形式的文化利益则既包括了主体为获得经济利益而追求的精神性需要,又包括了主体在精神文化领域的直接需要,这是文化与经济的融合在利益领域的一种反映。

精神性的文化生产是充分自由的劳动过程,带有很强的主观主义色彩、非组织化生产的特征,因而具有很大的随意性。因此,这种生产方式之下所创造的文化利益质量和数量完全取决于文化生产者的多种主观因素。这个生产过程是一种高度的精神劳动过程,虽然过程中有许多成果直接表现为物化形态,但是其生产动机则取决于生产者的文化冲动,其精神产品能否会被社会所接受,具有很大的不确定性。因此,这一文化生产方式之下创造的文化利益没有一般的社会可控性,故而仅属于文化利益的初级阶段。

物质性的文化生产是受制于精神性文化生产的成果质量和社会需求而进行的有组织的生产过程,带有很强的市场选择的客观色彩,具有组织的生产特征,因而具有很强的社会性和经济性。在商品经济条件下,物质性的文化生产完全取决于社会的需求和生产技术的现代化程度。此外,由于其文化产品进入市场进行交换,实现其经济价值,因此其生产规律受到市场经济基本规律的制约。在这一文化生产方式之下创造的文化利益既是主体在精神文化领域所追求的目的,也是主体追求经济利益的一种手段。同时,这种文化利益产生于市场经济条件之下,其质量和数量,以及整个创造过程都要纳入市场经济规律之下,故而属于文化利益的高级阶段,这也是本书讨论的核心。

3.文化生产特性的推动

文化生产,尤其是现代文化生产的发展,在与其他生产行为相比较之中,呈现出了许多新的特性。这些特性,既成为文化利益与其他社会利益相区别的特征,也构成了文化利益创造一个必不可少的推动力。

（1）高度的知识性。现代文化生产,本质上是知识的转移和智力的开发,是高水平的智力运动。如果没有知识、科技等因素的综合运用,就没有高水平的文化和发达的文化生产,也就没有文化利益的创造。这种知识性越强,其文化生产的有效性就越明显,对文化利益创造的推动力就越大。许多文化产品需要不同行业、不同学科的生产者利用各自的科学知识、技术手段和文化资源,进行跨学科、跨领域的合作,才能达到有效的发明和创造,则对知识水平的要求越高,其所能创造出的文化利益就越高。随着现代科学技术不断地渗透到文化生产过程之中,文化产品中的文化因素与科技因素的界限正日益淡化,进而涌现出了各种多学科交叉、边缘学科和新兴学科,从而使文化生产的知识含量大大提高,也为文化利益的创造提供了更加有力的推动。

(2) 高度的创新性。文化生产是具有高度创新性的生产活动。文化生产的目的,不仅要满足社会日益增长的物质需要,也要满足人民的精神需要和社会的发展需要。无论是精神性的生产还是物质性的生产,文化生产的目的,都是为了要通过自己的成果,去满足人民和社会发展所提出的各种文化层次的需要,要靠文化生产者最大限度的创造性思维和丰富的想象力,在已有的文化发展水平上,进一步地探索、创造和发现,把文化生产带入更深广的领域。因此,也可以说,现代文化生产不论是哪一种形式,本质上都是一种前所未有的创造性劳动。正是这种文化生产的创造性为文化利益的创造提供了广阔的空间和丰富的内容,并推动文化利益的发展,使文化利益既能满足获取经济利益的精神性需要,也能满足在精神文化领域内的直接需要。

(3) 高度的再生产性。"现代文化生产是人们发明、创造和转化各种文化与知识的运动过程,它通过文化与知识流的运动和反馈,使社会原有的文化与知识结构处在不断的积累与创造的运动中。特别是社会文化人格的整体塑造和文化决策,就是原有的文化和知识经过脑力和智力加工综合,运用现代生产手段产生巨大智慧效益的过程。因此,作为一种特殊的生产行为,文化生产也创造价值,它所从事的是知识与文化的扩大再生产。"① 由于文化具有高度的扩大再生产的特性,它所创造出来的文化利益也具有扩大的效应。和一般的物质再生产相比,文化生产的扩大再生产能够使整个社会文化消费的能力不断扩大,更加广泛地传播文化,同时,也能使文化生产的经济效益不断扩大,进而推动文化利益在精神领域和经济领域的实现。此外,由于文化生产的整个过程都是文化和知识的扩大再生产,高素质的文化劳动力的再生产已经快速而有效地成为内涵性扩大再生产,这也为文化利益创造的不断扩大提供了内在的动力。

综上所述,文化生产的水平、方式和特性这三者构成了文化利益创造的动力机制。其中,文化生产的水平推动文化利益的规模变化;文化生产的方式推动文化利益的结构变化;文化生产的特性推动文化利益的质量变化。此外,三者对文化利益创造的推动作用并不是相互独立的,而是三者之间存在着两两相互作用,更大程度地推动文化利益的创造。或者说,文化利益创造的动力不是文化生产水平、方式和特性推动力的简单加总,而是大于这三者推动力之和。这种动力机制可以用图3-1表示。

---

① 胡惠林:《文化经济学》,上海:上海交通大学出版社,1996 年,第 36 页。

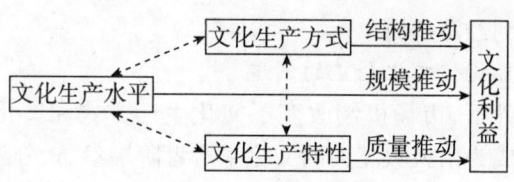

图3-1 文化利益创造的动力机制

二、文化利益创造的途径

在市场经济条件下,文化利益创造的途径主要表现为三个方面:生产力的发展、商品经济体制的确立和市场资源配置的作用。

1. 生产力发展推动文化利益的创造

文化立足于经济,文化的性质决定于经济结构的性质,文化活动的发展、成熟更是取决于经济的发展和生产力水平的提高。只有实现生产力的发展、经济发达和经济利益丰厚,才能有文化的昌盛和文化利益的实现。这是经济、文化、社会发展的一般规律。在古代生产力的发展过程中,出现了活跃的文化活动,创造出了灿烂的古典文化,而这种文化是在古代社会经济成熟的基础上生成的,却又大大超越了经济的发展。但是,古代社会缺乏文化活动转化为生产力的社会、经济机制,因此,整个古代社会仍然是经济、文化落后的社会,文化利益的创造受到生产力发展落后和不平衡的限制。在近现代历史发展进程中,由于商品经济的出现,生产力水平获得极大发展,越来越体现出其对文化发展的推动作用。特别是资本主义快速增长时期的生产力发展,使得文化活动全面向经济生产转型,文化活动由单纯的意识形态活动转变成为创造经济价值的经济生产,文化利益的创造无论是在规模上还是在质量上都获得了极大的推动。

2. 商品经济体制扩大文化利益的创造

商品生产赋予文化产品以经济价值,商品经济体制的引入为文化利益的创造开辟了新的领域。在商品经济过程中,如果文化活动没有经济利益的驱动,只能在狭窄的范围内缓慢发展。而在商品经济发展阶段,如同物质生产需要有经济刺激一样,文化生产同样需要经济刺激,充分而有效的经济刺激是调动智力群体文化生产积极性的重要杠杆。在商品经济体制安排下,发达的文化市场以其充分的需求和灵活的供给,为文化产品在市场价值中准确定位创造了前提,鼓励了人们积极地从事文化生产。同时,价值规律的作用使得文化劳动得以补偿,鼓励了人们为文化生产进行必要的投资。总之,文化产品作为商品生产对群众性的文化生产劳动积极性的调动,起着重要的作用,是用来扩大文化生产、促进文化发展、创造经济财富的重要经济杠杆。因此,商品经济体制也促使文化利益创造的范围从原来单纯的精神文化领域扩大到经济领域。

3. 市场资源配置优化文化利益的创造

在市场经济条件下,市场机制改变了文化生产方式和文化资源的配置方式。文化生产已经发展成为由人数庞大的文化生产者阶层参与、分工细致、专业众多的大产业,他们的生产、就业、取得收入、分享和实现利益的方式等经济机制,使文化生产者有了新的观念。政治经济学的劳动价值理论,阐明了文化产品价值形成在于智力生产者劳动的结晶,生产者获取商品收益是实现自身劳动价值的形式,并且是合理的,从而鼓励了人们积极地把文化产品用于市场交易。文化生产者观念的转变成为文化活动从属于市场的精神条件,进而出现了文化企业,形成了文化市场。这都意味着市场性的经济组织结构和运行机制引进于文化生产和文化利益的创造之中。另外,市场价格机制使文化生产者自发的创造活动适应于市场的各种需要,从而促使多样性、多层次性的文化商品生产发展,促使多种多样的文化行业的出现,形成了分工细致、门类众多、结构复杂的现代文化大产业。在市场机制作用之下,文化资源和文化资本得以按照市场规律优化配置各个适当的文化生产领域,在最大限度地创造文化利益的同时,优化了文化利益的内容、质量和结构。

三、文化利益创造的策略

在明确了文化利益创造的动力机制和主要途径之后,将面临文化利益创造的选择策略。在现代社会中,文化利益的创造必须借助文化生产的形式来实现,而文化生产的选择策略所要面对的普遍事实是:文化生产既是精神的生产,也是经济的生产;从而,文化生产既要受到社会的约束,也要受到经济的约束。因此,文化利益的创造也必然要受到社会和经济的双重约束。对双重约束本质的准确把握,既奠定了文化生产策略选择的总基点,也奠定了文化利益创造的策略选择的总基点。

1. 文化利益创造的社会约束

文化利益创造的社会约束,是以意识形态对文化利益创造的过程、作用和结果为实质性内容的;而这些实质性内容又可以通过国家与社会的形式、政治与市场的形式乃至媒体的形式等而得以表达。这种意识形态的构建作为一个现实的存在,首先为文化利益的创造确立了"纯粹的精神利益"和"纯粹的经济利益"两极界域。不同的文化利益创造的选择,总是游移在这两极之间,以或有偏重的平衡点的选择,构建各自不同的文化利益创造基点。这样,"纯粹的精神利益"和"纯粹的经济利益"这两极对应的要素,又总是作为不可或缺的同体因素,在每一种文化利益中都获得了表达。在文化利益创造的社会约束基点上可以看到,所有的文化利益,既是对获取经济利益所追求的精神需求的满足,也是对精神文化领域的直接满足。如图 3-2 所示,横轴和纵轴分别代表可以创造利益的社会资源 X 和 Y;I_1、I_2、I_3 代表追求精神利益的无差异曲线,且依次增加,右上方的原点代表纯粹的精神利益(即精神利益最大,经济利益为0);U_1、U_2、U_3代表追求经济利益的无差异曲线,且依次增加,左下方原点代表纯粹的经济利益(即经济利益最大,精神利益为0)。文化利益的创造必须在充分利益社会资源X和Y的基础之上,在精神和经济两极之间做出选择。按照效用最大化的经济学原理,文化利益创造的基点必然是两种无差异曲线的切点,即A、B、C……

当文化利益在这两极之间的生产选择点差异借助于意识形态而得到不同形式的表达时,两者并非纯粹的对立面,双方不仅是以相互依赖性来获得各自的稳定性,而且往往是以对方的存在来激活自身。如果说文化利益创造的社会约束表达了意识形态的控制作用,那么,文化利益与它的真实关系,并非是单向的主动与被动的关系,而是一种由此及彼的、不断变化的力量平衡关系。

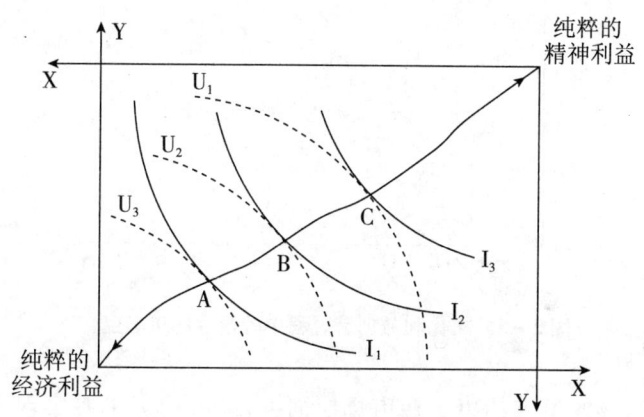

图3-2 文化利益创造的社会约束

2. 文化利益创造的经济约束

文化利益创造的经济约束,主要体现在两个层面上:文化生产者自身的盈亏约束与市场对文化产品的供求约束。

(1)文化生产者自身的盈亏约束。在文化生产者自身的盈亏约束方面,基本的原则是所有文化生产,都必须在投入产出盈亏均衡点的约束下进行(如图3-3所示)。文化生产的总成本线TC由固定成本和可变成本组成,其在纵轴上的截距FC为固定成本;TR线是文化生产的总收益线,其中包括了文化利益,它与TC相交于E_0点,即文化生产的盈亏平衡点。在扩大再生产条件下,文化生产的总成本中必然存在一部分来自文化利益的投资转化。因此,当生产者的资金不足、经营能力不强或者生产发展受到制约时,就会导致更多的文化利益要以更大的比例转化为总成本,从而使得总成本 TC 向上倾斜为 TC′,并使原来的文化利益空间由∠TR - E_0 - TC 区域缩小至∠TR - E_1 - TC′区域。由于盈亏平衡点从 E_0 右移至 E_1,意味着文化生产者必须把销量从 Q_0 增加到 Q_1,以获取维持再生产的基本条件。相反,如果在正常的生产状态之中,由于文化生产盈利能力的提高,会相应降低总收益中再投资转化的比例,以上倾的 TR′线形成新的盈亏均衡点 E_2,把生产所获的文化利益空间由∠TR - E_0 - TC 区域扩大至∠TR′ - E_2 - TC′区域,把文化生产置于一个新的成本—利润水平之上。同样可变的是,不同的文化生产,可以凭借不同的方式或途径,寻求不同的投入源与收益源,来确定各自不同的盈亏均衡点。①

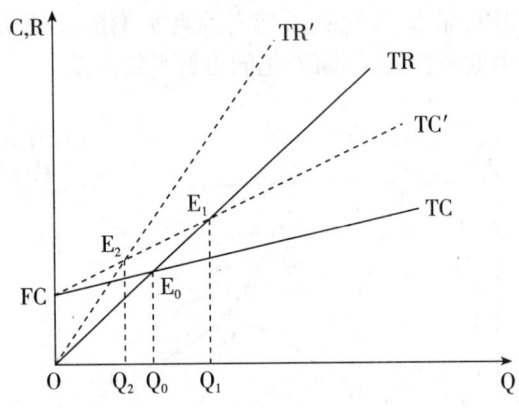

图 3 - 3 文化利益创造过程中的盈亏约束与变化

(2)文化市场的供求约束。在市场层面上,经济约束主要表现为供求关系所体现的市场运行力量,因此,文化利益的创造也必须纳入市场的运行机制之中。以市场形式来表达需求的核心是有效需求,即有支付能力的需求。在此约束下,假设其他条件相同,对一定文化产品的需求量与其价格成反比;而文化产品的供给数量与其价格成正比。这样,供给曲线 S 与需求曲线 D 就会相交于文化产品的价格—数量坐标系中,形成供求均衡点 E,此时的价格与数量分别为 P 和 Q,如图 3 - 4 所示。在社会总收入水平不变的条件下,当文化产品供给的价格上升到 P′时,出现供大于求的情况,市场上存在过量的产品,其缺口为 Q - Q′,相应地,这部分产品中所包含的文化利益无法实现;当文化产品的价格下降到 P″时,出现供小于求的情况,市场上存在过量的需求,其缺口为 Q″ - Q,相应地,这部分的文化需求无法得到满足(如图 3 - 4(A)所示)。而在社会总收入水平提高的条件下,人们的文化需求增

---

① 陈庆德、马翀炜:《文化经济学》,北京:中国社会科学出版社,2007 年,第 102 页。

加,需求曲线就会向右移动,引起价格上升,进而促进文化生产,使得供给曲线也向右移动,并在更大的数量水平 Q'(Q' > Q)之上形成新的供求均衡点(如图3-4(B)所示),进而创造出更大的文化利益。

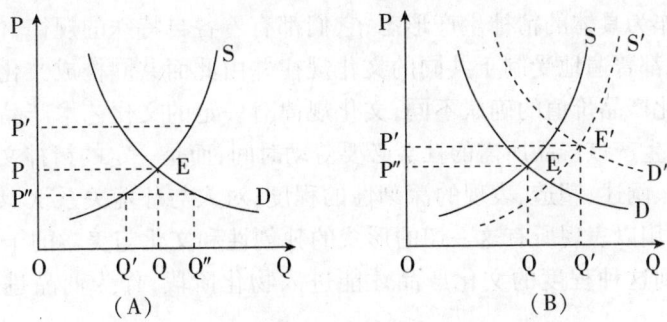

图3-4 文化利益创造过程中市场供求约束与变化

四、文化利益创造的二重性

通过以上分析可以知道,无论是在动力机制上、主要途径上,还是在所受到的约束上,文化利益的创造都兼有精神和物质的二重性。也就是说,文化利益的创造要受制于这两个不同领域运动规律的作用。

1. 文化利益创造中的经济规律

价值规律是文化利益创造过程中的基本经济规律。虽然文化生产是一种特殊的商品生产,但是只要存在商品生产和商品交换的地方,都毫无例外地、不以人们的主观意志为转移地存在价值规律发挥作用。因此,作为文化生产行为背后的一种强制性力量、一只看不见的手,价值规律通过市场即通过商品价格自发地围绕价值上下波动,对生产起调节作用。虽然,在不同的经济关系条件下,价值规律对生产的这种影响会有不同的表现形式,但是,它的根本内容却是普遍地规定着商品生产运动的一般过程的。因而,它也一般地规定着现代文化生产的行为,规定着现代文化生产运动的一般曲线,并通过市场调节着文化生产者的生产选择和投资方向。① 因此,价值规律也规定着文化利益创造的动力机制、主要途径和各种约束条件,进而规定着文化利益创造的水平、规模和结构。

2. 文化利益创造中的文化规律

文化规律是作为文化生产和文化利益创造过程中的基本规律,它是文化活动内部的、本质的、必然的联系。这种联系规定着一定形态的精神存在样式和运动变

---

① 胡惠林:《文化经济学》,上海:上海交通大学出版社,1996年,第39页。

化的方向、速度与结构,也规定着一定形态的精神生产的特质和结构,因而也规定着文化利益创造的内容与结构。在现代文化生产中,各种文化产品的生产状况如何,不仅一般地反映了现代文化生产和文化市场运动发展的走向,而且直接规定了现代文化生产的存在与否,以及文化利益是否能够得以创造。在文化生产领域,文化生产虽然作为具体的精神生产形态,它们都有着各自特殊的规律,但是,作为文化活动,它们都普遍地受制于共同的文化规律并由此而共同构成文化运动。与价值规律对文化产品价值的确认不同,文化规律对一定的文化艺术产品的文化价值的确认,不是生产该产品所需的社会必要劳动时间,而是一定的精神文化成果对对象发现、揭示、阐述、塑造、表现的深刻性的程度,对人与环境关系认识的把握的真理性程度,对用以表现所有这一切的形式的独创性和文化与美学的个别性程度。①凡是能够达到这种程度的文化产品才能进入物化阶段,作为商品进入市场流通领域。

所以,构成现代文化生产的一般运动过程,不仅包括经济规律,也包括文化活动内在的文化规律,是这种二重规律共同作用的结果。那么,在文化利益创造的过程中,也就必然有经济规律和文化规律共同发挥作用,或者说,文化利益就是这二重规律共同作用的结果。

第二节 文化利益的交换

在文化活动的流通过程中,不同的文化主体要根据自己的需要进行文化产品的交换,以通过自己创造的文化成果来实现自己的经济利益和文化利益。由于交换的出现和不断拓展,文化市场的规模和范围也逐步增大,这反过来又促进了文化生产分工的不断深化和文化生产专业化程度的提高,如此循环往复,推动文化经济的不断发展。所以说,交换在文化发展过程中发挥着重要作用。而交换之所以能顺利进行,归根结底在于交换者之间的相互需要。因为交换双方彼此都获得了预期的利益满足,购买者通过让渡商品的价值获取了使用价值,而出售者通过让渡商品的使用价值获取价值。可见,在文化活动的流通过程中,文化产品交换的本质是利益的交换。根据文化利益的主体不同,本节将逐一论述个人、企业与国家这三类主体文化利益的交换机制。

---

① 胡惠林:《文化经济学》,上海:上海交通大学出版社,1996年,第43页。

一、个人文化利益的交换

1. 个人文化利益交换的简述

文化的生产者或者说所有者,归根结底,都要落实到个人,所以,个人是最具有本质意义的文化主体。个人拥有或者获取文化的目的都是为了实现其预期的文化利益,包括其为了获得经济利益所需要的经济精神需要和精神文化领域的直接满足。个人往往通过文化利益交换的形式来达到此目的,他可以选择与多种对象进行文化利益交易,既可以是个人,也可以是企业,还可以是国家。通过交易,他可以实现自己预期的文化利益,或者是自己原有的文化利益得以提高。而与之相对的参与文化利益交换的另一方,也会由于获取新的文化产品而取得相应的文化利益;反过来,个人为了获取更大的文化利益,也会进行文化投资,例如,通过文化交流获得新文化、接受教育和科技培训。这样,每个文化产品的交换者在把自己的文化产品交换出去的同时也是其他文化产品的接受者。

2. 个人文化利益交换的经济学分析

下面以两人间的文化产品交换为例,借助埃奇沃斯(Edgeworth)的交换领域一般均衡理论,①讨论在文化利益交换过程中,作为利益主体的个人的文化利益得以提高的机制。

如图 3-5 所示,A、B 表示参与文化利益交换的个人;X、Y 表示两人所拥有的不同类型的文化产品,且 $X = X_A + X_B, Y = Y_A + Y_B$;$I_1$、$I_2$、$I_3$ 分别代表 A 的文化利益无差异曲线,且有 $I_1 < I_2 < I_3$;U_1、U_2、U_3 分别代表 B 的文化利益无差异曲线,且有 $U_1 < U_2 < U_3$。当初始的交换位置处于 C 点(I_1 与 U_1 的交点)时,A 获得的文化利益为 I_1,B 获得的文化利益为 U_1,此时,如果两人通过交换,A 用自己的部分 Y 产品交换 B 一定数量的 X 产品之后,X 和 Y 产品在 A、B 两人之间的配置达到 E 点(I_2 与 U_2 的切点),此时两人所获得的文化利益分别为 I_2 和 U_2,由此可见,通过交换,两人的文化利益都获得了一定程度的提高。当初始的交换位置处于 D 点(I_2 与 U_1 的交点)时,两人所获得的文化利益分别为 I_2 和 U_1。通过交换,X 和 Y 产品在两人之间的配置达到 E 点后,两人所获得文化利益分别为 I_2 和 U_2,虽然 A 的文化利益没有提高,但是 B 的文化利益得到了提高,因此,交换依然是有效的。综上所述,交换通过优化文化产品的配置,至少可以使交换者一方的文化利益得到提高,进而使社会整体的文化利益得以提高。

---

① Varian Hal R. ,1990,Intermediate Microeconomics,2nd Edition,W. W. Norton & Company,Inc.

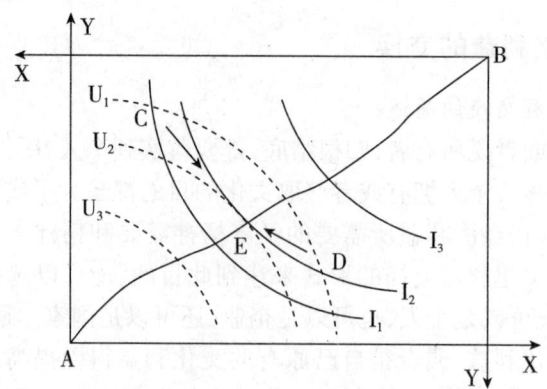

图3-5 两人之间文化利益的交换

二、企业文化利益的交换

1. 企业文化利益交换的简述

企业是一个国家经济运行的微观主体,而企业的竞争力将直接决定国家的综合竞争力。由于文化力是企业核心竞争力的一个关键组成部分,这就要求企业必须利用各种机会来提高自身的文化实力,获得文化利益。因此,文化利益的交换就为企业增强文化实力提供了有效的途径。文化利益的交换使得文化接受企业通过获得其他企业的先进文化,改进本企业经营管理的思想理念、价值观念和行为规范,提高产品的文化含量,提升企业文化,进而使得企业的市场竞争力得以提高,市场份额得以扩大,销售收入不断上升,经济利益大幅度提高,最终又会导致文化利益的增加。与此同时,与之进行交换的另一方,也由于参与了交换,销售出了产品,获得了经济利益,实现了自己所期望的文化利益。此外,由于文化交换市场的存在,使得交换双方都找到了更加稳定的交易场所,找到了文化生产要素供给方和产品需求方,为实现文化利益提供了保障。可以说,文化利益的交换有力地推动了经济利益和文化利益的发展。

2. 企业文化利益交换的经济学分析

以下将利用企业的生产可能性边界理论,来阐述文化利益交换与企业生产的变动机制。

假设一个企业只生产两种产品,X 和 Y,其中 Y 表示文化产品,X 表示其他产品(如图3-6所示)。在初始阶段,X_1Y_1 为该企业的生产可能性边界,其与生产约束条件的切点为 A 点,此时企业生产较多的 X 产品和较少的 Y 产品。在存在文化利益交换的条件下,企业通过在文化市场的交换,实现了一定的文化利益,则使得生产可能性边界上移至 X_1Y_2 的位置。此时,企业的最佳生产点(即切点)为 B 点,由于企业所生产的文化产品可以通过交换带来利益,相对于 A 点来说,企业将生产较多的 Y 产品和较少的 X 产品。随着 Y 产品所带来的文化利益的增加,企业的经济利益也不断增加,其生产可能性边界将右移至 X_2Y_2 位置。那么,在最佳生产点 C 处,企业又会增加 X 产品的生产,但是,此时企业所生产的 X 产品和 Y 产品都将超过初始 A 的生产规模。随着文化利益交换的不断进行,以上的过程将不断地交替出现,使得企业所获得经济利益和文化利益都得以提高到新的水平(例如图中的 D 点)。

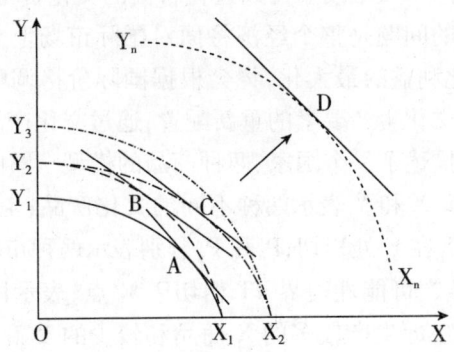

图 3-6 文化利益交换与企业生产的变动

三、国家文化利益的交换

1. 国家文化利益交换的简述

一个国家综合国力的强弱直接决定了它在国际格局中的位置和本国人民的根本利益。于是作为国家代言人的政府无不采取各种有利措施来提升国家的实力。在全球化进程中,国家必须在世界坐标中寻找到自己的合适位置,以便获得尽可能多的利益。[①] 于是,发达国家不断利用自身的各种有利条件来维持原有的利益并寻求新的利益,以保证自身的强势地位得以加固和提升;而发展中国家则利用这一难得的机遇,集中力量增强自身的实力,通过"后发优势"获得更多的利益,缩小与发达国家的差距。在上述的利益追逐中,文化利益是其中的重要组成部分,文化利益的实现有利于增强国家的软实力,进而有助于推动国家经济社会的发展。而国家经济社会的发展反过来又体现为文化的发展,正如 1998 年联合国教科文组织在"文化政策促进发展"政府间会议上指出的那样,国家的"发展可以最终以文化概念来定义,文化的繁荣是发展的最高目标"。[②]

---

① 张耿庆:《技术利益论》,上海:复旦大学博士学位论文,2005 年,第 42 页。
② 联合国教科文组织:《文化政策促进发展行动计划》,《国家版权局版权公报》,2000 年第 1 期。

2. 国家文化利益交换的经济学分析

国家文化利益的交换,有助于实现一国在文化领域的绝对利益和比较利益。国家文化利益交换的实现途径主要包括文化交流和文化贸易,尤其是国际间文化贸易的开展,不仅使各国的经济利益得以实现,也使它们的文化利益得以实现。我们将根据新古典贸易理论①,论述在开放的经济条件下,一个国家在国际文化贸易中是如何实现文化利益交换的。

在开放的经济条件下,一个国家可以进行自由的文化贸易。但是,从封闭经济转向开放经济,最主要的问题是整个经济将面对国际市场上文化产品新的相对价格。国家为了达到文化利益的最大化,将会根据国际价格调整各种文化产品的生产数量,从而引起国内文化生产要素的重新配置,通过文化产品的交换来实现更高的文化利益。图3-7描述了一个国家、两种商品的模型。图中E点是封闭经济条件下文化生产的均衡点,X和Y表示两种不同的文化产品;生产可能性边界TT和文化利益无差异曲线U_1在E处相切;P_d和P_w分别表示两种市场的国内相对价格和国际相对价格。P_w同生产可能性边界TT相切于E'点,表示国内两种商品在国际相对价格之下做了调整,即生产较多的X商品和较少的Y商品,因为出口X商品和进口Y商品是有利的。E'点虽然是国内文化生产在国际相对价格之下的最优点,但是,如果不存在国际文化贸易,所有的产品仅在国内消费的话,该国的文化利益就会从U_1减少到U_3。而在开展国际文化贸易的情况下,P_w与U_2相切于C点,因为$U_2 > U_1$,所以,该国通过文化贸易增加了文化利益。由于C点的X商品和Y商品的数量已经超过了该国的生产可能性边界,那么,超过部分(即图中的△CFE')将通过文化贸易来实现。因此,也可以说,该国文化利益的提高需要通过文化利益的交换来实现。

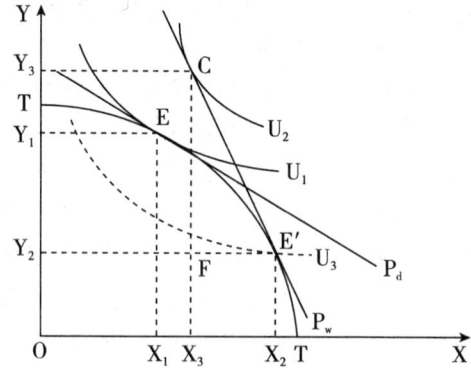

图3-7 开放经济条件下国家文化利益的均衡分析

---

① 胡涵钧:《新编国际贸易》,上海:复旦大学出版社,2008年,第42~45页;Mankiw N. G.,2004,Principles of Economics,3rd Edition,Cengage Learning.

第三节 文化利益的分享

文化利益的分享是指文化利益在不同文化主体之间的分配。这里的文化主体仍可以按照前面的分析方法将它分成两大类:一是单个文化主体,二是社会文化主体。其中,社会文化主体包括企业、产业和国家。鉴于这两类主体在文化利益分享过程中的不同特点,对其研究的视角与侧重点也就有所不同。本节将分别对文化要素的基本分类与文化利益分享的方式、个体文化利益的分享和社会文化利益的分享做出具体的分析。

一、文化利益的分享方式:文化要素的视角

1. 参与利益分享的文化要素类别

(1)按照文化要素的性质分类。按照参与利益分享的文化要素的性质来划分,可以分为两大类:一类是物质文化要素,另一类是精神文化要素。①

物质文化要素是指自然界中可供人们用于文化生产的各种物质的条件,它是作为文化产品的物质载体和文化生产的物质手段。物质文化要素按其文化生产中的作用不同又可以分为两部分:一部分是经过开发利用可以直接成为文化产品的物质要素,通常称为文化载体。它包括生产文化产品所需要的各种物质材料,这部分作为文化产品的物质载体的要素,将随着科学技术发展而得到不断地拓展。另一部分是经过人们的生产和改造而作为文化生产的物质手段的各种要素,通常称为文化生产手段。它包括文化生产的各种用品和设施,这部分文化生产手段也将随着人们的科技水平和生产力的发展而日益丰富。

精神文化要素存在于人类社会活动之中,是在人类社会发展的历史过程中形成和产生的,它通过人们的文化活动发掘出来,借助一定的物质文化手段,成为向人们提供的文化产品的主要内容。它包括文化遗产以及教育、科学、文学艺术、道德、法律、宗教、民俗等精神产品中所蕴涵的、可用于文化生产和活动的主要内容和形式。对这种文化要素的开发和利用的程度,主要取决于人的素质以及从事文化生产的劳动者的数量和质量。人类社会活动的发展不断地丰富着精神文化要素的内容,人们对精神文化要素的开发和利用,创造出日益丰富的文化产品,这又进一

---

① 程恩富:《文化经济学通论》,上海:上海财经大学出版社,1999年,第39~40页。

步推动着人的素质的提高和精神文化要素的发展。

(2)按照文化要素的形态分类。按照参与利益分享的文化要素的形态来划分,可以分为三类:一是固体的文化要素,二是流动的文化要素,三是衍生的文化要素。①

固体的文化要素是指被赋予文化意义的自然风光、地形地貌、山川河流、古迹建筑等不可移动的资源。这类固体的文化要素是由固体的文化转化而来的,而作为它们载体的固体物质本身并不能构成文化要素,当被赋予了文化的内涵之后,就成为一种重要的、有价值的文化要素。

流动的文化要素是指创造于人脑,无须依附于人脑以外物质的尚未形成产品的思想、道德、知识、创意等要素。这类流动的文化要素是由流动的文化转化而来的。这些要素本身不能独立于人体之外,必须在由人把它们通过脑力劳动投入到文化生产过程中之后,才能发挥作用,成为有价值的文化要素。

衍生的文化要素是指经过人类思想创造出来的,并依附于一定的物质形态的要素。这类文化要素是由文化产品中所包含的文化转化而来的,它既依附于一定物质形态,又包含了人的精神文化生产的成果,并且可以随着文化经济活动的发展而得到进一步的开发和进步。

2. 文化利益分享的方式

在市场经济条件下,文化利益的分享主要通过以下三种方式来实现:一是市场调节,二是计划调节,三是计划与市场相结合的调节。②

(1)市场调节。市场调节是指文化利益的流向和分配完全由市场来支配。它是以市场竞争为前提条件的文化利益的分配方式。在这种情况下,人们的文化需求、市场上的文化供给状况以及由此决定的价值信号,是调节文化利益流向的因素。为追求文化利益的最大化,势必使文化要素流向最有利可图的地方。通过激烈竞争保持文化生产和需求之间的均衡,从而达到文化要素的有效配置和文化利益的合理分配。市场调节的优势在于促进文化生产主体使用先进的科学技术,提高管理水平和经济效率;优化文化生产过程中要素的组合,发挥优胜劣汰机制的作用,促进文化商品生产的经营能力。但是,单纯的市场调节机制也必然会产生一些弊端:一方面,在市场调节自发起作用的过程中,各个文化主体为追求自身的利益,产生过度竞争,进而造成文化资源的损失和浪费;另一方面,由于文化生产自身的特点,即其不仅只是一个经济效益的问题,而且还会产生明显的社会效益,只依靠市场调节,无法解决文化利益分配的全部问题。

(2)计划调节。计划调节是指全社会范围内依靠计划形式来对文化利益进行配置。计划调节的优点在于它有利于文化生产、文化利益的分配与国民经济和社

---

① 李沛新:《文化资本运营理论与实务》,北京:中国经济出版社,2007年,第34页。
② 李沛新:《文化资本运营理论与实务》,北京:中国经济出版社,2007年,第40~44页。

会发展比例相协调,使文化利益合理地分配到文化生产的各个领域,并优化其结构。这样可以在全社会范围内动员和集中必要的文化要素进行重大的文化生产活动,并且可以防止因要素分散而影响文化建设的速度,防止因重复建设造成文化要素的浪费,还可以合理地调节文化利益分配的公平程度,保持社会公正。但是,计划调节要能充分实现对文化利益的合理分配,前提是必须充分了解文化需求和供给的情况,保证文化要素的有效配置,并且能够准确地掌握文化要素在文化生产各个环节中的使用和贡献。事实上,这种完全以计划调节来实现文化利益有效分配的状态也是难以达到的。特别是在计划僵硬、市场信号失灵的情况下,一味地按照计划来分配文化利益,也不利于发挥各个方面的主动性和积极性。

(3)计划与市场相结合的调节。计划与市场相结合的调节就是根据各种文化生产在经济社会发展中的不同地位和作用,分别采取不同的调节方式,使文化利益在分配时能够发挥计划调节和市场调节各自的优势。具体地说,对于在经济社会发展以及国家文化安全中关系重大的文化利益的分配,实行较强的计划调节方式,使这部分文化利益的分配得到充分的保障;对于一般性的文化利益,特别是与经济利益结合紧密的文化利益的分配,实现较强的市场调节方式,从而保证这部分文化利益的合理分配,满足人们对文化利益的需求,最大程度地调动各个文化主体进行文化生产的主动性和积极性。

总之,选择计划调节与市场调节相结合的方式来分配文化利益,使文化利益在不同的主体之间共享,能够使得这两种调节方式的功能优势得到充分发挥,劣势得到相互弥补,从而实现文化利益的有效分配。

二、个体文化利益的分享

1. 个体参与文化利益分享的意义

个体文化利益的分享主要是探究如何保证个体按照其文化贡献来分享文化利益的。文化作为一项重要的社会资源,随着市场经济的发展,可以转化为文化资本,进而成为经济活动中一个重要的生产要素。但是,文化必须首先形成文化力,再转变成为文化生产力,创造出更多的物质财富和精神财富,实现大量的经济利益和文化利益,它的社会价值才能得到体现。我们平时所说的"今天的文化是明天的经济"也是在这种意义上而言的。但是,如何促进文化向生产力的顺利转化呢?关键是要给文化主体提供充分的激励,调动各种文化所有者进行文化投入、文化创造与文化生产的积极性。所以,个体参与文化利益的分享是开展各种文化生产活动最重要的激励机制。这是因为:在市场经济中,文化和劳动、资本、技术等生产要素一样,都在生产过程中发挥着重要作用,都要求有相应的收入回报。如果没有收入回报,文化要素的所有者就不会把其所有的生产要素投入到经济活动中去。因此,确立文化要素的所有者按贡献参与分享文化利益就是必然的要求。

2. 个体文化利益分享的经济学分析

根据微观经济学的要素市场理论,①在完全竞争的市场条件下,文化要素的使用原则是:文化要素的边际产品价值等于要素价格,即:

$$P \cdot MP = W \tag{3-1}$$

其中,MP 为文化要素的边际产品。对式(3-1)变形,可得:

$$MP = \frac{W}{P} \tag{3-2}$$

在式(3-2)中,等式右边为文化要素价格与文化产品之比,它等于文化要素的边际产品,或者说,文化要素的实际报酬等于文化要素的实际贡献。

假定在整个文化生产过程中,需要投入两种文化要素,数量分别为 A 和 B,则它们各自所得的实际报酬分别为 $A \cdot MP_A$ 和 $B \cdot MP_B$。那么,这两种要素的实际报酬是否恰好等于生产出来的全部文化产品 Q 呢?也就是说,文化生产中获得的文化利益是否恰好能够让文化要素的所有者分享呢?即是否存在下述等式:

$$Q = A \cdot MP_A + B \cdot MP_B \tag{3-3}$$

接下来利用数学上的欧拉定理加以证明:

设文化生产函数为:

$$Q = f(A, B)$$

且这个生产函数是一次齐次函数,即符合规模报酬不变的条件。故如果对函数中每一自变量均乘以 1/A,则有:

$$\frac{Q}{A} = f\left(\frac{A}{A}, \frac{B}{A}\right) = f(1, k) = \varphi(k)$$

$$Q = A \cdot \varphi(k) \tag{3-4}$$

其中,$k = \frac{B}{A}$,即要素 B 与要素 A 的比率,要素 A 的平均产量 $\frac{Q}{A}$ 是 k 的函数。

在式(3-4)的两边分别对 A 和 B 求导,有:

$$\frac{\partial Q}{\partial A} = \frac{\partial [A \cdot \varphi(k)]}{\partial A} = \varphi(k) + A \cdot \frac{d\varphi(k)}{dk} \cdot \frac{dk}{dA} = A \cdot \varphi'(k) \cdot \frac{dk}{dA}$$

$$= \varphi(k) + A \cdot \varphi'(k) \cdot \left(-\frac{B}{A^2}\right) = \varphi(k) - k \cdot \varphi'(k) \tag{3-5}$$

$$\frac{\partial Q}{\partial B} = \frac{\partial [A \cdot \varphi(k)]}{\partial B} = A \cdot \frac{\partial \varphi(k)}{\partial B} = A \cdot \frac{\partial \varphi(k)}{dk} \cdot \frac{\partial k}{\partial B} = A \cdot \varphi'(k) \cdot \frac{1}{A} = \varphi'(k) \tag{3-6}$$

---

① Mankiw N. G. ,2004 ,Principles of Economics ,3rd Edition ,Cengage Learning;Pindyck R. S. , Rubinfeld,D. L. ,1998 ,Microeconomics ,4th Edition ,Prentice – Hall ,Inc.

根据式(3-5)和式(3-6),得到:

$$A \cdot MP_A + B \cdot MP_B = A \cdot \frac{\partial Q}{\partial A} + B \cdot \frac{\partial Q}{\partial B} = A \cdot [\varphi(k) - k\varphi'(k)] + B\varphi'(k)$$
$$= A \cdot \varphi(k) - B\varphi'(k) + B\varphi'(k) = A \cdot \varphi(k) = Q$$

因此,式(3-3)得证。

通过以上证明可以得知:在完全竞争的条件下,如果规模报酬不变,则全部的文化产品恰好足够分配给各个文化要素的所有者,不多也不少,即产量分配净尽。也就是说,文化生产所带来的文化利益恰好能够被所有的文化要素所有者分享。

三、社会文化利益的分享

1. 文化传播是社会文化利益分享的基础

社会文化利益的分享是关注文化的传播或者扩散效应所带来的文化利益如何在文化主体之间分享的,这里的文化主体不是具体的个体,而是一个整体。因此,我们需要研究文化的传播问题,因为这能够较好地揭示社会文化利益的分享。在社会层面,文化利益的分享一般是缘于文化的传播,正是文化在社会各个层面的传播才形成了社会文化利益的分享。

文化传播又称文化扩散,是指人类文化由文化发源地向外辐射传播或者由一个社会群体向另一个社会群体散布的过程。文化传播可以分为直接传播和间接传播。前者是由具备文化的人们通过经济等途径直接传播某种精神或物质方面的文化内容;后者表现出一种比较复杂的文化扩散能力,主要指某一社会群体借用外来文化特征中的原理,进行文明创造活动的一种传播。因此,文化传播是通过市场及非市场渠道的传播,使文化从发源地向外进行转移,或从文化的生产者传递到使用者的过程。文化传播是文化在更大的地域空间的应用推广,也是一个学习的过程。文化传播的最终目的是促进文化生产和社会对文化的利用。在知识经济时代,知识文化已经取代了资本、劳动和土地等传统经济资源而成为占主导地位的资源要素。由于文化是在不同的社会层面之中传播的,文化的扩散效应也遍及社会的各个层面,如产业、区域、国家等。相应地,文化利益的分享也同时在这些社会层面之中展开。

当然,文化传播的效应和文化利益在社会层面的分享,也会受到诸多因素的影响。例如,文化教育水平的差异是不同文化主体之间实现文化利益分享的必要条件;文化认知水平差距则决定着文化传播和文化利益实现分享的可能性;文化接受能力的大小决定了识别、吸收和利用外部文化的能力。此外,由于文化传播具有一定的地理局限性,随着距离的增加,文化传播或者扩散效应就会逐渐减少。

2. 文化传播的一个数学模型

19世纪,人口学家提出了逻辑斯蒂曲线,经济学家们也由于受到传染病学和社会学接触扩散理论的启发,认为知识随着时间的扩散呈S状曲线,并研究了不同国家历史时期中知识扩散和技术扩散的情况。我们将尝试着借鉴此类理论为文化传播提供一个数学模型。①

假设 I(t) 表示 t 时刻接受新文化的生产部门的数量占可接受新文化的生产部门的饱和数目的比例,或称 I(t) 为潜在接受比例,dI(t)/dt 表示文化的传播速度,1-I(t) 表示潜在的剩余接受者的比例,基于生物学上的流行病传染模型,由于文化传播速度与潜在接受者比例和潜在剩余接受者比例成正比关系,因此,文化传播过程可用如下一个简单的数学公式来表示:

$$\frac{dI(t)}{dt} = \beta I(t)[1 - I(t)] \quad (3-7)$$

其中,β 表示一个大于零的常数,根据常微分方程知识,可得:

$$I(t) = \frac{1}{1 + \exp(-\alpha - \beta t)} \quad (3-8)$$

式(3-8)中,α 是一个待定的小于零的常数。该式是一条逻辑斯蒂曲线,在平面是一条 S 形曲线,如图 3-8 所示。此时,文化传播的速度为:

$$\frac{dI(t)}{dt} = \frac{\beta e^{-\alpha-\beta t}}{(1+e^{-\alpha-\beta t})^2} > 0 \quad (3-9)$$

式(3-9)表示潜在的接受者数目随着时间 t 单调增加。I(t) 的二阶导数为:

$$\frac{d^2 I(t)}{dt^2} = \frac{\beta^2 e^{-\alpha-\beta t}(e^{-\alpha-\beta t}-1)}{(1+e^{-\alpha-\beta t})^3} \quad (3-10)$$

当 $t < -\frac{\alpha}{\beta}$ 时,$\frac{d^2 I(t)}{dt^2} > 0$,曲线上凹,表明文化传播的速度随时间 t 的增加而加快;当 $t > -\frac{\alpha}{\beta}$ 时,$\frac{d^2 I(t)}{dt^2} < 0$,曲线下凹,表明文化传播的速度随时间 t 的增加而下降;当 t 趋于无穷大时,接受新文化的生产部门的比重则趋近于 1,表明文化传播达到饱和,如图 3-8 所示。

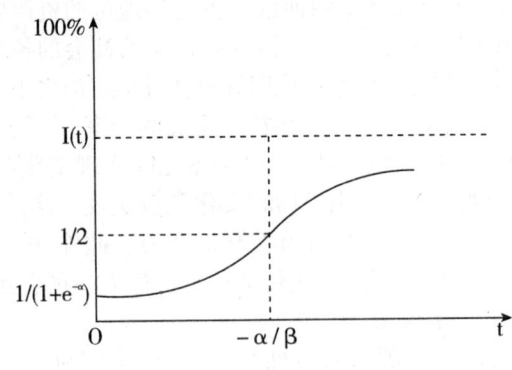

图 3-8 文化传播的过程

---

① 陈宗胜:《发展经济学:从贫困迈向富裕》,上海:复旦大学出版社,2000 年,第 330~333 页。

然而,由于文化传播过程及其扩散效应的多样性和丰富性,用一条 S 形曲线很难概括文化传播的全过程,必须进行分类。因此,我们区分两种不同类型的文化传播过程,建立一种双轨迹的文化传播过程。第一种文化传播叫做 A 组,这类文化传播比较简单,仅靠文化产品的流通就可以传播,这种文化传播在初期阶段很快达到高峰,并趋于稳定。第二种文化传播叫做 B 组,由复杂的文化价值、思想观念、行为规范等因素组成,是一种文明的传播,这种传播在初期比较缓慢,但是到了后期,其传播速度和传播的上限将超过 A 组。这两种文化传播过程如图 3-9 所示。

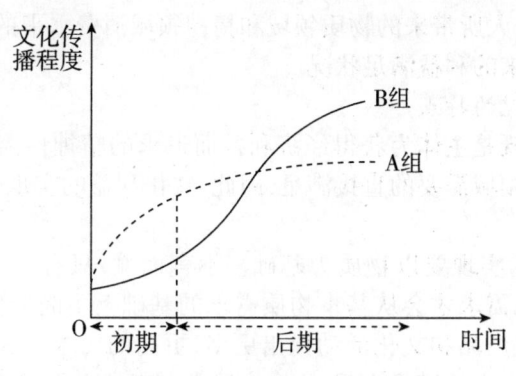

图 3-9 文化传播的双轨迹

综上所述,社会文化利益的分享主要是通过文化利益借助文化在社会不同层面的传播来实现的。在图 3-8 中,文化利益的分享在初始阶段因文化传播速度的缓慢而进展缓慢;随后,文化传播的速度不断增长,文化利益的分享也不断加快;最后,由于文化传播接近饱和,文化利益的分享也缓慢地平稳下来。而在图 3-9 中,两种文化传播的轨迹分别代表着两种文化利益分享的进程,文化利益 A 组在初期分享的进展很快,但是后期进展缓慢;而文化利益 B 组,由于自身的复杂性,在初期分享的进展缓慢,但是到了后期进展大幅度提升,最终超过文化利益 A 组的分享。

第四节 文化利益的实现

在一切经济活动中,人们从事生产、流通、分配的目的都是为了消费,即提高人们的物质水平和精神水平。与此类似,人们从事经济利益的创造、交换、分享的最终目的也是经济利益的实现。① 所以,我们研究文化利益的创造、文化利益的交换和文化利益的分享的根本目的是如何更好地实现文化利益,为人们带来更大的利益满足。

一、文化利益实现的特点和作用

文化利益是存在于人们的生产、流通、分配、消费过程之中的,生产过程创造文化利益,流通过程交换文化利益,分配过程分享文化利益,消费过程实现文化利益。因此,文化利益的实现最终应该落脚于文化利益主体的消费之上,主要研究文化给一个国家、产业和个人所带来的物质领域和精神领域消费水平的提高,或者说文化为不同消费主体带来的利益满足状况。

1. 文化利益实现的特点

由于文化利益既是主体为获得经济利益而追求的精神性需要的满足,又是主体对自身精神文化领域需要的直接满足,因此,文化利益的实现具有与其他利益的实现所不同的特点。

(1)文化利益的实现要以物质为基础。不言而喻,只有当人们的温饱问题得到解决之后,人们的需求才会从基本物质需求的基础上不断向更高层次的精神需求转移,才会对文化产品和文化活动提出更多、更高的要求。因此,人们只有在基本的物质需求得到一定的满足之后,才会去追求一定的文化利益的实现。

(2)文化利益的实现要求文化主体具有一定的文化水平。一般地说,利益主体进行物质消费,不需要相应的消费能力,只要占有物质消费资料,就能消费。文化消费则不然,如果没有一定的文化水平,虽然占有文化消费资料,却仍然不能很好地实现文化消费,自然,其文化利益也无法实现。

(3)文化利益的实现不仅体现在经济利益的实现之上,也体现在主体自身精神文化领域需求的满足之上。文化利益的实现可以从多方面推动经济利益的进一步发展,因为它可以为经济发展提供精神动力、智力支持以及良好的发展环境。同时,文化利益的实现也可以使文化主体的思想观念、文学艺术、科学知识等方面获得巨大的发展和进步。

(4)文化利益的实现程度与时间成正相关关系。文化利益的实现之中既包含着主体为获得经济利益而追求的精神需要的满足,也包含着主体自身在精神文化领域的直接满足。这一过程不同于纯粹的经济利益实现的过程,因为文化的发展是一个长期的过程,需要较多的时间投入。所以,文化利益的实现程度与时间成正相关关系。

2. 文化利益实现的作用

(1)文化利益的实现有利于促进文化利益的创造。人们往往认为,文化利益

---

① 张耿庆:《技术利益论》,上海:复旦大学博士学位论文,2005年,第52页。

的创造是起点,文化利益的实现是终点。但如果从利益再生产过程来说,文化利益的实现既是终点又是起点。人类的文化利益一天也不能停止生产,一天也不能停止消费。另外,文化利益的实现,是文化利益得以消费的过程,也是为文化利益扩大再生产作出准备的过程。因此,文化利益的实现有利于促进文化利益的创造。

(2)文化利益的实现有利于促进文化利益的交换。在文化生产过程中创造出来的文化利益,在很多情况下并非是文化主体自身所需要的文化利益,这样,它就无法实现自己的文化利益。因此,文化主体需要把自己创造出来的文化利益与其他主体所创造的文化利益相交换,以换取自己所需要的文化利益,实现自己的精神文化需求。所以,文化主体为了自己文化利益的实现会不断地扩大和深化文化利益的交换。

(3)文化利益的实现有利于促进文化利益的分享。文化主体把自己所拥有的文化要素,如文化资源、文化资本投入到文化生产之中,并于生产完成之后,按投入要素的质量和数量分配文化产品、分享文化利益,从而能够决定文化利益的实现。但是,文化利益的实现也决定着文化利益的分享,因为只有文化利益得以实现,才使得文化主体能够拥有更多的文化要素,并积极地通过文化要素的投入参与到更进一步的文化利益分享过程中去。

二、个人文化利益的实现

个人文化利益的实现是指个人通过文化利益的创造、交换、分享等一系列过程之后,使得自身文化利益得到提高,即为获得经济利益而追求的精神需求和在精神文化领域的直接需求获得满足的过程。

1. 个人文化利益实现的约束条件

随着经济社会的发展,个人在文化活动中的角色越来越突出,以个人为单位的文化利益的创造、交换和分享也越来越普遍。那么,以个人为文化主体的文化利益的实现也逐步成为利益实现的一个微观基础。但是,个人在实现自身文化利益时,必然受到以下几个方面的制约:

(1)收入水平。收入水平主要指个人的经济收入水平、收入结构。文化利益的实现需要以各种物质资料和劳务为基础,这些需要都离不开个人的经济收入水平。撇开其他条件,个人文化生活水平的提高和文化利益的实现程度与其经济收入水平成正比变化。同时,在收入结构上,不同种类的收入在时间、数量、稳定性上的不同,也制约着文化利益的实现程度。

(2)价格水平。价格水平主要指个人从事文化活动必须支付的价格成本,也可以认为这里包含着个人的支出水平和支出结构。一方面,由于文化投入的价格水平不同,个人所进行文化活动的支出水平也不同,文化利益的实现程度就相应地存在差别;另一方面,其他产品的价格不同,也会导致个人在其他非文化活动上的投入发生变化,使得其支出结构也发生变化,从而影响文化活动的进行和文化利益的创造。

(3) 时间投入。时间投入主要是指个人用于文化活动时间的多少。任何个人所拥有的工作、休闲的时间总是一定的,如果用于工作等其他非文化活动方面的时间较多,那么用于文化活动方面的时间必然较少,这是一个此消彼长的过程。一般来说,用于文化活动的时间越多,个人所获得的精神文化的满足就越多,其文化利益的实现程度就会越高。

(4) 个人素质。个人文化利益的实现,除了以上几个约束条件之外,还取决于个人的所受教育水平、科学技术水平、文化观念、思想道德、行为规范、风俗习惯等因素。这些与个人素质相关的诸因素越是具备,个人的文化活动开展就越顺利,文化利益的实现程度也就会越高。

2. 个人文化利益实现的路径

个人文化利益的实现一般包括三条重要路径:

(1) 由于个人拥有一定的文化资源、文化资本,他可以利用这些优势从事文化生产,为自己提供合适的文化产品,或者在文化产品市场上通过交换获得所需要的文化产品,以实现与自身资源相应的文化利益。于是,其消费水平获得提升,包括物质消费水平和精神文化消费水平。这是个人文化利益实现的集中体现,也可以说,这是狭义的个人文化利益的实现。

(2) 由于文化可以作为一种特殊的生产要素投入文化生产,个人可以把自身所拥有的文化资源、文化资本等文化要素提供出来,通过文化要素市场,投入到社会的文化生产活动之中,在文化利益得到创造之后,根据其投入文化生产的文化要素的质量、数量的不同,获得相应的报酬,即分享文化利益,进而提高个人的消费水平,包括物质消费水平和精神文化消费水平,使个人的文化利益得以实现。

(3) 由于文化的传播功能和文化利益的扩散效应,个人文化利益的实现往往不局限于自己在文化产品市场和文化要素市场上通过交换而获得的那部分,也就是说,任何个人都能从整个社会文化利益的实现中获取到超出应得部分的文化利益,这是所有个人增加其文化利益的又一个重要路径。

以上个人文化利益的三条实现路径如图 3-10 所示。

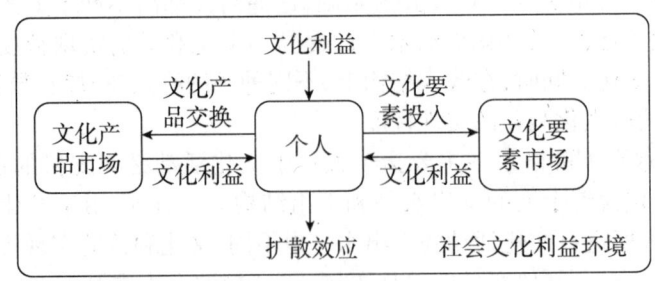

图 3-10 个人文化利益实现的三种路径

三、企业、产业文化利益的实现

1. 企业文化利益的实现

企业文化利益的实现是指企业在生产经营过程中获得的文化利益,既包括生产文化产品所带来的经济利益的满足,又包括形成了企业文化,使生产效率得以提高所带来的经济利益和精神文化需要的满足。因此,企业文化利益的实现表现为企业竞争力的全面提高。具体地说,企业文化利益的实现表现在以下几个方面:

(1) 企业所生产的文化产品在质量上和数量上大幅提高,文化产品的销售收入明显增加。使企业在生产过程中所投入的生产成本能够得以收回,并实现企业利润,同时,为企业扩大文化要素资源,增加文化资本的积累,进而使企业的再生产活动得以开展。另外,企业文化利益的实现在形成经济利益的同时,还形成了良好的社会效益,实现了社会的文化利益。

(2) 企业在文化生产过程中创新能力显著增强。创新能力是指企业在产品设计、产业链整合、营销与服务等方面的创造能力。企业文化利益的实现表现为创新能力中的文化含量大幅提高,能够围绕特定的文化资源组织生产经营活动,不断地实现产品与服务的更新换代,提高其内在的文化品质。

(3) 企业在文化市场上的占有率不断提高。这不仅指它所占的国内文化市场的份额,而且包括它的出口额及国际文化市场的占有率。只有通过提高市场占有率,企业才有可能充分利用国内和国际两种文化产品市场和文化要素市场,进而提高企业的收入和利润,实现企业的文化利益。

(4) 企业的生产效率明显提高。在投入不变的情况下,文化生产的产出有所提高,或者在产出不变的情况之下,生产的投入相对降低。这是由于新的文化观念、科学技术和行为模式等文化因素使得企业的管理人员和生产人员的思想文化素质得以提高。

(5) 企业文化的形成。广义的企业文化是指企业所创造的具有自身特点的物质文化和精神文化;狭义的企业文化是指企业所形成的具有自身个性的经营宗旨、价值观念和道德行为准则的综合。企业文化可以说是一个企业的灵魂,是推动企业发展的精神动力,也是构成企业核心竞争力的一个重要组成部分。因此,企业文化的形成可以看作文化利益在企业精神文化领域得以实现的主要标志。

2. 产业文化利益的实现

产业文化利益是在企业文化利益的基础上发展起来的,由于企业是社会经济活动的基本单位,企业文化利益的实现,必然形成和推动产业文化利益的创造、交换、分享和实现。产业文化利益可以分为文化产业的文化利益和非文化产业的文化利益。在任何产业的经济行为中,只要生产出了具有一定文化含量的产品,或者形成了企业文化,利用文化利益的扩散效应从外部获得了文化利益,都可以认为该产业实现了一定的文化利益。但是,为了能够更加明确地分析问题,接下来本书将把分析的重点集中在文化产业的文化利益实现之上。

文化产业是按照工业标准生产、再生产、储存以及分配文化产品和服务的一系列活动。文化产业是21世纪最具有发展潜力的行业之一,由于在经济发展中所发挥的作用日益增加,文化产业越来越引起全社会的关注。一般来说,文化产业的文化利益具备以下几方面的含义:其一,文化产业是生产、提供同类或者具有一定替代性的文化产品、服务的企业的集合,这为文化利益的实现提供了物质基础;其二,文化产业是以追求利润为目标的,即为了实现自身的利润最大化,这使得文化利益在很大程度上体现为经济利益;其三,文化产业以满足市场的精神需求为主,并产生一定的社会效益,因此,文化产业的文化利益除了能够满足获得经济利益的精神需求之外,还能够用以满足精神文化领域的直接需求。

文化产业的文化利益实现主要体现在以下几个方面:

(1)文化产业形成内生的收益递增的发展机制。传统的经济理论认为,生产遵循着"边际生产力递减规律",在技术水平不变的情况下,最初生产要素的增加会使产量增加,但是超过一定限度时,增加的产量将要递减,最终还会使产量绝对减少。与传统产业不同的是文化产业具有内生收益递增的发展机制,这是因为文化产业具有"文化密集"、"知识密集"和"创新密集"的特征。特别是文化具有非排他性、可重复使用、复制成本低等特点,文化含量越多,其创造的价值就越大,文化利益的实现程度就越高。况且,文化作为生产要素投入,通过与资本、劳动等其他要素配合使用,提高了投入要素的边际效益,获得效益递增,也体现了文化利益的实现。

(2)文化产业呈现很强的外溢性。文化产业的核心生产要素是知识、技术、信息等无限的文化资本和文化资源。由于文化产品是一种承载着文化内涵的经济产品,这意味着文化产品的资产专用性比较低,并且与传统经济相区别的是文化产品的价值并不是来源于稀缺,而是来源于普及,其普及程度越大,创造的价值就越大,实现的文化利益就越多。文化产业的产品可以借助于科技手段和文化传播手段,对其他的产业产生外溢性。而这种渗透性和外溢性的产生,必然是产业文化利益得以实现的突出体现。

(3)文化产业目标出现多元化。文化产业不仅具有经济功能,同时还具有社会功能和文化功能。文化产业通过提供文化产品实现教化的功能。在文化经济领域,流通过程并不仅仅是货币的周转,还是文化思想和价值观念的传播,文化产业也从单一的经济生产者转变成了文化的生产者。在这种条件下,文化产业的产品也就从单一的经济商品变成了大众文化的重要资源。当这些文化产品被消费时,其中所包含的文化观念就会对消费者产生影响,进而通过"示范—模仿"机制扩散到整个社会中去。因此,文化产业由于这种特殊的作用,其文化利益的实现必然体现着经济效益、文化效益、社会效益经营目标的实现,即目标多元化的实现。

(4)文化产业产生规模经济。文化产业的规模经济是指企业由于规模扩大导致长期平均成本降低所带来的经济节约,这也是产业文化利益实现的一种表现。因为,文化产业具有供给方和需求方双重的规模经济:一方面,随着产量的增加,文化产品的长期平均成本不断下降,文化产品的供给增加;另一方面,文化产品的平均价格下降,会引起消费者数量的增加,使得对文化产品的需求增加。这两方面的规模经济使得文化产业获得更多的经济利润,不断地发展壮大,是文化产业的文化利益实现的根本体现。①

四、国家文化利益的实现

1. 国家文化利益实现的形式

1998年,联合国教科文组织在"文化政策促进发展"政府间会议上指出,"发展可以最终以文化概念来定义,文化的繁荣是发展的最高目标"。② 因此,也可以说,一个国家的发展最终体现在文化利益的实现上。具体地说,国家文化利益的实现有以下几种表现形式:

(1)在国家文化主权和文化安全领域,国家文化利益的实现表现为:国家的文化主权神圣不可侵犯,国家文化安全获得充分的保障,国家的文化传统和文化发展选择获得尊重,包括国家的文化立法权、文化管理权、文化制度、文化传播和文化交流的独立自主权等。国家文化主权和文化安全的确立,是国家文化利益实现的根本表现。

(2)经济发展领域,国家文化利益的实现表现为:文化产品的生产获得提高、文化产业不断发展、文化市场繁荣稳定、国际文化贸易不断增长、文化资源日益丰富、文化资本进一步积累、文化产业政策得以完善,国家经济利益与政治利益的实现获得精神动力和智力支持。

(3)在精神文化和科学教育领域,国家文化利益的实现表现为:国家能够继承民族传统、培育民族文化、弘扬民族精神,加快教育、科学事业的发展、提高国民素质、积累人力资本,创造良好的文化环境等,以满足国家精神文化方面的需求,同时,又可以进一步地为国家的发展和进步创造条件。

2. 国家文化利益实现的作用机制

根据国家文化利益实现的三种表现形式,我们不难探究出其中的机制。国家文化利益实现的作用机制包括三个层面:主权层面、经济层面和精神层面。

---

① 顾江:《文化产业经济学》,南京:南京大学出版社,2007年,第27~33页。
② 联合国教科文组织:《文化政策促进发展行动计划》,《国家版权局版权公报》,2000年第1期。

在主权层面,国家文化利益的实现意味着一国文化的强盛和安全,能够形成一个国家巨大的民族凝聚力和文化认同感,也能够维系国家文化生态平衡,进而能够极大地提高国家整体的安全度,并成为国家稳定发展的重要保证。这必然使得国家文化主权受到尊重、文化安全获得捍卫,这是国家文化利益实现的其他机制发挥作用的基本前提。

在经济层面,国家文化利益的实现使得文化要素质量提高、数量增加,这不仅有利于推动技术进步,也有利于制度创新,反过来,技术进步和制度创新又可以反作用于文化要素,使得文化要素进一步发展。[①] 这一过程,在微观上能够推动生产发展、激励生产组织变革,在宏观上能够促进经济增长、保证经济平稳运行。因此,国家文化利益的实现在微观和宏观两个方面为经济的发展提供了动力。

在精神层面,国家文化利益的实现标志着全社会文化水平的提高。在文化观念方面,各种优秀的文化成果得以在全社会内分享,人们的思想观念、价值体系、行为规范等得以提升,形成良好的文化氛围;在科学教育方面,全社会的科学教育水平得以提高,国民素质显著增强,高质量的人力资源不断积累,能够为国家进入知识经济时代提供智力基础。因此,国家文化利益的实现程度标志着一个社会文明的程度。

综上所述可以看到,国家文化利益的实现通过在不同层面的作用机制,使得国家实现主权确立、经济发展和社会文明。同时,这三个层面又可以通过文化利益实现进行相互影响,进而进一步推动国家文化利益的实现(如图3-11所示)。因此,可以说,国家文化利益是最高形式的文化利益。

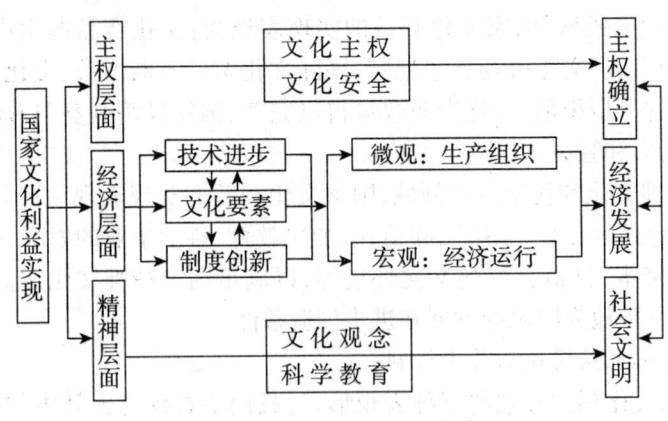

图3-11 国家文化利益实现的机制

---

① Weiss Y., Fershtman, C., 1993, Social Status, Culture and Economic Performance, The Economic Journal, Vol. 103, No. 419, pp. 946 – 959; Zhu Z., 2000, Cultural Change and Economic Performance: An Interactionistic Perspective, International Journal of Organizational Analysis, Green, Vol. 8, Iss. 1, pp. 109.

第二篇 实践研究

第四章 文化利益的微观实践

对于文化利益微观实践的分析,结合中国文化建设的微观层面,主要从两种主体展开:一是个人;二是企业和产业。它们既是文化利益实践的基本单位,又是宏观文化利益的重要基础。首先,本章阐述了个人的文化需求、文化消费与文化利益之间的理论关系;其次,对企业和产业的文化利益进行了分析,主要考察文化企业和文化产业,这是文化建设中最活跃的部分,在理论分析的同时,通过实证研究,讨论中国文化企业、文化产业领域的文化利益实践状况。

第一节 个人文化利益的理论分析

个人是文化经济领域中一个重要的微观主体,其文化需求、文化消费与文化利益息息相关,对于文化利益的微观分析,个人的文化经济行为是重要的研究对象。因此,本节将以个人为主体,研究文化的需求与消费。

一、个人文化需求

1. 文化需求及其新变化

文化需求,简单地说,就是市场上出现的对文化商品和文化服务的需要,它是人们在一定时期为满足自身的精神文化生活需要而出现的对文化产品和服务的追求。[1] 作为人类社会生活的精神现象,文化需求是社会经济发展的必然产物,也是人的文化利益实现的必要前提。随着生产力的发展和社会的进步,在人们的生活需要中,用于生存需要的开支部分所占的比重在逐步下降,而用于文化需要的开支部分所占的比重在逐步上升。文化需求日益成为人们生活中的一种普遍需要。而文化需求的大小和文化利益实现的程度,已成为一个社会文化经济现代化程度的标志。

---

[1] 程恩富:《文化经济学通论》,上海:上海财经大学出版社,1999年,第120页。

由于需求构成的不同,现代文化需求一般可以分为非商品性文化需求和商品性文化需求两种类型。其一,非商品性文化需求,是指人们无须支付价格就可以实现的需求。这种需求主要表现为社会公益性文化需求,它是由文化生产部门或者社会管理部门无偿提供文化产品而实现的,其目的是满足社会公众对生活环境良好文化氛围的要求。一般来说,这类文化需求并不构成文化经济学研究的主要对象,自然也不是文化利益研究的主要对象。其二,商品性文化需求,是指人们通过购买手段,支付一定的价格,以货币交换方式实现的需求。由于这类文化需求是通过货币交换方式实现的需求,主要通过市场进行,因此,它的运动必然要受到价值规律的支配,因而就成为文化经济学研究的主要对象,相应地,它也是我们进行文化利益研究的主要对象。①

随着经济社会的发展和社会文明程度的提高,中国广大人民群众的生活水平已经有了大幅度的提高,生活方式也发生了较大变化,对文化的需求也日益增长,并出现了一些新的变化。一是在文化需求观念上的变化,由于中国由传统的计划经济体制转入现代的市场经济体制,人们也逐渐地由文化需求的被动接受者转变为文化生产的引导者,而文化需求者也由被动接受型向主动选择型转化,追求文化利益的分享与实现已成为文化需求的新观念。二是文化需求方式的变化,追求知识含量大、科技水平高和文化内涵多的文化产品是文化需求方式新变化的明显体现,因为这些丰富多彩的文化产品能够满足人们由于物质生活水平提高而不断提高的精神文化需求。三是文化需求内容的变化,随着人们文化需求观念、需求方式的变化,文化需求内容也不断翻新,既出现了从单一文化需求向多样化文化需求的变化,又出现了从封闭式传统文化向开放性社会文化的变化,此外,随着时代的进步,文化需求的热点也不断变化。②

2. 文化需求的规律

文化需求规律是人们对文化产品的需求量与价格之间的关系。一般来说,在其他情况不变的条件下,文化需求量总是随着文化产品价格的变化而变化。当文化产品的价格上升时,人们的需求量就会下降;相反,当文化产品价格降低时,文化需求量就会增加。因此,文化需求规律的具体表现为:需求量与价格之间,是需求量随价格上升而递减,随价格下降而递增的反方向变动关系。

文化产品的需求量与价格之间的这种负相关关系,用函数形式来表示,就是文化产品的需求函数,即:

$$D = f(P)$$

其中,D 表示需求量,P 表示价格。

我们也可以通过一条文化产品需求曲线来反映需求量与价格之间的变动关

---

① 胡惠林:《文化经济学》,上海:上海交通大学出版社,1996 年,第 44~45 页。
② 程恩富:《文化经济学通论》,上海:上海财经大学出版社,1999 年,第 121 页。

系。如图4-1所示,文化产品的需求曲线 DD 是从左上方向右下方倾斜的,它反映了需求量随价格变动而反方向变化的关系。需求曲线表示的是需求状况,如果需求状况发生变化,也就反映为整个需求曲线的移动,它说明对于每一价格水平,需求量都发生了变化。

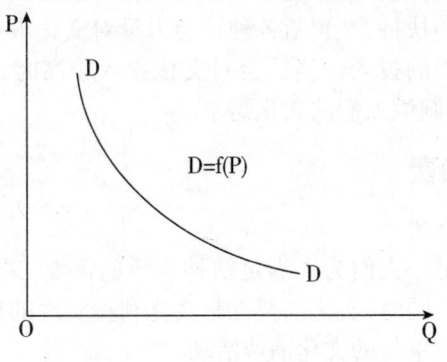

图4-1 文化产品的需求曲线

3. 文化需求的影响因素

在文化需求规律的分析中可以得出,在其他因素不变的前提下,文化产品的需求量是随价格变动而反方向变化的。实际上,其他因素对于人们的文化需求也有着重要的影响。

(1)收入水平。收入水平反映了对各种商品有支付能力的需求的大小,而人们的需求又是具有明显层次性的。一般来说,人们的需求首先表现为对满足生产需要的生活必需品的需求,其次才会形成对满足精神文化需要的各种商品的需求。在人们收入水平很低的条件下,人们除了维持生存之外,无法形成对精神文化的需求。而收入水平提高则是人们产生精神文化需要的经济动因,因此,文化需求必然伴随着收入水平的变化而变化。

(2)文化程度。人们文化程度的高低与对文化产品的需求量有着密切的联系,它们之间是一种递进的关系。文化商品本身的性质决定了它主要是属于满足人们精神文化需要的层次。通常,人们的文化程度越高,追求个人素质全面发展的意识和欲望也就越强烈,因而,对文化商品的需求量也就越大。所以,整个社会对文化商品需求量的大小,与人们的文化程度高低之间有着很大的相关度。[①]

(3)地理位置。地理位置对人们文化需求的影响不仅表现为对需求对象内容和形式的要求,而且也表现在对文化商品需求的量的要求上。尤其在中国,城市居民的文化需求要比农村高,东部地区大城市居民的文化需求要比中部地区、西部地

---

① 程恩富:《文化经济学通论》,上海:上海财经大学出版社,1999年,第124～126页。

区的中小城市文化需求高。因为,在东部发达地区,文化市场发育较好,满足人们文化需求的硬件设施也较为丰富,特别是文化中心城市,人口流量较大,信息传播和观念更新也较快。

(4)社会投入。社会对文化发展的投入,也是影响人们文化需求的一个重要因素。社会对文化发展的投入,既包括国家对文化事业发展的资金投入、政策支持以及对文化产业发展的扶持,又包括各种社会力量对文化事业发展、文化产业繁荣以及文化市场建设方面的投入。当社会对文化投入较高时,文化经济必然发展较快,进而有利于进一步刺激人们的文化需求。

二、个人文化消费

1. 文化消费及其作用

所谓文化消费就是指人们为了满足精神生活的需要,采取不同的方式消耗文化产品和劳务的过程。同时,文化消费也是文化利益实现的过程。相应地,个人文化消费也就是以个人为单位的文化消费活动。

文化消费与物质消费相比具有不同的特点。首先,文化消费的过程具有很强的精神性。物质消费作为消费主体的人与消费客体的物之间的关系,是人为满足自身生活需要而与外在的自然界进行的一种物质变化过程。而文化消费虽然要借助于一定的物质产品,但是,文化消费相对于物质消费,更主要体现为一种精神消费过程。其次,文化消费的能力具有层次性。在物质消费活动中,一般来说,只要拥有,就有能力消费,这种物质消费是人的本能。而文化消费则不同,它具有很高的消费能力的要求,即必须具备与文化消费相适应的知识、经验和理解力。最后,文化消费的时间具有延伸性。在物质消费领域,随着生产力水平的发展和劳动生产率的不断提高,社会提供的物质产品不断增加,人们用于物质生活方面的时间就会减少。而在文化消费领域,文化发展与时间的消耗成正比例关系,也就是说,文化消费水平越高,人们所花费的时间就越多。①

通过对文化消费的特点的论述不难看出,文化消费具有以下几个方面的作用:一是文化消费有利于物质产品的再生产。由于文化消费是以物质生产为前提的,文化消费的充分发展,能够促进文化生产资料生产部门的生产发展。另外,文化消费的增长和发展带来的消费结构的优化,也可以促进某些工业生产布局的合理化,进而有利于物质产品的再生产。二是文化消费有利于文化产品的再生产。文化消费可以提高消费者的精神创造能力和文化欣赏水平,这反过来又增强了他们对文化消费的需求,从而促进文化产品的再生产。同时,在文化消费的过程中,也包含着对文化产品的再创造。三是文化消费有利于文化利益的再生产。文化消费过程也是文化利益的实现过程,只有消费者从文化消费中获得精神性需求的满足,其文

---

① 程恩富:《文化经济学通论》,上海:上海财经大学出版社,1999年,第232~234页。

化利益才能实现。而文化利益的实现,也是文化利益再生产的基础和动力。因此,文化消费有利于文化利益的再生产。①

2. 文化消费的结构

文化消费结构是指各种文化产品和劳务在文化总消费中的比例和相互关系。它可以从一个侧面反映劳动者的文化消费需要被满足的程度。文化消费结构按不同的标志可作如下划分:

(1)按文化消费的阶层,可分为工人消费、农民消费和个体劳动消费。

(2)按文化消费本身的形态,可分为文化产品消费和文化服务消费。文化产品消费指具有独立的物质实体的文化产品;文化服务消费指没有独立的物质实体,与生产过程或服务不可分离,生产它们的过程同时也就是消费它们的过程。

(3)按文化消费的性质,可分为知识型消费和娱乐型消费。在知识型消费中还可以划分为实用型消费和发展型消费。②

(4)按文化消费的层次,可分为基本文化产品消费、多样化文化产品消费和高层次文化产品消费。

3. 文化消费的影响因素

随着经济社会的发展和文明的进步,个人的文化消费在整个消费生活中的地位和作用将越来越大,这是社会消费的主要趋势之一。从微观角度考察,个人文化消费将会受到以下几个因素的影响:

(1)经济收入的水平。既然文化消费是一种通过市场交易来实现的精神性消费活动,所以,收入水平成为决定文化消费水平和结构的重要因素和限制条件。当收入水平提高时,用于生活必需品的消费比例就会相应降低,而用于文化产品消费的比例就会相应提高,也就是说恩格尔系数下降。

(2)文化产品的发展程度。由于大量高新技术的应用,以及文化产业的迅猛发展,人们开始面对越来越新颖、多样的文化产品,正是这些文化产品启发了成千上万个家庭去寻找新的文化消费活动。因此,只有在文化产业发展、文化市场繁荣以及文化产品极大丰富的条件下,人们的文化消费才会得以实现。

(3)消费方式的选择。文化消费方式是消费者占有和享用消费品的途径和手段,文化消费方式不一样,消费者所处的心理定势即感觉注意和情绪兴奋的中心就不同,因此,这也直接影响着文化消费的变化。那么,个人在文化消费时,是选择家庭型的消费方式、参与型的消费方式还是公众型的消费方式,对文化消费水平都会产生不同的影响。

---

① Throsbe D.,1994,The Production and Consumption of the Arts:A View of Cultural Economics,Journal of Economic Literature,Nashville,Vol. 32,Iss. 1,pp. 1.

② 程恩富:《文化经济学通论》,上海:上海财经大学出版社,1999年,第247~248页。

第二节　个人文化利益的实证分析

对于中国个人文化利益的实证研究,主要是在上一节理论分析的基础上,结合中国城乡文化建设和居民经济文化活动状况展开的。通过对中国改革开放三十多年来城乡居民在文化建设等方面的具体数据的考察,通过实证的方法,分析中国个人在文化利益实现方面所取得的发展变化情况,并进一步地为前文中的理论提供证明。

一、城乡居民文化利益的基本情况

中国自实行改革开放三十多年以来,城乡居民在政治、经济、文化、社会、生态等诸多领域的发展取得了巨大的成就。特别是随着经济收入的增长,人们的物质生活和文化生活水平获得了极大的提高。以下将从居民的家庭人均收入、恩格尔系数和文化消费支出三个方面考察中国居民的文化利益在这三十多年来的发展变化情况。① 需要特别指出的是,由于中国特定的城乡二元发展状况,我们不得不把城镇居民和农村居民分开来考察。

1. 家庭人均收入

由于中国实行改革开放,使得社会经济体制由之前的计划经济体制转变为中国特色的社会主义市场经济体制,极大地解放和发展了社会生产力,实现了经济持续、快速增长,使得中国城镇和农村居民家庭的人均收入获得了大幅度提高,如图4-2所示。

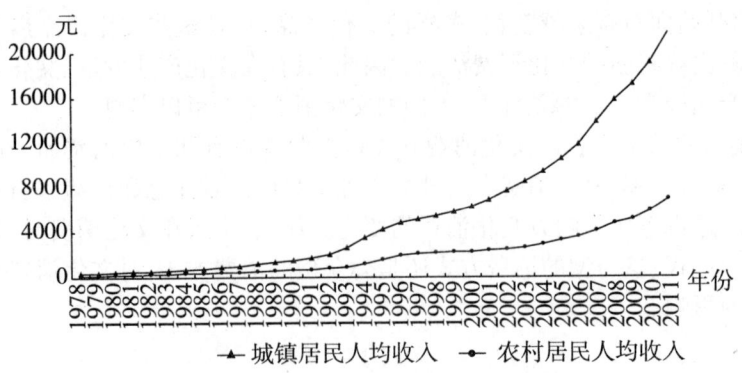

图4-2　中国城乡居民家庭人均收入变化情况

---

① 相关数据均通过中国国家统计局《中国统计年鉴》(1978~2012)整理获得。

在城镇方面,市场机制的确立和商品经济的发展,带动了居民家庭人均收入的提高。在改革开放伊始的1978年,中国城镇居民家庭人均收入仅为343.40元,到了2011年,这个数字已达到21809.80元。在农村方面,由于土地承包制和"三农"问题的提出,农村居民家庭人均收入也从1978年的133.60元提高至2011年的6977.30元。城乡二元状况的一个突出表现,就是无论在收入的具体水平上还是在提高速度上,农村居民都要落后于城镇居民。

2. 恩格尔系数

恩格尔系数(Engel's Coefficient)是食品支出总额占个人消费支出总额的比重。对于一个家庭来说,家庭收入越少,在家庭收入中(或总支出中)用来购买食物的支出所占的比例就越大,随着家庭收入的增加,家庭收入中(或总支出中)用来购买食物的支出比例则会下降,同时,家庭用于文化生活方面的支出就会增加。国际上常用恩格尔系数来衡量一个国家和地区人民生活水平的状况。根据联合国粮食及农业组织提出的标准,恩格尔系数在59%以上为贫困,50%~59%为温饱,40%~50%为小康,30%~40%为富裕,低于30%为最富裕。

由于中国特殊的城乡二元结构,我们在统计城乡家庭恩格尔系数的时候,采用了城镇和农村分别计算的办法。1978~2011年中国城镇和农村家庭的恩格尔系数都呈现出明显的下降趋势,如图4-3所示。其中,城镇家庭恩格尔系数由原先的57.50%下降到36.30%,实现了由温饱向富裕的转变;农村家庭恩格尔系数也由原先的67.70%下降到40.40%,从贫困进入了小康。但是,总体而言,农村家庭的恩格尔系数一直高于城镇,反映了农村家庭在文化方面的开支低于城镇家庭。

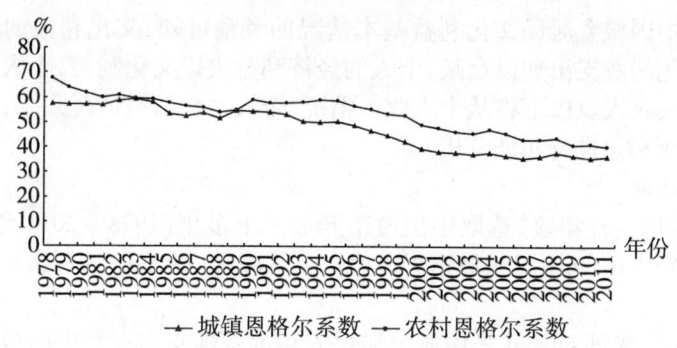

图4-3 中国城乡家庭恩格尔系数变化情况

3. 文化消费支出

通过本章第一节的理论分析可以知道,个人的文化消费支出主要取决于经济收入等因素。由于经济收入提高、恩格尔系数下降,因此城乡居民家庭人均收入提高,用于基本生活的支出下降,这有力地推动了居民文化消费水平的提高,如图4-4所示。在1992年以后,城镇和农村的居民家庭人均文化消费支出均有较大幅度的增加,但城镇增幅远高于农村增幅。

通过对城乡居民家庭人均收入、恩格尔系数和文化消费支出等指标的考察,不难发现城乡居民的文化消费支出与人均收入有着共同的变动趋势。而居民的文化消费在很大程度上也可以反映出居民文化利益的实现,因此可以说,中国改革开放三十多年来,城乡居民的文化利益获得了巨大的提高,特别是1992年以后,居民文化利益的增长速度大幅度提高。同时,城镇居民文化利益的发展,无论是在数量水平上还是在增长速度上都要远高于农村居民文化利益的发展。

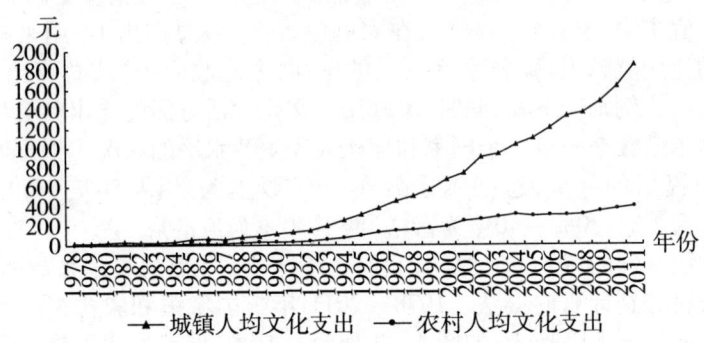

图4-4 中国城乡居民家庭人均文化消费支出变化情况

二、城镇居民文化利益的实证分析

通过对中国城乡居民文化利益基本情况的考察可知,文化利益的实现可以通过居民的文化消费支出加以反映,个人的经济利益决定文化利益,个人文化消费主要取决于个人收入。以下将从个人收入情况、个人文化消费情况入手,重点对中国城镇居民文化利益进行实证分析。

1. 数据选取

根据《中国统计年鉴》选取中国改革开放三十多年(1978~2011年)城镇居民人均文化消费支出(citycul)、城镇居民家庭人均收入(cityinc)这两组数据作为时间序列。

具体地说,变量citycul采用城镇居民人均消费性支出项目中的教育、文化、娱乐支出数据;变量cityinc采用城镇居民家庭人均可支配收入数据(见表4-1)。① 在以下实证中,为了消除物价因素的影响,以1978年为基期,对这两个变量进行平减处理。

---

① 表4-1、表4-2中有少部分数据由于统计口径不同,通过相关项目计算得到;带有*号的数据由于统计缺失,通过相关比例测算或最小二乘法推算而得。

表4-1　中国城镇居民人均文化消费和人均收入(1978~2011年)

年份	城镇人均文化消费支出	城镇人均收入	年份	城镇人均文化消费支出	城镇人均收入
1978	14.32*	343.40	1995	312.71	4283.00
1979	18.92*	405.00	1996	374.95	4838.90
1980	23.53*	477.60	1997	448.38	5160.30
1981	33.12	500.40	1998	499.39	5425.10
1982	28.32	535.30	1999	567.05	5854.00
1983	27.96	564.60	2000	669.58	6280.00
1984	32.64	652.10	2001	736.63	6859.60
1985	55.01	739.10	2002	902.28	7702.80
1986	64.15	900.90	2003	934.38	8472.20
1987	60.07	1002.10	2004	1032.80	9421.60
1988	78.22	1180.20	2005	1097.46	10493.00
1989	94.04*	1373.90	2006	1203.03	11759.50
1990	112.26	1510.20	2007	1329.16	13785.80
1991	127.93*	1700.60	2008	1358.26	15780.80
1992	147.45	2026.60	2009	1472.76	17174.70
1993	194.01	2577.40	2010	1627.64	19109.40
1994	250.75	3496.20	2011	1851.74	21809.80

注：表中数据均来源于历年《中国统计年鉴》；单位：元。

2. 实证过程

如图4-2和图4-4所示，可以发现时间序列cityсul和cityinc都有明显的上升趋势，也容易判断这两个序列具有不稳定性。为了消除趋势同时减小序列的波动，分别对这两个序列求自然对数，得到新的时间序列lncitycul和lncityinc。

如果两个时间序列数据表现出一致变化的趋势（非平稳的），即使它们之间没有任何经济关系，但进行回归也可以表现出较高的可决系数，这就是所谓的伪回归。为防止伪回归的产生,在进行回归估计之前,必须检验序列的平稳性。数据平稳性检验的方法有 ADF 检验、DFGLS 检验、PP 检验、KPSS 检验、ERS 检验、NP 检验等。本书选取最常用的 ADF 检验(Augmented Dickey – Fuller Test)。

在进行 ADF 检验之前,首先应确定是否具有截距和时间趋势项,否则,检验的结果将会大相径庭。一般采用序列图形观察法,如果序列在偏离 0 位置变动,且呈现出随着时间快速递增或递减的趋势,则可以选择既有截距又有时间趋势项;如果序列随时间递增或递减得并不迅速,可以考虑舍去时间趋势项。① 从表4-2中可以看出,lncitycul 和 lncityinc 这两个时间序列在各种显著性水平下均不能拒绝存在单位根的原假设,因此都是非平稳的。而它们的一阶差分序列的 ADF 值均小于 5% 显著性水平下的临界值,即都是平稳的。因此,lncitycul 和 lncityinc 都是一阶单整序列,满足进行协整检验的前提条件。

表4-2 变量的平稳性检验结果

变量	检验类型 (c,t,p)	ADF 值	临界值			结论
			1%	5%	10%	
lncitycul	(c,0,0)	4.2399	-2.6369	-1.9513	-1.6107	不平稳
Δlncitycul	(c,0,0)	-2.8697	-2.6417	-1.9521	-1.6104	平稳
lncityinc	(c,0,0)	4.34134	-2.6443	-1.9525	-1.6102	不平稳
Δlncityinc	(c,0,0)	-1.9589	-2.6392	-1.9517	-1.6106	平稳

注:检验类型中,c,t,p 分别代表截距、时间趋势项和滞后期数。

协整理论是 20 世纪 80 年代发展起来的一种新兴的计量经济学建模理论,其经济意义在于它解释了时间序列变量间的长期内稳定关系,具有协整关系的变量虽然在短期内具有各自的变动规律,但在长期内却存在稳定关系或均衡机制,即变量在某期受到干扰后偏离长期均衡点,则均衡机制将会在下一期进行调整使其重回均衡状态。②

根据协整理论,如果各个变量都是单整变量,只有当它们的单整阶数相同时,才可能协整。显然,lncitycul 和 lncityinc 这两个变量都是 I(1) 的,以下将对这两个

---

① 吕健:《上海市经济增长与环境污染——基于 VAR 模型的实证分析》,《华东经济管理》,2010 年第 8 期。

② Wooldridge J. M.,2003,Introductory Econometrics: A Modern Approach,2nd Edition,Thomson,South – Western.

变量进行协整检验。

由于本节重点考察的是城镇居民的文化消费支出,因而把 lncitycul 设为被解释变量,把 lncityinc 设为解释变量,进行协整回归,有如下结果:①

$$\text{lncitycul}_t = -4.78 + 1.31 \text{ lncityinc}_t \qquad (4-1)$$
$$(-16.77) \qquad\qquad (32.38)$$
$$\overline{R}^2 = 0.9695 \quad LM(1) = 16.80 \quad LM(2) = 16.83$$

通过对式(4-1)计算的残差序列 e_t 进行 ADF 检验,结果如表4-3所示。可见,在1%的显著水平下,拒绝存在单位根的假设,表明残差序列 e_t 是平稳的。由此可知,lncitycul 与 lncityinc 存在(1,1)阶协整关系。

表4-3 残差序列 ADF 检验结果

残差序列	ADF 检验值	1%的显著水平临界值	5%的显著水平临界值
e_t	-2.4823	-2.6501	-1.9534

考虑到内生变量滞后性的影响,我们运用向量自回归(VAR)方法,把系统中每一个内生变量作为系统中所有内生变量滞后值函数来构造模型。Sims(1980)将 VAR 模型引入经济学中,推动了经济系统动态性分析的广泛应用。② 以下将利用该模型推测 lncitycul 和 lncityinc 这两个变量所组成的时间序列系统中的相互联系,并分析变量间相互影响的机制。

这里,VAR(p)模型的数学表达式是:

$$y_t = A_1 y_{t-1} + A_2 y_{t-2} + \cdots + A_p y_{t-p} + \varepsilon_t, t = 1, 2, \cdots, T \qquad (4-2)$$

其中,y_t 是 k 维内生变量向量;p 是滞后阶数;T 是样本个数;$A_1 \cdots A_p$ 是 k×k 维矩阵;ε_t 是 k 维扰动向量,是白噪声向量。

在上文 ADF 检验的基础上,建立以 lncitycul 和 lncityinc 为因变量,它们的滞后值为自变量的 VAR 模型。为了确定 VAR 模型的滞后阶数,根据 LogL、LR、FPE、AIC、SC 和 HQ 等标准进行确定(如表4-4所示)。滞后阶数适当加大,可以消除误差项中的自相关,又容易减少自由度,影响模型参数估计的有效性。因此,在此重点参考 AIC 和 SC 的评价标准,将 VAR 的滞后阶数确定为1阶,即建立VAR(1)。通过单位根图(图略),可以得知所有根的倒数均在单位圆中,表明VAR(1)模型具有稳定性。

---

① 协整方程下面括号中的数字为 t 检验值。
② Sims C. A.,1980,Macroeconomics and Reality,Econometrica,48,pp. 1-48.

表4-4　VAR模型最优滞后期

Lag	LogL	LR	FPE	AIC	SC	HQ
0	-17.4708	NA	0.0116	1.2169	1.3085	1.2473
1	91.5348	197.5757*	1.64E-05*	-5.3459*	-5.0711*	-5.2549*
2	94.0693	4.2769	1.80E-05	-5.2543	-4.7963	-5.1025

注：表中 * 代表最优滞后阶数。

在时间序列中，协整检验的方法有 Engle-Granger 两步法和 Johansen 协整法，前者适合对两变量的模型进行协整检验，后者适合在多变量的 VAR 模型中进行协整检验。① 本书采用 Johansen 协整法，在由以上建立的 VAR(1) 模型基础上进行协整检验，选取滞后阶数为1，采用协整方程和 VAR 模型均无截距和时间趋势项的检验方式，结果如表4-5所示，在5%显著性水平下，无论是特征值迹检验还是最大特征值检验都表明，VAR 模型变量之间存在1个协整关系。这意味着 lncitycul 和 lncityinc 之间具有长期稳定的关系。

表4-5　Johansen 协整检验结果

原假设	特征值	迹统计量	5%临界值	最大特征值统计量	5%特征值
无协整	0.3791	18.8988**	12.3209	15.2486**	11.2248
至多1个协整	0.1078	3.6502	4.1299	3.6502	4.1299

注：***、**和*分别代表在1%、5%、10%显著性水平下拒绝原假设。

以上分析了在 VAR 模型中，一个变量的变化对另一个变量的影响，接下来将分析当给一个变量扰动项一个标准差的冲击（新息），是如何对模型中其他变量产生动态影响的，即脉冲响应分析。

我们分别给 lncitycul 和 lncityinc 一个单位大小的冲击，得到关于 lncitycul 的脉冲响应函数图（如图4-5所示）。在图4-5中，横轴表示冲击作用的滞后期数（单位：年）；纵轴表示 lncitycul；实线表示脉冲响应函数，代表 lncitycul 对变量冲击的反映；虚线表示正负两倍的标准差偏离带。从图4-5中可以看出，给 lncitycul 一个正的冲击后，lncitycul 在随后各期内都有正的增长，但这种冲击带来的影响不断减弱，在第10期之后趋于稳定；给 lncityinc 一个正的冲击后，lncitycul 在随后各期内

---

① Johansen S., Juselius K., 1990, Maximum Likelihood Estimation and Inferences on Cointegration – with Applications to the Demand for Money, Oxford Bulletin of Economics and Statistics, 52, pp. 169–210.

都有正的增长,且这种冲击带来的影响逐步地增强,但在第10期之后趋于稳定。

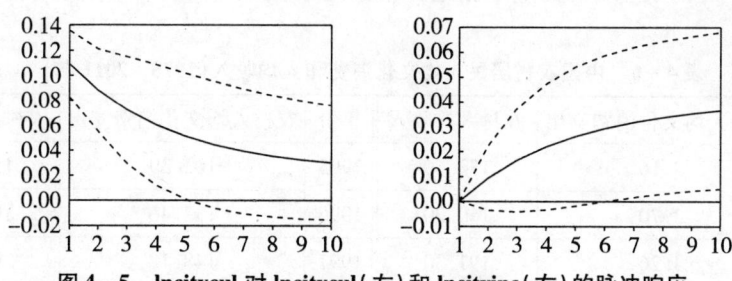

图4-5 lncitycul 对 lncitycul(左)和 lncityinc(右)的脉冲响应

3. 基本结论

通过实证分析得知,中国城镇居民家庭人均文化消费支出与人均收入、国家对文化的投入存在长期的均衡关系。协整回归得到的式(4-1)表示,lncitycul 关于 lncityinc 的长期弹性为 1.31,这意味着城镇居民家庭人均收入每增加1%,人均文化消费支出就增加 1.31%。可以看出,城镇居民家庭人均收入对文化消费的影响很大,这是因为,个人的收入决定着文化的有效需求,收入变化必然能够直接引起文化消费的变化。另外,通过 VAR 模型的分析结果表明,由于文化消费可以实现文化利益的积累,因而当期文化消费支出的增加,可以对未来各期的文化消费支出产生正的影响效应;而人均收入的提高,也会对未来各期的文化消费支出产生正的、递增的影响效应。

由于个人文化利益的实现可以通过个人文化消费支出得以反映,对个人文化消费的实证分析也就反映了中国个人、家庭文化利益的实现情况。中国改革开放三十多年来,个人文化利益获得了巨大的发展,尤其是1992年之后,出现了很大的增长。同时,个人文化利益的实现与个人收入之间具有长期的均衡关系。其中,个人收入,即个人经济利益的实现程度对文化利益的实现影响非常显著。这些实证分析的基本结论也恰好证明了前文中所阐述的文化利益理论。

三、农村居民文化利益的实证分析

由于中国城乡二元发展状态的存在,本书不得不把农村居民和城镇居民的文化利益分别做实证分析,但是,分析过程基本相同。

1. 数据选取

根据《中国统计年鉴》选取中国改革开放三十多年(1978~2011年)农村居民人均文化消费支出(ruralcul)和农村居民家庭人均收入(ruralinc)这两组数据作为时间序列。其中,变量 ruralcul 采用农村居民人均消费性支出项目中的教育、文化、娱乐支出数据;变量 ruralinc 采用农村居民家庭人均纯收入数据(见表4-6)。① 同样地,在实证中对这两个变量数据进行平减处理,以消除物价因素的影响。

表4-6 中国农村居民人均文化消费和人均收入(1978~2011年)

年份	农村人均文化消费支出	农村人均收入	年份	农村人均文化消费支出	农村人均收入
1978	3.16	133.60	1995	102.39	1577.7
1979	3.70	160.20	1996	132.46	1926.1
1980	4.26	191.30	1997	148.18	2090.1
1981	4.64	223.40	1998	159.41	2162
1982	4.93	270.10	1999	168.33	2210.3
1983	5.48	309.80	2000	186.72	2253.4
1984	6.53	355.30	2001	245.84	2366.4
1985	12.45	397.60	2002	262.86	2475.6
1986	14.43	423.80	2003	290.52	2622.2
1987	18.48	462.60	2004	308.26	2936.4
1988	25.69	544.90	2005	295.48	3254.9
1989	30.61	601.50	2006	305.13	3587.0
1990	31.38	686.30	2007	305.66	4140.4
1991	36.44	708.60	2008	314.45	4760.60
1992	43.77	784.00	2009	340.64	5153.20
1993	58.38	921.60	2010	366.76	5919.00
1994	75.11	1221.00	2011	396.36	6977.30

注:表中数据均来源于历年《中国统计年鉴》;单位:元。

2. 实证过程

由于时间序列 ruralcul 和 ruralinc 都具有不稳定性,分别对这两个序列求自然对数,得到新的时间序列 lnruralcul 和 lnruralinc。通过对其平稳性检验之后,发现两个序列的 ADF 检验值均小于5%显著性水平下的 MacKinnon 临界值,通过了单位根检验,均为一阶单整,即 I(1)(如表4-7所示)。

---

① 表中有少部分数据由于统计口径不同,通过相关项目计算得到。

表 4-7 变量的平稳性检验结果

变量	检验类型 (c,t,p)	ADF 值	临界值			结论
			1%	5%	10%	
lnruralcul	(c,0,0)	1.8274	-2.6392	-1.9517	-1.6106	不平稳
Δlnruralcul	(c,0,0)	-3.0739	-2.6392	-1.9517	-1.6106	平稳
lnruralinc	(c,0,0)	7.2723	-2.6369	-1.9513	-1.6107	不平稳
Δlnruralinc	(c,t,0)	-3.2600	-3.6537	-2.9571	-2.6174	平稳

注：检验类型中，c，t，p 分别代表截距、时间趋势项和滞后期数。

进而，我们把 lnruralcul 设为被解释变量，把 lnruralinc 设为解释变量，进行协整回归，得到结果如下：①

$$\ln ruralcul_t = -7.49 + 1.75 \ln ruralinc_t \qquad (4-3)$$
$$\quad\;(-24.30) \qquad\quad (38.70)$$
$$\overline{R}^2 = 0.8675 \quad LM(1) = 28.53 \quad LM(2) = 29.37$$

通过对计算出的残差序列 e_t 进行 ADF 检验，结果如表 4-8 所示。在 1% 的显著水平下，拒绝存在单位根的假设，表明残差序列 e_t 是平稳的。所以，lnruralcul 与 lnruralinc 存在 (1,1) 阶协整关系。

表 4-8 残差序列 ADF 检验结果

残差序列	ADF 检验值	1% 的显著水平临界值	5% 的显著水平临界值
e_t	-1.8237	-2.6417	-1.6104

按照上文的分析方法，继续采用 VAR 方法，引入内生变量的滞后值来构建模型，推测 lnruralcul 和 lnruralinc 这两个变量之间的相互影响机制。通过 LogL、LR、FPE、AIC、SC 和 HQ 等标准的检验，不难发现，VAR 模型的滞后阶数为 2 阶，如表 4-9 所示。

---

① 协整方程下面括号中的数字为 t 检验值。

表4-9　VAR模型最优滞后期

Lag	LogL	LR	FPE	AIC	SC	HQ
0	-35.1927	NA	0.0378	2.3995	2.4920	2.4297
1	80.2295	208.5047	2.86E-05	-4.7890	-4.5115*	-4.6985
2	86.1173	9.8764*	2.54E-05*	-4.9108*	-4.4482	-4.7600*

注：表中*代表最优滞后阶数。

进而，在由以上建立的VAR(2)模型基础上进行协整检验，选取的滞后阶数为2，采用协整方程和VAR模型均无截距和时间趋势项的检验方式，结果如表4-10所示，在10%显著性水平下，无论是特征值迹检验还是最大特征值检验都表明，VAR模型变量之间存在1个协整关系。这意味着lnruralcul和lnruralinc之间具有长期稳定的关系。

表4-10　Johansen协整检验结果

原假设	特征值	迹统计量	5%临界值	最大特征值统计量	5%特征值
无协整	0.2714	13.0135**	12.3209	15.2486**	11.2248
至多1个协整	0.0981	3.1996	4.1299	3.6502*	4.1299

注：***、**和*分别代表在1%、5%、10%显著性水平下拒绝原假设。

分别给lnruralcul和lnruralinc一个单位大小的冲击，得到关于lnruralcul的脉冲响应函数图（如图4-6所示）。从图4-6中可以看出，给lnruralcul一个正的冲击后，lnruralcul在随后各期内都有正的增长，但这种冲击带来的影响不断减弱，在第10期之后基本消失；给lnruralinc一个正的冲击后，lnruralcul在第3期之后都有正的增长，且这种冲击带来的影响不断增强。

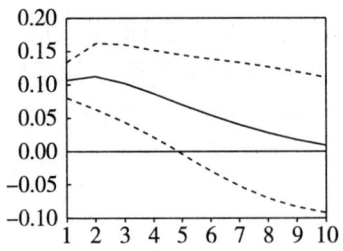
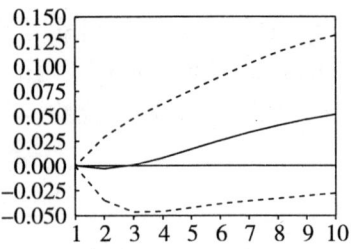

图4-6　lnruralcul对lnruralcul(左)和lnruralinc(右)的脉冲响应

3. 基本结论

以上实证分析结果认为,中国农村居民家庭人均文化消费支出与人均收入存在长期的均衡关系。式(4-2)表明,lnruralcul 和 lnruralinc 的长期弹性为 1.75。可以看出,农村居民家庭人均收入对文化消费的影响较大,这点和城镇居民是一致的,这说明无论是城镇居民还是农村居民,其文化消费均取决于收入水平。但是,在长期弹性指标上,农村居民大于城镇居民,即当收入上升同样的比例之后,农村居民文化消费的上升比例要大于城镇居民。VAR 模型的分析结果同样表明,家庭人均纯收入的增加,能够在很长时期内促进文化消费支出的持续增加,即文化利益的持续增加,且这种增加趋势比城镇居民要更为显著。这意味着,在中国的广大农村,长期以来,居民的文化需求不能充分得到满足,在文化消费上存在较大潜力。同时,这也反映出了中国农村居民由于受经济社会发展等方面的限制,文化利益实现程度不高的状况。

第三节 企业和产业文化利益的理论分析

企业是社会经济活动和文化建设的基本单位,也是产业的主体。在文化利益的创造、交换、分配和实现过程中,企业和产业必然占据核心位置。因此,对于文化利益的微观分析,企业、产业的文化经济行为也是需要重点研究的对象。本书从文化企业和文化产业入手,分析其文化利益的实现情况。本节将以中国文化建设中的文化企业和文化产业为主体,研究文化的生产与供给。

一、文化利益与文化企业

1. 文化企业的概述

(1)文化企业的特点。"文化企业"在中国改革开放之前就已存在,只是当时人们并不重视这一事实,只是把其简单地当作文化事业的一个组成部分。随着改革开放的发展,文化领域的繁荣和文化体制的改革,使文化企业逐渐进入了人们的视野。

文化企业是从事文化产品(或服务)生产和经营活动的经济组织,是自主经营、自负盈亏的文化经济实体。文化企业既要注重经济效益,也要注重社会效益,同时,它也是文化利益活动的重要主体。因此,文化企业具有以下几个特点:

第一,文化企业的生产目的是为了满足人们日益增长的文化需求,而不是为了满足人们的物质生活需要。其生产的产品或者提供的服务可以是有形的,也可以是无形的,文化产品的物的外壳只是一种载体。文化企业的生产手段主要是精神性的生产劳动。

第二,文化企业的生产经营受到市场和社会的双重约束。由于文化企业生产的产品具有很大的特殊性,可以对人们的精神文化领域产生巨大影响,因此,文化企业在生产经营过程中,除了受市场机制的约束之外,还要受社会道德的约束。

第三,文化企业生产经营既要注重经济利益又要注重文化利益。文化企业与其他生产企业一样,需要以利润最大化为目标,但是,又不能一味地只注重经济利益。由于文化企业在经营过程中还起到了向社会传播和弘扬精神文化的作用,因此,还需要注重文化利益。

(2)文化企业的作用。改革开放以来,文化企业对中国经济的发展和文化的繁荣起到了巨大的作用。具体地说:

第一,推动了国民经济的增长。文化企业的存在和发展,逐步形成了规模强大的文化产业,成为中国第三产业中的一支生力军。特别是在知识经济时代,文化企业的发展和文化产业的壮大,有力地推动了经济社会的发展。

第二,促进了社会文化的繁荣。文化企业的发展摆脱了过去从属于文化事业完全依靠国家拨款生存的状态,通过依靠自身发展,激发了潜力,增强了活力,从而能够针对人民群众的文化需求提供大量高质量的文化产品,极大地促进了社会文化的繁荣。

第三,加快了文化利益的发展。大量文化企业的涌现和发展,生产了丰富的文化产品,繁荣了文化市场,打破了旧的文化利益的创造、交换、分享和实现的格局,让人民群众享受到了文化利益带来的更多好处。

2. 文化企业的经营

(1)文化企业的生产。文化企业的生产是指文化企业生产文化产品、提供文化服务的过程,也是企业创造文化利益的过程。但是,文化企业的生产过程与其他企业的生产过程不同,多数包括精神生产和物化生产两个过程。其中,物化生产过程应当被作为精神生产过程的延续,即是生产文化产品的物质外壳。

在文化产品的生产方面,市场经济中的文化企业需要在市场机制的调节下利用生产要素进行文化生产。[①] 那么,文化产品的产出必然和多种生产要素具有密切的关系,如资本、劳动、技术、管理等。其中,技术是建立在一定的科学知识之上的,包含着文化因素;管理,即企业家才能,属于一种人力资本,与所接受的教育水平有关,也包含着文化因素。因此,文化企业有如下生产函数:

$Q = f(K, L, T, E)$

其中,$T = g(C)$,$E = h(C)$。

---

① Ohmann R.,1996,Making & Selling Culture,Wesleyan University Press.

式中,Q 表示文化企业的产量,K、L、T、E 分别表示生产要素中的资本、劳动、技术和管理(即企业家才能)。而 T 和 E 又是文化 C 的函数,所以,产量 Q 是关于文化的复合函数。进而可以得出文化对产量的边际贡献率为:

$$\lambda = \frac{\partial Q}{\partial C} = \frac{\partial Q}{\partial T}\frac{\partial T}{\partial C} + \frac{\partial Q}{\partial E}\frac{\partial E}{\partial C}$$

在文化产品产量决策方面,与其他企业一样,文化企业同样是以利润最大化为目的的,因此,文化企业的生产必须在生产要素数量和价格一定(即成本一定)的条件下,实现产量的最大化,或者在产量一定的条件下,寻求成本的最小化。此外,还需要在长期的生产过程中,实现生产规模的最优化,以生产出更多的文化产品,最大化地创造文化利益。

(2)文化企业的营销。文化企业的营销就是把生产出来的文化产品(或服务)销售出去、收回成本、实现利润的过程,同时,也实现了市场上文化产品的供给。其实,这一过程也是文化企业交换和促成文化利益的过程。因此,文化企业的营销应该包括调查和研究市场基本情况、根据市场确定产品价格、营销策略的实施与管理。

在调查和研究市场方面,首先,文化企业要掌握文化市场的信息,分析与研究市场供给和市场需求状况;其次,要研究消费者行为,根据不同消费者的需求精心组织文化产品的生产、营销和服务,以满足消费者的需要;再次,文化企业要了解其在市场中的位置,以及其他文化企业的生产经营情况,通过正当的竞争手段来应对来自市场的挑战;最后,要通过满足消费者不断增长的、多样化的、多层次的文化需求,来引导文化市场的消费观念。

在产品定价方面,首先,文化企业要明确定价的基本原则:一是利润最大化原则,一般条件下,任何文化企业定价的首要目标都是谋求企业长期内的利润最大化,否则就不能有效生产、实现规模经济,也无法长期生存下去;二是市场占有率最大化原则,除了利润最大化,保持或扩大市场占有率也是文化企业定价要考虑的重要方面,特别是对于具有远大前景规划的大型文化企业来说,市场占有率比短期内的高利润更为重要。其次,文化企业要明确影响定价的主要因素:一是文化市场的需求,这是文化企业进行产品定价的重要依据,因为产品的最高价格取决于文化市场的需求,而文化市场的需求又受到价格和需求变动的影响;二是文化产品的成本,这也是文化产品定价的又一个基本依据,如果产品低于成本价格出售,就不能完全弥补生产成本,文化企业就难以生存;三是政府价格管制,由于政府为了规范文化市场,会对一些文化产品进行价格干预,一般分为最高限价和最低限价两种,因此,文化产品的定价必须在政府允许的价格范围内选择最合适的价格。

在营销策略的实施与管理方面,与其他企业一样,文化企业的营销策略也包括产品、价格、促销和分销,而营销管理包括策划、实施计划以及评估结果等活动,其目的是在可盈利的条件下达到使消费者满意的目标,并在一种整体框架中促成文化企业自身的发展和文化利益的实现。

3. 文化企业的效益

文化企业的效益主要包括经济效益和社会效益。①

(1)文化企业的经济效益。文化企业的经济效益是企业在文化生产经营过程中消耗的成本和获得的收入的比较。同样质量和数量的文化产品,在生产经营中耗费的成本越少,或者获得的收入越多,经济效益就越高,反之,经济效益就越低。

文化企业的经济效益可以分为直接经济效益和间接经济效益。直接经济效益包括:娱乐性文化的直接经济效益,这类文化的直接经济收入是维持其生存和发展的主要经济力量,文化企业所获得的经济效益是娱乐性文化活动存在和发展的条件;知识性文化的直接经济效益,这里的知识性文化是旨在提高人们的知识和技能的文化,这类文化的直接经济效益在市场条件下,完全能够通过市场交换来获得;道德性文化的直接经济效益,道德性文化广泛存在于社会生活的各个领域之中,因此,使包含道德性文化的文化产品具有一定的市场基础也可以为企业带来直接经济效益。间接经济效益包括:文化生产经营的社会影响力,社会影响力可以树立文化企业的社会形象,为企业的发展带来更多的经济效益;文化生产经营活动的规模效益,在短期内这种效益虽然不能完全转变为直接的经济效益,但是,在长期内将会为企业带来更大经济效益;文化生产经营活动对人力资源的开发,这种间接经济效益表现在企业员工工作效率经济效益的提高。

(2)文化企业的社会效益。文化企业的社会效益主要包括:①特定价值观的普及和改变。文化产品是以一定的文化和价值观为核心的,而价值观只有通过具体的文化产品和文化活动才能得到普及和发挥对社会应有的作用,所以,这是文化企业最主要的社会效益。②社会行为的协调。文化企业的社会效益还表现为通过其文化产品规范社会成员的社会行为,调节社会成员之间的关系,促进社会的和谐与进步。③社会生活福利的提高。文化企业的生产经营活动,从一定程度上说,渗透着社会福利的意义,文化作为人类智慧的结晶,在人类社会生活福利的提高过程中起关键作用,而文化产品作为文化的主要载体,必然为社会生活福利的提高做出贡献。

综上所述,文化企业的经济效益和社会效益是统一的。文化企业只有在不断追求自身经济效益实现过程中,才能求得自身的生存和发展、而文化企业的发展、文化产品的丰富又有益于丰富人们的精神文化生活,有益于社会文化的积累和发展,这也是社会效益的体现。

---

① 程恩富:《文化经济学通论》,上海:上海财经大学出版社,1999年,第200~211页。

二、文化利益与文化产业

1. 文化产业概述

(1) 文化产业的概念。文化产业作为 21 世纪最具有发展潜力的行业之一,其在经济和社会发展中的地位逐步显现出来,尤其是大众文化的兴起,使得文化产业越来越受到政府和社会的重视。① 但是,人们对文化产业概念的认识还没有达成一致。20 世纪 90 年代,美国人将文化产业视为"可商品化的信息内容产业"。联合国教科文组织将文化产业定义为:"按照工业标准生产、再生产、储存以及分配文化产品和服务的一系列活动。"2004 年,中国国家统计局从统计学意义上首次对文化产业的概念做出了界定,认为文化产业是指"为社会公众提供文化、娱乐产品和服务活动,以及与这些活动有关联的活动的集合"。

由此看来,文化产业一般包括以下几个层次的含义:一是指生产同类或具有替代关系的文化产品、服务的企业的集合;二是以追求利润最大化为目的,这是文化产业与文化事业的根本区别;三是以满足市场的精神文化需求为主要功能,且这类需求与经济社会发展水平密切相关。

(2) 文化产业的特征。由于文化产业是以文化内容的创造为核心,通过市场化和产业化的组织,和其他行业相比,文化产业有如下特征:②

第一,文化产业是提供文化产品和文化服务的大规模商业运作,以文化内容的创造为核心,通过市场化和产业化的组织形态,进行可持续的简单再生产和扩大再生产,进而满足不断提高的人民精神文化生活的需要。

第二,文化产业以追求利润最大化的企业为核心,在提升企业竞争力的过程中,不断提高文化生产和经营效益。在创造与实现经济利益的同时,也创造与实现文化利益,具有很强的社会效益。

第三,文化产业的核心价值是文化内容,作为一种具有丰富内涵的符号系统,它可以被人们以多种形式反复开发,从中产生出产业的价值和利润。并以此为基础,形成知识密集型产业和创新密集型产业。

第四,文化产业的主体是一条以企业为主的协作链条,把不同的参与者如艺术家、生产商、经纪人、销售商等联系起来,通过分工协作,使文化价值转化成为商业价值,又以商业价值的实现过程促成了文化价值的传播。

(3) 文化产业发展的影响因素。文化产业发展的影响因素,也是对其文化利

---

① Adorno T., W., 1991, The Culture Industry: Selected Essay on Mass Culture, Edited with an Introduction by Bernstein, J. M., Routledge.
② 花建:《区域文化产业发展》,长沙:湖南文艺出版社,2008 年,第 16~17 页。

益产生影响的因素,主要包括资源因素、需求因素、技术因素和制度因素等。①

第一,资源因素。由于文化资源具有很强的本地性,学习模仿的成本比较高,有些文化资源具有不可复制性,因此,文化资源的种类决定了区域文化产业的发展模式;另外,文化产业作为知识密集型产业,文化资源的丰裕程度也决定了文化产业发展的整体创新能力。

第二,需求因素。文化市场的需求是文化产业发展的重要推动力,它决定了文化产业的发展方向,文化需求的总量水平决定了文化产业的市场容量,而市场容量不仅决定了文化产业的分工水平,同时也决定了文化产业实现规模经济和范围经济的有效程度。

第三,技术因素。技术水平的提高为文化产业的发展、升级提供了有力的技术支持,尤其是技术创新,为文化产业的创新提供了广阔的平台,也延伸了文化产业的产业链,提高了文化产业的盈利水平。此外,技术进步也深刻地改变了文化产业的运作模式和管理模式。

第四,制度因素。文化产品一般都涉及知识产权的保护问题,因此,对于知识产权起到保护作用的制度设计就成了文化产业可持续发展的关键。另外,文化产业的发展程度还取决于将文化资源转换为文化商品的能力,这更离不开制度上的激励机制。

2. 文化产业结构

文化产业结构是指社会发展到一定阶段所形成的、反映一定社会文化关系的文化再生产过程中,文化产业之间的相互联系和比例关系。对文化产业结构进行划分和优化,对文化产业的快速成长和文化利益的高效发展有重要意义。

(1)文化产业结构的划分。文化产业结构的划分,是建立产业结构概念和进行产业结构研究的基础,是文化产业经济理论的重要前提,是制定文化产业政策的依据,也是考察文化利益创造、交换、分享和实现状况的要求。

由于人们对文化产业定义的内涵和外延的理解不同,对于文化产业的分类也不尽相同。目前,中国在统计领域广泛采用的是国家统计局2012年制定的《文化及相关产业分类(2012)》,这种分类有助于建立科学可行的文化及相关产业统计制度。具体分类情况见表4-11。

(2)文化产业结构的优化。随着中国市场经济的发展,转变经济增长方式、调整产业结构成为各个产业生存和发展的当务之急。对于文化产业来说,不断地优化产业结构是提高文化产业竞争力、实现文化利益的重要环节。

文化产业结构的优化,包括以下三个方面:①科学化。文化产业结构的科学化是一个动态的系统过程,它是实现文化产业和社会发展供求结构均衡、各个文化产

---

① 顾江:《文化产业经济学》,南京:南京大学出版社,2007年,第35~38页。

业部门协调发展并取得最佳结构的过程,并能够根据不同文化的发展状况不断地进行调整。②高效化。文化产业结构随着现代科技发展、国际分工的深化,能够向高附加值化、高技术化、高集约化演进,从而更充分、更有效地利用文化资源,更好地满足文化建设和文化经济发展的需要,进而实现文化利益的快速发展。③可持续化。文化产业结构既要和文化结构相适应,又要和经济结构相适应,才能实现文化产业的可持续发展,如果偏离了社会文化结构,文化产业就会失去生存的全部基础,即文化内涵,如果偏离了经济结构,文化产业就会失去发展的能力,即经济效益。

表 4-11 文化及相关产业分类(2012)

第一部分 文化产品 的生产	一、新闻出版发行服务	1. 新闻服务
		2. 出版服务
		3. 发行服务
	二、广播电视电影服务	1. 广播电视服务
		2. 电影和影视录音服务
	三、文化艺术服务	1. 文艺创作与表演服务
		2. 图书馆与档案馆服务
		3. 文化遗产保护服务
		4. 群众文化服务
		5. 文化研究和社团服务
		6. 文化艺术培训服务
		7. 其他文化艺术服务
	四、文化信息传输服务	1. 互联网信息服务
		2. 增值电信服务(文化部分)
		3. 广播电视传输服务
	五、文化创意和设计服务	1. 广告服务
		2. 文化软件服务
		3. 建筑设计服务
		4. 专业设计服务
	六、文化休闲娱乐服务	1. 景区游览服务
		2. 娱乐休闲服务
		3. 摄影扩印服务

续表

第二部分 文化相关产品的生产	七、工艺美术品的生产	1. 工艺美术品的制造
		2. 园林、陈设艺术及其他陶瓷制品的制造
		3. 工艺美术品的销售
	八、文化产品生产的辅助生产	1. 版权服务
		2. 印刷复制服务
		3. 文化经纪代理服务
		4. 文化贸易代理与拍卖服务
		5. 文化出租服务
		6. 会展服务
		7. 其他文化辅助生产
	九、文化用品的生产	1. 办公用品的制造
		2. 乐器的制造
		3. 玩具的制造
		4. 游艺器材及娱乐用品的制造
		5. 视听设备的制造
		6. 焰火、鞭炮产品的制造
		7. 文化用纸的制造
		8. 文化用油墨颜料的制造
		9. 文化用化学品的制造
		10. 其他文化用品的制造
		11. 文具乐器照相器材的销售
		12. 文化用家电的销售
		13. 其他文化用品的销售
	十、文化专用设备的生产	1. 印刷专用设备的制造
		2. 广播电视电影专用设备的制造
		3. 其他文化专用设备的制造
		4. 广播电视电影专用设备的批发
		5. 舞台照明设备的批发

资料来源:国家统计局《文化及相关产业分类》,2012 年。

3. 文化产业发展战略

文化产业的发展战略,也是创造、交换、分享和实现文化利益的系统规划。文化产业的发展战略主要包括竞争力战略、资源配置战略和集群化、国际化战略三个方面。

(1)竞争力战略。文化产业是社会文化经济活动的重要主体,也是文化利益的核心载体。随着全球化的发展,现代文化产业之间的竞争不再单纯是产量与价格的竞争,最根本的是文化产业竞争力的竞争,竞争的实质是为了赢得持续的领先优势。因此,提高竞争力是文化产业发展壮大、持续实现文化利益的关键。

文化产业竞争力的实质是文化产业在特定的经营环境下围绕经济效益和社会效益组织生产经营活动,能够满足文化市场需要和文化产业政策要求的持续性文化产品和服务供给能力。具体地说:①创新能力是指文化产业在产品设计、产业链整合、营销与服务等方面的创造能力,通过一定的文化产品创意让消费者容易理解和享受产品的内容和精神实质。②满足市场需求能力,要求文化产业能够通过自身或借助其他手段对消费者的消费能力、倾向和习惯进行分析和预测,生产出符合市场需求的文化产品和服务。③规模经济能力是指文化产业能够通过生产过程的专业化、标准化和科学化,降低生产成本,使文化产品和服务的供给具有稳定性和盈利性,进而实现规模经济。①

(2)资源配置战略。文化资源与其他经济资源一样,在一定条件下,相对于人们的文化需求表现出资源的稀缺性。文化产业在生产经营过程中需要通过优化资源配置,求得生存和发展,充分利用已有的文化资源创造和实现更多的文化利益。

文化产业优化资源配置时,应从以下几个方面加以考虑:①资源配置要与市场的文化需求相适应。文化市场上的文化需求增长速度往往比社会发展速度更快,因此,文化产业一方面要寻找新的途径不断扩大对文化资源的开发;另一方面还要加大对已有资源的整合。②资源配置与产业的生产相适应。由于人们的文化需求是多样化、多层次的,这就要求文化生产也具有多样性、多层次性,所以,为文化生产进行资源配置时,必须具有合理的比例关系,既能保证文化产品的供给,又不造成资源的浪费。③资源配置要同时注重经济效益和社会效益。文化资源是有限的,要求在资源配置中注重配置的经济性,得到最大的经济效益。同时,在配置资源时,又要注重社会效益,否则就会使企业唯利是图、丢弃社会责任,对社会文化发展带来负面影响。

(3)集群化和国际化战略。集群化是文化产业实现规模化、集约化生产经营的客观要求,同时也有助于中国第三产业的整体发展,推动产业结构调整。而产

---

① 付景涛:《文化企业竞争力的内涵、结构与提升战略》,《商业时代》,2008年第24期。

集聚的形成有助于凝聚产品和服务的生产销售能力,减少交易费用,缩短产品和服务的生产销售周期,提高产品价值链的一体化程度。这就要求文化产业,尤其是那些中小文化企业从粗放型增长方式向集约型增长方式转变,发挥各自的协调效应、规模效益和自我强化机制,以提高文化产业的宏观效益和微观效益,实现文化利益。

国际化是文化产业发展的必由之路,传统文化在实现了产业化之后具有了生命力,而在实现了国际化之后,才能传播得更加久远,才能增加传统文化在国外的认同度。特别是在当前改革开放进一步深化的时期,中国的文化产业更加需要采取适当的"走出去"战略,通过与国际文化企业合作,以实现国际化的发展,在国际范围内交换和实现文化利益。此外,文化企业需要根据自身的实际情况选择国际化发展的不同路径,如文化产品的出口、文化贸易服务、文化产品的合作研发、文化产业的直接投资以及建立跨国文化企业战略联盟等。

三、文化利益与文化市场

1. 文化市场的概述

文化市场就是进行文化商品交换的场所,也是以商品形式向人们提供文化产品和文化服务的场所。通过文化市场把文化产品的生产者和消费者联系起来,交换其社会劳动,才能实现文化商品的价值。从广义上说,文化场所是文化商品交换过程中所反映的各种经济关系的总和,它不仅包括文化商品交换的场所,也涉及与文化商品交换有关的各种经济关系。① 因此,文化市场也是文化产品的生产者和消费者交换和实现其文化利益的场所。

(1)文化市场的特点。文化市场作为市场体系的一个重要组成部分,既有市场运动的一般规律性,又有自身的特殊性:①经营内容以文化产品和服务为主。文化市场经营的文化产品和服务,是为了满足消费者的文化需求,文化市场所经营的精神文化产品虽然采取物的形式存在,但是物质材料本身只是一种载体。②交换行为伴随着文化传播活动。物质商品在市场交换过程中,一般不进行文化传播活动,而文化产品的交换行为本质上是一种文化的传播和弘扬。③交换过程存在不转让所有权的情况。与物质商品市场交换过程中必然发生所有权转让的情况不同,文化市场上很多文化产品在交换时,并不让渡所有权(尤其是知识产权)。②

(2)文化市场的作用。文化市场作为文化产品和服务的交换场所,对于引导消费、促进生产、繁荣文化具有积极的作用,主要体现在:①有利于文化产品生产的发展。由于文化市场可以反映出对某一文化产品的流通量和需求量,也可以通过

---

① 程恩富:《文化经济学通论》,上海:上海财经大学出版社,1999年,第200~211页。
② 胡惠林:《文化经济学》,太原:书海出版社,2006年,第123页。

价格变化传递供求信息,有利于文化产品生产者按市场需求生产。②有利于满足消费者的文化需求。由于文化市场的存在,消费者多样化、多层次的文化需求能够在文化市场上通过对不同类型文化产品的选择得到满足。③有利于利用价格杠杆促进竞争。由于文化市场也是市场经济的一部分,必然存在竞争,因而能够促使文化生产者增强竞争观念、提高竞争能力。④有利于文化资源的最优化配置。文化市场是一种力量形态,在文化资源配置上,可以起到一只"看不见的手"的作用,发挥市场在资源配置中的基础性作用。

2. 文化市场的划分与细分

(1)文化市场的划分。文化市场是一个庞大的复杂系统,从不同角度可以划分出不同的类别,主要包括:①按流通区域划分,可以划分为国内文化市场和国际文化市场。②按文化产品性质划分,可以分为文化产品市场和文化服务市场。③按产权形态划分,可以划分为上游文化市场和下游文化市场。④按文化产品的功能划分,可以分为休闲娱乐文化市场和知识教育文化市场。⑤按市场发展层次划分,可以分为初级文化市场、中级文化市场和高级文化市场。⑥按交易内容划分,可以分为文化消费产品市场和文化生产要素市场。

对于文化市场的划分,有利于完善文化市场的建设、发挥市场功能,有利于区分不同的交易主体和不同的交易产品的交易情况,加强对文化市场的调控,同时,也有利于研究不同文化利益发生交换的场所和类型。

(2)文化市场的细分。文化市场细分是指根据文化消费者的消费需求、购买动机、习惯爱好等差异性,把文化市场划分为若干消费者群体,每个消费者群体就构成一个细分市场,进而从若干个细分市场中选择目标市场的方法。文化市场的细分不同于根据营销内容和产品形式划分的文化市场子体系以及子市场。每个文化行业或者各类文化产品市场都可以根据文化消费者的需求差异划分为若干个细分市场,每个细分市场都是由需求和愿望大致相同的文化消费者组成。①

文化市场细分的依据主要包括四类:一是基于地域、气候、人口、城乡等状况考虑的地理因素;二是基于收入、消费、社会阶层等状况考虑的经济因素;三是基于年龄、性别、职业、文化、民族等状况考虑的人文因素;四是基于精神需求、消费习惯、兴趣爱好等状况考虑的心理因素。

由于文化市场是由许多细分市场组成的,或者说,它是由具有类似需求和购买特点的消费者群体组成的,因此,文化生产者要首先划分和研究各个不同细分市场的特点,进而才能根据这些市场的特点,采取相应的生产和营销策略。由此可知,文化企业要在文化市场上交换和实现自身的文化利益,首先要了解市场上的需求

---

① 赵玉忠:《文化市场概论》,北京:中国时代经济出版社,2004年,第243页。

者对文化利益的需求状况,再通过文化产品的生产创造文化利益,最后在文化市场上顺利地进行文化利益的交换。

3. 文化市场的调控

文化市场的调控,就是指国家根据市场经济规律和文化生产自身的规律,综合运用行政、经济、法律等手段,以直接或间接的形式调节控制文化市场的运行。文化市场的调控,既有利于发挥激发、鼓励和推动的激励机制作用,以促进市场的繁荣,又有利于发挥控制、限制和防范违规的约束机制的作用,以保障文化市场的健康发展。[①] 因此,文化市场的调控也是正确引导市场主体进行文化利益创造、交换、分享和实现活动的必然要求。文化市场的调控手段,具体地说,有以下几种:① 行政手段,是国家文化、经济和社会行政管理部门依法履行其行政管理职能,对进入市场的当事人及其交易行为和交易活动实行规划、组织、引导、协调、监督和控制。② 经济手段,是国家经济行政管理部门通过价格、税收、利率等经济政策和资助、补贴等经济措施调控市场供求关系,从而引导市场经营活动的良性发展。③ 法律手段,是国家通过立法、执法和司法手段,协调市场经营和管理活动中的各种社会关系,建立有序的市场运行秩序,保护合法的交易行为和经营活动,取缔非法的交易行为和经营活动,解决市场经营和管理中的各种纠纷。[②]

在现代市场经济下,文化市场的调控主要以市场机制调控为主与政府宏观调控为辅相结合的方式。文化市场的这种调控方式使得文化利益的交换与实现活动既能够按照市场规律行事,又不至于放任自流、失去约束。

第四节 企业和产业文化利益的现状分析

对于中国企业、产业文化利益的现状分析,同样按照上文中理论分析的思路,选择中国文化建设中的文化产业作为研究重点,原因是:虽然任何企业都可以创造和实现一定的文化利益,但是,相比较而言,文化产业是社会文化利益创造的核心力量,更能展现中国文化建设的面貌。因此,本书结合中国改革开放三十多年来文化产业发展的相关数据,对中国的文化产业发展进行分析。

---

① 程恩富:《文化经济学通论》,上海:上海财经大学出版社,1999年,第166页。
② 赵玉忠:《文化市场概论》,北京:中国时代经济出版社,2004年,第470~472页。

一、整体分析

1. 总体态势

自从1978年改革开放以来,中国的文化产业从无到有、从小到大,经历了一个快速发展期。特别是近年来,随着文化体制改革的不断深入,文化产业在国民经济中的地位不断显现,文化产业发展的框架已经建立,产业链条得以拓展,产业布局也初步形成。总体上呈现以下态势:①

(1) 文化产业结构趋于合理。根据2012年国家统计局公布的统计数据,2011年文化产业实现增加值已经超过12000亿元,约占GDP的3%以上;从业人员将近2000万人,占全国就业总人口的2.5%以上。文化产业在国民经济中的地位不断上升,产业规模和发展速度在不断增大,文化产业结构与以前相比也更加合理:从文化产业法人单位的数量(80:20)、拥有资产(96:4)、营业收入(99:1)、实现增加值(90:10)等指标看,经营性产业单位都大大高于公益性事业单位,说明产业化结构已经形成,文化利益的创造已初具规模。

(2) 数字化推动新兴文化产业的发展。2006年中国发布了《国家"十一五"时期文化发展规划纲要》,明确提出了"积极发展以数字生产、网络化传播为主要特征的数字内容产业"的战略任务,各大文化产业推进项目都与数字技术相关,国家高度重视新兴文化产业的发展。特别是广电网、电讯网和互联网的快速发展,截至2011年末,中国拥有5亿家庭电视用户、2.85亿固定电话用户、9.86亿移动电话用户和5.13亿互联网用户,从而为文化产业的数字化发展提供了有利的条件,也为文化利益的创造开辟了新的途径。

(3) 产业链条上移。文化资源开放与文化遗产保护位于文化产业链条的上端,是中国文化产业可持续发展的基础,也是文化利益创造的源泉。近年来,中国文化成了对全球文化市场具有强烈吸引力的、高水平的战略资源。在这一背景下,中国保护文化遗产的呼声不断升高。2004年,文化部启动了"中国民族民间文化保护工程";2011年召开的党的十七届六中全会,也强调国家重大文化遗产是发展先进文化的深厚基础,要加强对优秀传统文化的挖掘和阐发。目前,各个省、市、自治区都成立了相关保护和研究机构,为文化产业和文化利益的可持续发展提供了制度性保障。

2. 基本情况

随着中国文化产业结构不断发展,文化利益格局不断完善,文化产业的规模也不断壮大,各类机构和从业人员的数量迅速增加,同时,文化产业中的国有经济、集

---

① 张晓明、胡惠林、章建刚:《走进"十一五":发展文化产业的新综合与新视野》,载张晓明等主编《2007年中国文化产业发展报告》,北京:社会科学文献出版社,2007年,第4~9页。

体经济和其他经济之间的比例也发生了巨大变化。2011年,中国文化产业的基本情况如表4-12所示。

其中,文化部门的构成中,国有经济、集体经济和其他经济的比重如表4-13所示,无论在机构数量还是从业人数方面,其他经济成分占据绝对优势地位,而国有经济和集体经济比重极小。同时,这也说明其他经济成分的企业对产业中文化利益的创造发挥了重要的作用。

由于文化产业的发展,文化产品生产与销售的增加,以及人民群众收入与消费水平的提高,使得中国的文化市场恢复了生机,市场上的经营机构和从业人员规模不断扩大,营业收入与资产总额也获得了快速增加(如表4-14所示)。文化市场的发展为文化产业交换、分享和实现文化利益提供了重要的平台。

表4-12 2011年中国文化产业基本情况

项目	总计		文化部门		其他部门	
	机构数	从业人数	机构数	从业人数	机构数	从业人数
总 计	310091	2212956	63739	595569	246352	1617387
艺术业	9227	270474	4061	160323	5166	110151
公共图书馆业	2952	54475	2952	54475	0	0
群众文化服务业	43675	147732	43675	147732	0	0
艺术教育业	149	12917	149	12917	0	0
文化市场经营机构	240362	1468094	50	2711	240312	1465383
文艺科研机构	222	3832	222	3832	0	0
文物业	5728	111338	5456	105462	272	5876
其他文化及相关产业	7638	139710	7068	105314	570	34396

注:数据来源于国家统计局《中国统计年鉴2012》。表中单位依次为:个、人。

表4-13 2011年中国文化部门的结构

文化部门	国有经济		集体经济		其他经济	
	机构数	从业人数	机构数	从业人数	机构数	从业人数
数 量	62992	574152	365	8915	382	12502
比 重(%)	98.83	96.40	0.57	1.50	0.60	2.10

注:数据来源于国家统计局《中国统计年鉴2012》。表中单位依次为:个、人。

第四章 文化利益的微观实践

表4-14 2010年中国文化市场经营机构的基本情况

	机构数	从业人数	资产总额	营业收入
总　计	244697	1388868	161508449	36496780
演出经纪机构	1459	14227	4024121	1765063
娱乐场所	85854	703520	76355524	18109720
经营性互联网文化单位	484	33952	16655621	8030584
互联网上网服务营业场所	140376	584912	58643058	6908631
艺术品经营机构	2308	9840	1764786	647957
其他经营机构	14074	37859	2597878	367985
文化市场连锁经营机构	142	4553	1467461	666840

注:数据来源于《中国社会统计年鉴2011》。表中单位依次为:个、人、千元、千元。

二、具体分析

根据前文中所提到的《中国文化及相关产业分类(2012)》,可以把文化产业分为两个部分十大类。本部分内容将重点选取出版产业、电影产业、广播电视产业、演艺产业和动漫产业五个具有代表性的文化产业进行分析。

1. 出版产业

中国的出版产业作为文化产业的一支重要力量,自改革开放以来,获得了长足的发展。在图书、期刊和报纸的出版发行数量上呈现出了快速增长的态势,在为社会营造文化氛围方面,起到了巨大的作用,也成为文化利益实现的一支重要推动力量。中国出版产业在改革开放以来的发展情况如表4-15所示。

表4-15 改革开放以来中国出版业的发展情况

年份	图书		期刊		报纸	
	种数(种)	总印数(亿册)	种数(种)	平均期印数(万册)	种数(种)	平均期印数(万份)
1978	14987	37.74	930	6200	186	4280
1985	45603	66.73	4705	23952	1445	19107
1990	80224	56.36	5751	16156	1444	14670
1995	101381	63.22	7583	19794	2089	17644
2000	143376	62.74	8725	21544	2007	17914
2005	222473	64.70	9468	16286	1931	19549
2010	328387	71.70	9884	16349	1939	21438
2011	369523	77.10	9849	16880	1928	21517

注:数据来源于国家统计局《中国统计年鉴》相关各期。

2. 电影产业

在中国社会发展过程中,电影产业在满足人民群众精神文化需求方面起到了积极的作用。尤其是改革开放以来,中国经济的高速增长,为电影产业的发展创造了条件,进一步提高了电影产业在文化利益实现上的贡献率。我们以当前电影生产中比重最大的故事片生产为例(如图4-7所示),1978年,中国电影的产量只有46部,在1981年时就已增加到105部,并于1992年达到170部。20世纪90年代末到21世纪初期,中国电影经历了一次生产的低谷,但是,随后便出现了快速的增长,到了2011年,电影产量已经达到558部之多。另外,中国电影产业的总产值已超过50亿元。自1999年以来,电影的票房收入也由8.1亿元上升到2011年的131.2亿元(如图4-8所示)。

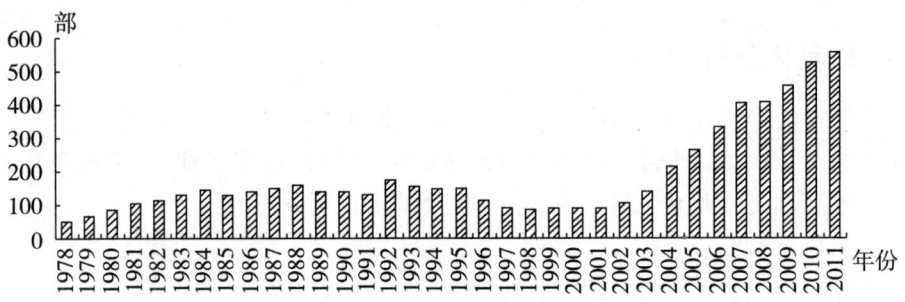

图4-7 中国电影片产量情况(1978~2011年)

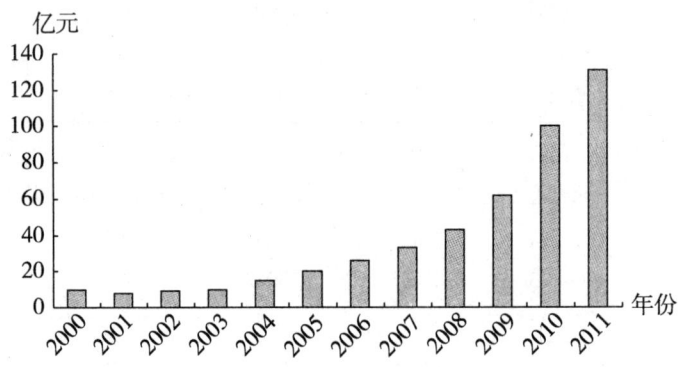

图4-8 中国电影票房收入情况(2000~2011年)

3. 广播电视产业

广播电视产业作为中国文化产业中的一个重要支柱,自改革开放以来,随着国民经济的发展,取得了显著的进步。特别是20世纪90年代以来,中国实施了村村通广播电视的"村村通"工程,大幅度提高了广播电视的覆盖面,为文化利益的创造为全体人民所享有起到了极其重要的作用。

截至2011年,中国广播电视从业人员达到78.64万人,共建有中、短波转播发射台827座,调频转播发射台1.14万台,电视转播发射台1.54万台,且结构与分布日趋合理。广播节目综合人口覆盖率达到97.06%,电视节目综合人口覆盖率达到97.82%,有线广播电视用户达到2.03亿户,为中国文化传播事业以及文化利益的创造和实现提供了重要的平台。1995年以来,广播电视制作节目数量大幅度提高,产业化运作初具规模,2011年广播节目、电视节目制作分别达到694万小时和295万小时,是1995年的2.97倍和7.69倍(如图4-9所示)。同年,中国电视节目的进、出口总额分别达到5.41亿元和2.27亿元,当年全国广播电视收入更是高达2717.32亿元。

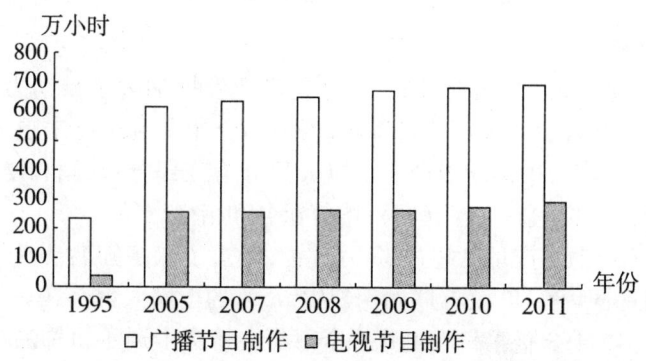

图4-9 中国广播电视节目制作的发展情况

4. 演艺产业

自1978年改革开放以来,市场经济的迅速发展,使得中国的演艺产业的发展空间不断扩大。2005年之后,由于新的政策法规的出台,演艺业的发展环境得到了根本的改观,发展条件迅速优化,演艺产业在体制、资源、机制方面的活力得以逐步释放,国家演艺团体重新焕发活力,民营演艺团体业快速崛起,使得文化生产力不断得到解放和发展,文化利益的创造和实现水平大幅度提高。

图4-10反映了改革开放三十多年来,中国演艺产业发展的基本情况。20世纪90年代初到21世纪初,演艺团体总数没有发生明显的变动,基本上维持在2600个左右,但是结构却发生了明显的变化,在市场机制的作用下,落后的团体遭到了淘汰,能够满足人们精神文化需求的新兴演艺团体不断涌现,尤其是2006年之后,国家允许非公有资本进入文化产业,使得演艺团体数量迅速增加到4512个,比2005年增加了57%。此外,演艺收入也随着演艺产业结构的优化而不断攀升,

2011年达到154亿元,年均增幅超过20%。

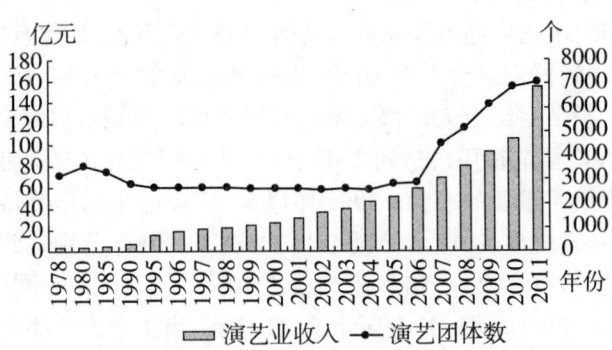

图4-10 中国演艺业发展情况(1978~2011年)

5. 动漫产业

随着"十二五"规划的出台,国家对文化产业发展加大了推动力度,在文化产业中占据了儿童和青少年大部分份额的动漫产业,也受到了越来越多的人群和投资机构的关注。目前,中国动漫产业可以大致分为三部分:动画和漫画制作;动漫媒体(垂直影院、电视、杂志、互联网);增值业务和衍生产品。

2011年,国产动画产量已超过33万分钟,涵盖了众多知名动漫品牌和新兴动漫产品。同时在国内5.13亿互联网用户中,75%的上网人群会在一年当中观看或者消费动漫产品。1.3亿手机网民几乎全部都会购买卡通手机饰品和下载相关的漫画动画手机主题或者铃声。

随着中国人口城市化的加快,动漫产业最终消费者逐渐从以儿童为主转变成以年轻人群为主,目前中国约有4亿儿童,6亿成人为孩子的父母。4~14岁儿童家庭月均为孩子消费919.88元,其中具有动漫元素的产品占据66%左右,已占家庭消费总支出的34.82%;作为现代儿童父母的主流人群,20~40岁的青年人更具有品牌消费意识,而且对动漫产品的接受程度非常高,并且收入水平较高,成为动漫产品和儿童产品的主流付费消费者。这也有助于实现和发展少年儿童和青年人群的文化利益。

2011年的中国动漫产业,不管从企业数量、动漫产品品质数量、消费人群和行业营收规模来看都有了大幅度提升。当年,有多部动漫作品投入过千万元,甚至过亿元,衍生产品等增值业务规模扩大到千亿级别,个别动漫产品(如"喜洋洋"系列)票房超越1.4亿元,在这种发展形势下,将会在整个文化产业中诞生更多的龙头和上市企业。

三、基本结论

本章采用改革开放三十多年来经济发展和文化建设的相关数据,通过对中国文化产业整体情况以及各个主要行业发展情况的分析,发现中国文化产业在这三十多年间获得了全面的发展。文化产业经历了一个从无到有、从小到大的发展阶段,并借助中国经济的快速增长以及科学教育水平的发展,逐渐成为第三产业发展的中坚力量,也成为中国经济社会发展的一支重要推动力量。毋庸置疑,文化产业的发展壮大也为文化利益的创造、交换、分享和实现打下了坚实的基础。文化产业的崛起,带动了文化经济的发展,使文化利益和经济利益之间的联系日益密切,使得经济利益中的文化因素更加明显,也使得文化利益趋于以经济利益的形式体现,即经济利益的文化化和文化利益的经济化。

通过以上的现状分析,我们认为,中国文化产业在改革开放三十多年中的发展状况基本上反映和验证了前文中所阐述的企业、产业文化利益的理论。当然,在文化产业中的文化利益获得实现和发展的同时,我们还发现,中国文化产业的潜力尚未完全发挥出来,在文化利益的创造方面,还存在效率不高、规模不大、结构不合理以及布局不科学等问题,这些问题都在很大程度上制约了中国企业、产业文化利益的长远发展。如何提高文化企业和产业的效率和规模,进而提高文化利益的发展水平,推动社会主义文化大发展大繁荣,是亟待解决的问题。

第五章 文化利益的宏观实践

对于文化利益的宏观分析,结合中国文化建设的宏观实践,主要从两个角度展开:一是国内经济角度;二是国际化发展角度。本章首先从文化与经济增长、文化与区域经济以及文化共同体发展的角度,阐述文化利益与国内经济之间的理论关系,进一步结合中国各地区的实际数据,运用面板数据技术,对文化利益与国内经济之间的关系加以实证分析。其次以国家为主体,从国家文化安全角度、文化对外开放角度以及国际文化贸易角度,探讨国家文化利益发展的国际化道路。

第一节 文化利益与国内经济的理论分析

一个国家或地区文化利益的发展,与该国或地区的宏观经济密不可分,通过前文的理论分析可以知道,宏观经济的发展决定着该国或地区文化利益的发展,而文化利益的发展又可以影响该国或地区的宏观经济发展。本节将从经济增长、区域经济和文化共同体三个方面入手,对文化建设中的文化利益发展进行宏观考察。

一、文化利益与经济增长

文化利益与经济增长之间的关系,是对文化利益宏观考察的一个非常重要的组成部分,也是文化利益与经济利益关系的主要体现。在评述已有的文化与经济增长的关系理论的基础上,探索文化利益对经济增长的作用机制。

1. 文化与经济增长关系理论的评述①

(1)新经济增长理论。自20世纪60年代以来,新经济增长理论逐步地将人力资本及传统文化等内在因素与经济发展联系起来,原来长期被传统经济学忽视的人力资本、文化和制度等所谓的非经济要素被纳入经济发展模型中。罗默、卢卡斯、贝克尔等人力图把技术进步和人力资本这两大增长因素内生于经济增长模型中,从而较之索洛模型更好地解释了现代经济增长。从此以后,围绕经济增长源泉问题的研究从生产要素领域深入到了文化领域。

(2)新制度经济学理论。以哈耶克、道格拉斯·诺斯等为代表的新制度学派也将文化作为"非正式制度"的一个重要内容纳入经济学体系中进行研究。他们认为,制度无非是文化进化的结果,是各个小群体、个人的规则被更多的人接受而上升到社会规则的结果。现代经济增长的发源与文化变迁是分不开的,这种文化变迁是通过道德观念的传播得以实现的。新制度经济学应用文化因素来解释经济增长,认为意识形态是影响经济效益的个人选择的关键。

(3)经济发展理论。以约瑟夫·熊彼特为代表的经济发展理论学者,认为经济发展的根本现象是"创新",而创新的主体是企业家。企业家是推动经济增长的"灵魂",是创新和经济发展的主要组织者和推动者,企业家之所以能推动经济的发展,关键在于企业家具备一种不同于常人的"企业家精神",而企业家的这种创业、创新动机、热情和意志,必然是在一定的社会文化氛围中得以孕育的。经济发展理论最大的贡献就是把人的品质,即企业家精神,引入到了经济学框架中。

(4)马克斯·韦伯理论。社会学家马克斯·韦伯认为,资本主义的兴起是一种根植于宗教信仰的文化现象。其理论指出,理性资本主义的产生,一方面来自理性的经济主义,另一方面取决于个人与某种群体的理性行为,而理性的行为则受到某种理性文化的影响,某种理性文化的发展又受到宗教和各种神秘力量的制约。韦伯理论最大的贡献在于把资本主义的发展与新教文化联系起来,从此,文化与经济发展的关系也成为了人文学科的研究对象。

2. 文化利益对经济增长的作用机制

通过对已有文化与经济增长关系理论的评述,得知文化因素对经济增长产生影响,必然是由于文化利益的产生和实现进而作用于经济之上的,以下将提出文化利益对经济增长的作用机制,即文化利益通过影响文化环境、人力资本、技术进步和制度安排对经济增长产生作用。②

---

① 张佑林:《区域文化与区域经济发展》,北京:社会科学文献出版社,2007年,第15~28页。

② Bowles Samuel, 1998, Endogenous Preferences: The Cultural Consequences of Markets and Other Economic Institutions, Journal of Economic Literature, Vol. 36, No. 1, pp. 75 - 11; Cochran Thomas C., 1958, Cultural Factors in Economic Growth, Proceedings of the American Philosophical Society, Vol. 102, No. 2, pp. 164 - 167.

文化利益理论与实践

（1）文化环境。对于一个国家或者一个地区来说，文化是经济发展水平的重要表现。文化是社会文明程度的一个显著标志，文化可以改善投资环境，文化可以创造财富，文化可以释放出生产力。一个文化环境就是一个思想意识的总和，它是在历史发展过程中逐渐形成的，反映了这一环境之中特定的人文历史气息。文化环境能够对所处其中的人们产生全面而深刻的影响，它不仅使人们在社会生活的方方面面都具有了人文特色，也使整个经济社会的发展打上了深刻的文化烙印。一个良好的文化环境可以潜移默化地影响着人们的思想观念、道德品质、行为规范，并可以让人们充分享受到这种环境所带来的文化利益，进而对其经济行为产生影响，最终让文化因素成为经济增长的一个动因。

（2）人力资本。文化利益对人力资本积累的作用主要体现在提高人力资本的质量上，首先，通过对人力资本投资的态度，也就是对教育的重视程度起作用。如果一个国家的文化是非常尊师重教的，不难理解，这个国家必然从这种尊师重教的文化中获得了文化利益，并愿意将这种文化传承下来，那么，这个国家的文化教育水平也会相对较高，进而培养出大量高素质的劳动者，生产力水平也会相应地提高，这反过来又会进一步促进对人力资本的积累。其次，通过影响劳动者的工作态度来起作用。如果一种文化在休闲与劳动的效用之间比较时，倾向于积极劳动会获得更多利益，那么，该文化区域的劳动时间就会更长，在劳动中创新的机会就会更多，劳动效率也会更高，人力资本积累得也更快。①

（3）技术进步。文化利益对技术进步的影响主要通过对技术创新的影响形成的。文化利益的一个重要表现就是科学知识的获得，这恰好能为人进行技术创新提供必要的知识准备，同时，文化也影响和制约着人的思维方式、行为方式和生活方式，因此，技术创新需要文化利益的支持，只有创新的文化环境才能不断地创造文化利益，进而不断地产生出创新活动。此外，文化利益对技术进步的影响还体现在是否有利于从别国引进新技术，如果一个国家具有一种开放的文化精神，愿意接受外来的新事物，能够从中获得文化利益，那么，该国这种开放的文化将会有利于获得国外先进的新技术；而排外的文化则不能从外界获得文化利益，自然不利于引进新技术，不利于本国的技术进步。②

（4）制度安排。制度包括正式制度和非正式制度，前者是指以某种明确的形式被确定下来，并由行为人所在的组织进行监督、用强制力保证的行为规范；后者

---

① Satow T., Wang Z., 1994, Cultural and Organizational Factors in Human Resource Management in China and Japan: A Cross-cultural and Socio-economic Perspective, Journal of Managerial Psychology, Bradford, Vol. 9, Iss. 4.

② Drucker P. F., 1961, The Technological Revolution: Notes on the Relationship of Technology, Science, and Culture, Technology and Culture, Vol. 2, No. 4, pp. 342–351.

是指人们在长期交往中自发形成并被人们无意识接受的行为规范,主要包括价值道德、风俗文化习惯、意识形态等,文化因素属于非正式制度的范畴,且处于核心位置。非正式制度来自于文化的传承,而文化传承的一个重要的激励,就是这种文化所拥有的巨大的文化利益。正式制度常常是依照一定的价值观念、意识形态建立起来的;而正式制度确立以后,必将约束人们的行为选择成为一种新的行为习惯和伦理观念,即非正式制度。在文化及其利益的实现与正式制度兼容的情况下,经济运行所需的交易成本较低,而经济增长绩效相应较高。

文化利益对经济增长的作用机制如图5-1所示。

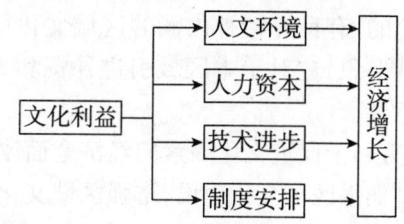

图5-1 文化利益对经济增长的作用机制

二、文化利益与区域经济

区域文化利益的创造、交换、分享和实现,必然是以区域文化为基础、以区域文化产业为工具的,同时,区域文化、文化产业与区域经济的关系密不可分,本部分内容将以区域文化及文化产业与区域经济之间的关系为切入点,对区域文化利益加以分析。

1. 区域文化与区域经济

(1)区域文化。所谓区域文化,是指生活在特定区域的人群在从事物质生产、精神生产和社会生活中所形成的具有浓厚的地域特色的价值观念、思维方式、人文心态、民族艺术、风俗习惯、道德规范等的总和。它是由特定区域的地理环境、人们的经济生产方式和社会生活方式以及历史传统所决定的一种地域性文化。

区域文化的形成是一个漫长的过程,对事物的影响也是非常深刻的。中国在五千年历史发展进程中,由于文化的独特功能,使得分布在一定地理空间内的由若干文化元素组成的文化簇,形成了各具特色的区域文化。诸如吴越文化、三晋文化、岭南文化、齐鲁文化、荆楚文化、巴蜀文化等,文化因其深厚的底蕴使得各个区域在经济社会发展中创造并实现了各自的文化利益。

区域文化一般具有以下特征:一是时空上的传承性和兼容性,使区域文化具有了明显的地域文化特征;二是本质上的地域性和同化力,它时刻影响着人们的思想和行动;三是内容和形式上的可塑性和创造性,区域文化既是传统的又是开放的,它的开放性决定了区域文化的可塑性和创造性。①

(2)区域文化对区域经济的作用。区域文化的特性,在作用于区域经济的过程中,使文化利益得以体现和发展,主要表现在以下几个方面:

第一,区域文化对区域经济的发展有着重要的推动作用。区域文化是在历史发展过程中逐渐形成的,它反映了一个地区特定的人文历史境遇,也构成了这个地区基本的人文特色,区域文化既影响着人们的思维、观念、价值取向和精神面貌,又对人们的经济行为发挥导向作用,进而对区域经济的发展产生影响。②

第二,区域文化有利于提升和丰富区域形象,有利于该地区开展经济合作、整合经济要素。一个有特色的、有良好精神内涵的区域文化可以使本地区在外部树立一个良好而深刻的区域形象,这对于本区域引进外资和人才及与外部进行经济交流与合作有着积极的意义。

第三,区域文化建设有利于促进文化因素向经济全面渗透,使文化力成为区域经济的核心竞争力。通过加强区域文化建设,增强区域文化素质、促进文化引导经济、经济培育文化,可以使区域文化和区域经济之间形成良性互动机制。

第四,区域文化有利于培育和推动区域文化产业、旅游产业的发展。随着经济和社会的快速发展,文化产业在国民经济中的地位和重要性日益突出,倡导文化消费,发展文化产业不仅可以提升和全面满足人们的精神文化需求,而且有利于经济的可持续发展。

2. 文化产业与区域经济

(1)文化产业对区域经济的推动作用。区域经济与文化产业,涉及两个内容非常广阔、具有深刻内在联系的领域,那就是区域经济的发展与文化产业的贡献。概括地说,区域经济的发展有赖于文化产业的贡献,文化产业的贡献包括文化产业强大的推动力,这种推动力表现为:文化产业的发展对区域社会经济资源、文化资源的优化配置,推动区域产业结构的调整与升级,转变区域经济的增长方式,培养和聚积区域人力资本,增加知识和技术在区域经济增长中的贡献度等。

在任何一个区域中,要在知识经济时代获得可持续增长的强大动力,就要培养知识型优秀人才,激发他们的创造活力,推动产业结构的升级和区域经济的发展。如果一个区域中,开启发达的文化产业来创造大量的文化产品和文化服务,吸引知识型优秀人才,同时,让劳动者获得丰富的文化体验,使他们获得人文精神和知识的良好修养,那么人力资本的聚积程度将是非常巨大的。所以,文化产业的发展对

---

① 张玮:《区域文化对区域经济的影响分析》,《特区经济》,2006年第2期。

② Gene E. ,1996, Economic Beat: A Culture's Traditions, an Economist Argues, Can Help Shape Economic Performance, Barron, Chipcopee, Nov. 25, Vol. 76, Iss. 48, pp. 50.

区域经济的发展具有极其重要的意义。

（2）区域经济对文化产业的影响。由于文化产业总是在一定的空间区域中分布和展开的,文化产业对市场空间和生产要素的需求,决定了它对区域的选择性,而区域所拥有的市场空间和资源要素,决定了它对文化产业的需求性。当一个区域的经济社会发展达到一定的程度,就需要文化产业来提供强大的经济动力和文化促进能力,而文化产业达到一定的水平,也要在某一个区域的一体化发展过程中,获得丰富的资源和广阔的市场空间;文化产业同时也受到区域经济发展的内在制约,既要充分利用区域的文化资源,又要突破区域条件的局限,并且向跨区域发展,因此演化出了多种多样的区域文化产业路径和模式。

三、文化利益与文化共同体①

近年来,文化共同体的出现,为区域文化利益的创造、交换、分享和实现提供了全新的平台。文化共同体指的是一个建立在文化认同基础上的、区域性的合作组织,是区域文化利益实现的一个有效平台。② 如何加快文化共同体的形成与发展,提高文化共同体对区域经济发展的推动力,是一项相当复杂的工作。本部分内容从以交易成本为基础的激励机制的视角出发,利用关联博弈模型对文化共同体的形成进行分析。

1. 交易成本

由于文化共同体是建立在文化认同基础上的一个区域性合作的组织,其成员之间存在着相互协作的关系。因此,文化共同体在机制设计上,将会使各成员面临以下三种成本的变化:

（1）文化共同体成员必须要承担起维护共同体发展的义务,即为整体的协调发展付出一定的努力,支付一定的成本。随着文化共同体发展水平的提高,成员为共同体的发展所支付的成本也逐渐增加。

（2）由于加入一个文化共同体,就意味着得到了其他成员高度的文化认同,这样有利于降低个体成员的交易成本,提高自身的利益。个体成员的交易成本随着文化共同体的发展水平的提高而不断降低。

（3）成员(尤其是较为落后的成员)在加入文化共同体之后,可以要求共同体对自己进行帮助。这属于共同体针对个别成员提供的服务,可以提高个别成员的获益,但是,成员需为此支付一定的成本。

不难看出,每个成员都希望通过加入文化共同体来降低自身的交易成本,获取

---

① 吕健、余政:《文化共同体的经济学分析:激励机制的视角》,《世界经济情况》,2008 年第 12 期。
② Sergiovanni T. J. ,1994,Building Community in Schools,San Francisco,CA:Jossey – bass Publishers;Kneller F. ,1965,George Educational Anthropology:An Introduction,New York:John Wiley and Sons Inc.

共同体给予的个别帮助,实现利益最大化;同时,又不愿意积极地去为了维护共同体的发展而支付成本。这样的话,加入文化共同体搭便车的行为就出现了,当搭便车的行为变得非常普遍时,共同体将无法存在与发展。

2. 关联博弈

如何克服搭便车的行为呢？文化共同体必须通过机制设计来产生一种威胁,这种威胁对于促成各个成员维护共同体发展的高水平合作是切实有效的。我们将借鉴青木昌彦发展的"关联博弈"模型,进行具体分析。① 所谓关联博弈,就是指参与人把两个或两个以上域联结起来考虑策略选择的博弈。参与者在一个域的策略选择会影响在其他域的策略选择,当联结这些博弈时,就可以会合单独博弈时不同域的激励约束,从而有助于放松单个域的激励约束条件,②这样,既保证了参与人组成的组织满足激励约束,也保证了组织的自我维系。③

(1)基本博弈。假设一个地区有 N 个均质的个体组成一个文化共同体,每期他们都同时参加三个博弈:维护共同体发展的博弈、共同体内社会活动的博弈、获取个别帮助的博弈。

博弈1:这是维护共同体发展的博弈。成员可以从策略集(努力,偷懒)中进行选择。假定每个成员努力维护的每期成本为 C_i,如果大家都努力维护,每个成员从共同体中所获得的每期收益为 B_i;如果有 n 个成员偷懒,则每期收益为 $B_i - nd_i$,其中,d_i 表示一个成员偷懒会给非偷懒成员造成的收益减少量。我们假定:

$C_i > d_i$ 且 $C_i < Nd_i$

第一个不等式意味着每个成员都有选择偷懒策略的动机;第二个不等式表明偷懒策略给整个文化共同体所带来的外在不经济效应。在这种假定下,如果该博弈是在单独的域中进行的,其结果将会导致成员普遍的搭便车行为,从而使得共同体无法形成。

博弈2:这是文化共同体内各成员之间的社会活动博弈。由于共同体内各成员间有着高度的文化认同,在经济社会发展的诸多社会活动领域内,各成员从博弈策略集(合作,不合作)中选择合作策略,可以大幅度地降低交易成本,提高自身利益。设每个成员选择合作策略所支付的成本为 C_s,同时从合作中获得利益,其数量是其他成员数目的非递减函数 $B_s(n)$,其中 n 代表参与文化共同体中的成员数目。假定存在 m≤N,使得对于所有满足 m≤n<N 的 n 有 $B'_s(n) = 0$,即文化共同体内部社会活动生产率存在一个饱和点。

进一步假设成员在共同体内的社会活动中的博弈也是无限期重复博弈,并假

---

① 青木昌彦:《比较制度分析》,上海:上海远东出版社,2001年,第79~105页。
② 冯巨章:《企业合作网络的边界——以商会为例》,《中国工业经济》,2006年第1期。
③ 张旭昆、秦诗立:《商会的激励机制》,《浙江大学学报》(人文社会科学版),2003年第3期。

第五章 文化利益的宏观实践

设每个阶段博弈开始时,任何成员都可以被其他成员驱逐,如果它违背了共同的价值观念或者损害了文化共同体的声誉。我们不妨假定博弈1和其他两个博弈是分开的,如果共同体内N个成员都选择合作策略而没有发生驱逐事件,那么,成员合作的激励相容条件是:

$C_s < \delta \cdot [B_s(N) - C_s]/(1 - \delta)$ 或等价地 $C_s < \delta \cdot B_s(N)$

δ 是成员的时间贴现率,也就是说,成员采取合作策略的成本 C_s 要小于因被驱逐而损失的未来收益之和的贴现值 $\delta \cdot [B_s(N) - C_s]/(1 - \delta)$,这部分可以看作是成员的社会资本。我们假定当 δ 充分大,即成员有足够耐心时,上述条件将成立且有一定的松弛量。令 z 代表松弛量,且 $z = B_s(N) - C_s$,它可视为社会资本的收益流量。

博弈3: 这是成员从文化共同体内获取个别帮助的博弈。我们假设共同体在提供个别帮助时,成员需要支付一定的成本 C_p,并能够从中得到收益 B_p。因为个别帮助是共同体应个别成员的要求提供的,成员只需在提出请求时才会支付一定的成本,因此无须考虑贴现因素,这一点与博弈2不同。具体地说,在这个博弈中,成员有策略集(积极,消极),其积极要求共同体提供个别帮助的激励相容条件是:

$C_p < B_p$

由于要求共同体提供个别帮助是成员的自愿行为,因此,该条件一般能够得到满足。不妨设 $y = B_p - C_p$,则有 $y > 0$。

(2) 关联博弈的验证。现在假定由成员组成的文化共同体是无限期持续下去的,那么以上三种博弈每期都重复进行下去。每个成员根据前一个博弈结果协调每个博弈的策略。假定每个成员相继采取以下策略组合:①每个成员在每期的三个博弈中,要么采取(努力,合作,积极)的策略组合,要么采取(偷懒,不合作,消极)的策略组合而退出共同体。②对于任何在博弈1中采取偷懒策略的成员,其他成员一律将它驱逐出共同体内所有未来的社会活动。假定每个成员的信念是,其他成员已经并且继续将选择上述策略组合,除非事实上出现了偏离上述策略组合的情况。接下来,我们将验证该策略组合及上述信念是否构成一种均衡。

验证1: 要验证上述策略组合是否存在均衡,只需验证在任何时候,偏离上述策略组合对成员是无利可图的。在以上三个博弈关联的情况下,企业采取(偷懒,不合作,消极)的策略组合,可以节省本期和未来各期的成本 $C_i + C_s + C_p$,而代价是放弃了合作可能带来的本期和未来各期的收益 $d_i + \delta \cdot B_s(N) + B_p$。因此,每个成员采取(努力,合作,积极)策略组合的激励约束条件是:

$C_i + C_s + C_p < d_i + \delta \cdot B_s(N) + B_p$ 或 $C_i < d_i + z + y$

所以,即使博弈1的激励约束($C_i < d_i$)不满足,但如果满足另外两个博弈的激励约束且有足够大的松弛量($z + y > C_i - d_i$),上述不等式仍可以成立。因此,关联

· 145 ·

博弈放松了激励约束。

验证 2:即验证第二个条件,在博弈 2 中,只要不合作成员的数目小于 N-m,其他成员与不合作成员的合作就根本没有好处。另外,驱逐任何愿意合作的成员也没有好处。虽然成员在非关联状态下的博弈 1 中有着很强的搭便车动机,由于共同体的驱逐威胁是可信的,所以,在一个文化共同体中有大于 m 个成员的合作便可以构成一种均衡结果。从而上述均衡组合的第二部分提供了一种自我维系的信念,它使得成员对不合作的后果有了共同的认识,从而使自己的实际行动合乎准则。

通过以上关联博弈分析,可知文化共同体的形成机制的设计,只要在一定条件下($C_i < d_i + z + y$)是可以满足激励约束的,且这种约束具有稳定性。因此,为了促使激励约束条件的成立,限制搭便车的动机,以促进区域文化共同体的形成与发展,必须要做到:树立同宗同源的文化共同体意识;各成员之间建立信誉机制,为杜绝搭便车行为提供制度上的保证;文化共同体发展成果的共享;在文化共同体发展的初期,让一些中心地区充分发挥功能,为共同体内相对落后的成员提供支持。只有这样,才能有力地推动文化共同体的形成,为区域文化利益的创造、交换、分享和实现提供一个全新的平台。

第二节 文化利益与国内经济的实证分析

对于中国文化利益与国内经济的实证分析,本书主要从两个方面展开:一方面,结合中国改革开放三十多年来的经济发展与文化建设的相关数据,从经济增长、文化、教育、科技等角度入手,对文化利益与经济增长的基本情况加以分析;另一方面,利用面板数据技术以及中国经济、文化发展的样本数据,对前文中提出的文化利益对经济增长的作用机制进行实证检验。

一、文化利益与经济增长的基本状况

改革开放三十多年来,中国的经济增长取得了令世人瞩目的成就,而文化的发展和文化利益的实现,业已成为中国经济高速增长的强大推动力。我们将从经济增长、文化事业、文化产业、教育和科技等方面入手,分析中国经济增长与文化利益的基本情况。

1. 经济增长情况

1978 年改革开放以来,中国的经济进入了高速增长期,国内生产总值(GDP)

从1978年的3645.22亿元增长至2011年的472115.04亿元。

同时,人均国内生产总值也从1978年的381.23元增长至2011年的35181.24元(如表5-1所示)。以上年不变价格计算,改革开放以来三十多年中,中国的GDP和人均GDP的年平均增长速度分别高达9.98%和8.84%(见图5-2)。

表5-1 中国改革开放34年经济增长情况(1978~2011年)

年份	国内生产总值(亿元)	人均国内生产总值(元)	年份	国内生产总值(亿元)	人均国内生产总值(元)
1978	3645.22	381.23	1995	59810.53	5045.73
1979	4062.58	419.25	1996	70142.49	5845.89
1980	4545.62	463.25	1997	78060.85	6420.18
1981	4889.46	492.16	1998	83024.28	6796.03
1982	5330.45	527.78	1999	88479.15	7158.50
1983	5985.55	582.68	2000	98000.45	7857.68
1984	7243.75	695.20	2001	108068.22	8621.71
1985	9040.74	857.82	2002	119095.69	9398.05
1986	10274.38	963.19	2003	134976.97	10541.97
1987	12050.62	1112.38	2004	159453.60	12335.58
1988	15036.82	1365.51	2005	183617.37	14185.36
1989	17000.92	1519.00	2006	215904.41	16499.70
1990	18718.32	1644.00	2007	266422.00	20169.46
1991	21826.20	1892.76	2008	316030.34	23707.71
1992	26937.28	2311.09	2009	340319.95	25607.53
1993	35260.02	2998.36	2010	399759.54	30015.05
1994	48108.46	4044.00	2011	472115.04	35181.24

注:数据来源于《中国统计年鉴2012》。

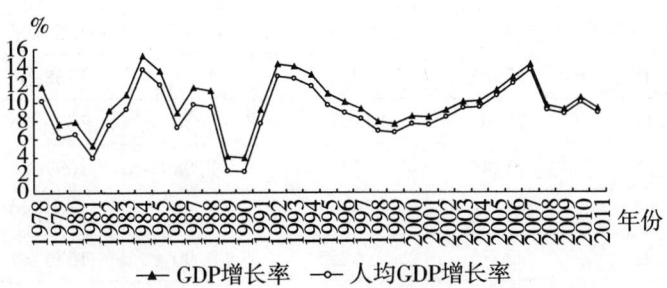

图5-2 中国经济增长速度(1978~2011年)

在国内生产总值的构成上,第一产业、第二产业、第三产业都得到了快速的发展,且与文化发展息息相关的第三产业发展尤为明显,并从1985年开始超过了第一产业,逐渐拉近了与第二产业的距离(如图5-3所示)。

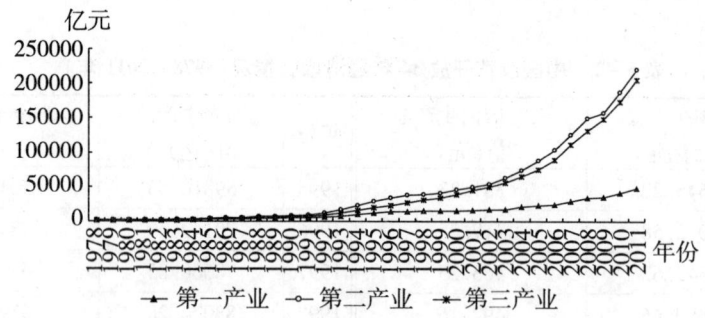

图5-3 中国国内生产总值构成情况(1978~2011年)

2. 文化事业及产业发展情况

改革开放以来,中国的文化发展获得了前所未有的机遇,无论在文化事业方面还是文化产业方面,都取得了长足的进步。同时,也为中国文化利益的创造、交换、分享和实现打下了坚实的基础。根据2012年国家统计部门和文化部门公布的数据表明,在文化事业发展方面,全国各地文化事业财政投入和文化事业固定资产投资、农村文化站数量、艺术团体演出场次、图书馆藏书和报纸总印张数都达到了较大规模。但是,东部地区、中部地区、西部地区之间的差距依然非常明显(如表5-2所示)。

表5-2 2011年中国各地区文化事业的发展状况

地区	文化事业财政投入(亿元)	文化事业固定资产投资(亿元)	农村文化站数量(个)	艺术团体演出场次(万次)	图书馆藏书(万册)	报纸总印张数(亿印张)
全国	1893.36	3162.00	34121	154.72	69718.61	2272.00
北京	87.01	54.98	180	1.45	1911.69	93.81
天津	29.76	105.06	133	0.43	1353.95	53.66
河北	50.45	157.81	1938	5.21	1738.63	42.39
山西	48.17	77.69	1197	5.30	1320.16	28.46
内蒙古	68.78	71.43	751	2.08	1097.86	7.49
辽宁	68.60	184.26	960	1.35	3092.59	99.83
吉林	44.25	72.75	625	0.90	1575.47	33.23
黑龙江	44.94	63.83	900	1.12	1770.45	29.95

续表

地区	文化事业财政投入(亿元)	文化事业固定资产投资(亿元)	农村文化站数量(个)	艺术团体演出场次(万次)	图书馆藏书(万册)	报纸总印张数(亿印张)
上海	68.80	39.44	118	2.18	6893.19	78.61
江苏	116.86	209.76	1017	8.46	5381.85	142.02
浙江	85.09	114.59	1179	13.61	4464.40	160.55
安徽	62.35	109.73	1264	14.89	1375.42	60.77
福建	35.86	129.18	947	44.47	2042.61	48.48
江西	39.66	106.50	1629	1.96	1664.72	30.12
山东	91.57	544.79	1338	3.21	3890.00	220.53
河南	57.54	110.44	1915	14.09	2121.92	71.79
湖北	47.09	121.26	1039	4.14	2410.78	88.79
湖南	44.87	94.47	2189	2.07	2362.32	46.07
广东	170.56	189.88	1185	5.45	5889.74	428.85
广西	37.48	94.37	1126	1.32	1996.51	26.40
海南	16.60	46.22	203	0.86	516.02	7.51
重庆	31.16	58.21	850	3.73	1148.74	36.80
四川	87.35	140.64	4264	6.27	3135.62	101.63
贵州	35.31	20.49	1345	0.55	1194.27	20.07
云南	45.34	100.50	1295	2.04	1699.13	37.39
西藏	18.91	11.72	238	0.28	56.50	1.76
陕西	61.27	54.87	1542	2.60	1223.20	43.45
甘肃	33.07	36.14	1226	1.65	1159.62	10.50
青海	14.32	14.02	353	0.41	367.73	3.46
宁夏	13.94	11.06	198	0.62	516.51	3.24
新疆	47.70	15.91	2024	1.60	1210.03	14.47

注：数据来源于《中国统计年鉴2012》和《中国文化文物统计年鉴2011》，表中农村文化站数量为2010年末数字。

在文化事业不断进步的同时，文化产业也得到了快速发展。文化产业法人单位的增加、文化产业从业人员规模的扩大、文化产业资产总额和营业收入的大幅度提高以及文化产业利润总额和上交税款明显增加,为中国文化利益的交换和实现提供了广阔的平台。根据国家文化部 2011 年的统计数据表明,我国东部地区、中部地区、西部地区的文化产业都有明显的发展,但是,三者之间的差距过大,东部地区的各项指标均是中部地区、西部地区的数倍(如表 5-3 所示)。这也充分体现了中国文化产业地区发展不平衡的问题,同时,也不难得知,在文化利益的创造、交换、分享和实现方面,中部地区、西部地区也远远落后于东部地区。

表 5-3 2010 年中国各地区文化产业的发展状况

地区	法人单位数量(个)	从业人员(人)	资产总额(亿元)	营业收入(亿元)	利润总额(亿元)	纳税总额(亿元)
全国	244697	1388868	1615.08	1069.63	375.26	67.75
北京	1937	16468	22.62	9.30	1.61	1.05
天津	1415	12116	19.46	8.75	2.64	0.40
河北	9498	43193	36.87	19.14	6.99	1.02
山西	5758	28020	27.12	14.37	5.61	0.50
内蒙古	8157	26474	32.46	20.28	11.74	0.87
辽宁	12300	53746	57.71	28.10	12.46	2.34
吉林	8101	30367	35.20	21.89	9.21	0.69
黑龙江	8930	29455	25.32	16.39	7.56	0.99
上海	4647	60358	195.90	169.23	44.44	10.04
江苏	15410	78852	117.21	74.16	26.49	3.77
浙江	10832	86147	115.31	80.84	25.57	5.34
安徽	9979	51244	54.81	44.04	24.37	1.61
福建	5836	52862	69.16	50.80	13.26	4.71
江西	8247	43143	41.60	29.14	12.24	1.71
山东	17120	78839	76.84	44.43	21.36	2.43
河南	9535	55421	52.47	30.53	12.28	1.88
湖北	10447	56748	58.73	35.45	18.97	1.75
湖南	15469	88700	82.18	54.94	21.84	2.78
广东	14202	158248	164.38	109.45	23.06	10.42
广西	8278	51973	34.57	26.11	8.49	2.10

续表

地区	法人单位数量（个）	从业人员（人）	资产总额（亿元）	营业收入（亿元）	利润总额（亿元）	纳税总额（亿元）
海南	1722	13181	12.61	8.36	2.70	0.52
重庆	6672	34156	31.90	19.58	7.02	0.96
四川	15874	78995	89.34	64.26	18.65	3.67
贵州	4828	23478	22.55	14.90	5.77	0.96
云南	8765	37248	33.69	17.81	7.20	1.27
西藏	1731	7936	5.87	2.70	0.82	0.17
陕西	5261	35119	46.64	25.27	10.07	1.44
甘肃	2912	17186	17.09	10.14	4.56	0.67
青海	1359	5731	4.33	2.93	1.39	0.19
宁夏	1898	9403	7.46	4.90	2.19	0.36
新疆	7577	24061	23.67	11.45	4.69	0.84

注：表中数据来源于《中国文化文物统计年鉴2011》。

3. 教育发展情况

教育是培养人才、积累人力资本的关键环节，因此，也是贯穿文化利益总过程的重要因素。教育除了可以为文化利益实现提供人力资本外，其本身也是对人们文化需求的一种满足。所以，教育的发展，在很大程度上体现和决定文化利益的发展。改革开放之后，中国提出了"科教兴国"的发展战略，并大力普及九年制义务教育，彻底改变了1978年之前教育发展水平极度落后的局面。中国高等教育和中等教育招生人数都呈现了快速上升的势头，其中，高等教育包括普通高等教育和成人高等教育，中等教育包括普通高中和中等职业教育。图5－4反映了改革开放以来中国高等教育、中等教育招生人数在代表性年份中的发展状况。

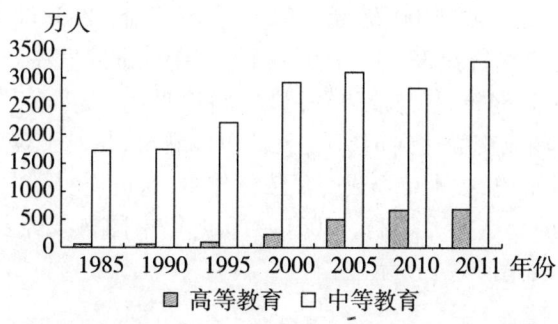

图5－4 改革开放以来中国高等教育、中等教育在代表性年份的招生人数

特别是高等教育方面,经过三十多年的不断改革和调整,初步形成了适应国民经济和社会发展的多种层次、多种形式、学科门类基本齐全的高等教育体系。普通高等院校从1978年的598所上升到1999年的1071所,2011年高达2409所。随着高等教育体制改革的不断深入,高等院校的办学规模也出现了显著的发展和变化。从每十万人中高校在校学生数这个高等教育发展的重要指标上看,1978年,中国仅为8.89人,到了1999年上升为32.87人,增加了2.7倍,而截至2011年末,这一数字已增至171.34人,是1999年扩招前的5.21倍(如图5-5所示)。

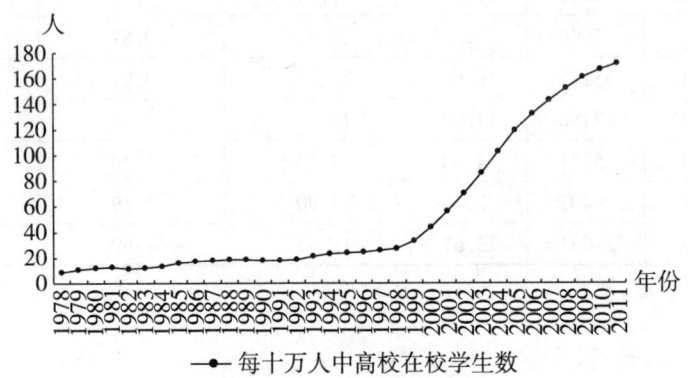

图5-5 中国高等教育的发展情况(1978~2011年)

4. 科技发展情况

中国在改革开放之后,提出了"科学技术是第一生产力"的科学论断,为科技发展带来了新的发展机遇。先进的科学技术不但是创造和实现经济利益的重要手段,也是创造和实现文化利益的重要手段。科技进步离不开文化的发展,而文化的发展又可以为科技进步创造条件。特别是21世纪以来,中国的科技进步日新月异。截至2011年,研究与试验发展(R&D)人员全时当量达288.30万人;研究与试验发展经费支出高达8687.00亿元,其中,政府资金1883.00亿元,企业资金6420.60亿元,金融机构贷款383.40亿元;当年研究与试验发展经费支出相当于国内生产总值比例的1.84%;科技成果登记数为44208项,发明专利申请授权数目达960513项,技术市场成交额达到4767亿元。可以看出,相对于较高的R&D经费支出和科技成果数量来说,技术市场成交额依然偏少,这也说明了中国科技成果转化率较低,文化利益的创造能力不高。2001~2011年中国科技经费额、技术市场成交额与科技成果数如图5-6所示。

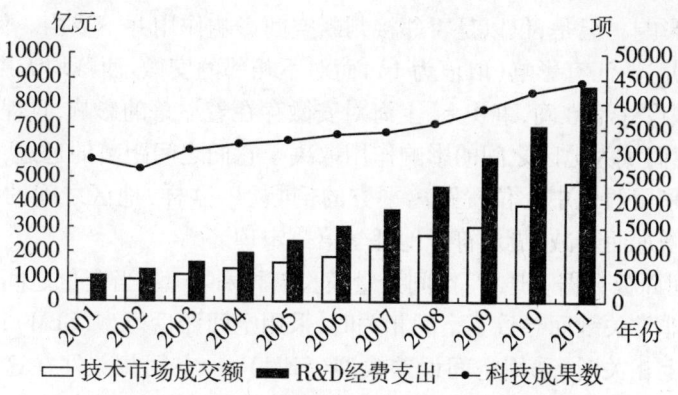

图 5-6 中国科技发展基本情况(2001~2011 年)

二、文化利益与经济增长的实证分析

在前文中,我们所提出的文化利益对经济增长的作用机制,在现实中是否有效,即人文环境、人力资本、技术进步以及制度安排是否对经济增长产生了促进作用,还需要做进一步实证分析。我们将从经济增长的角度入手,通过空间计量分析方法,检验文化利益机制在经济增长中所发挥的作用。

实证分析的技术路线是:首先分析中国各个省份经济增长的空间相关性;其次对经济增长与文化利益各项指标之间的关系进行面板数据分析;最后根据方程估计残差的空间相关性,构建空间面板数据模型,揭示在空间相关性条件下,文化利益对经济增长的推动作用。

1. 研究方法和样本数据

(1)空间相关性。空间相关性是从区域空间的整体上刻画地区经济社会活动分布的集聚情况,这种集聚源于地区之间的客观经济联系。众多研究结果表明,Moran's I 指数有助于更加科学地分析经济现象的空间效应与空间相关性(Moran, 1950)。[①] 该指数在计算中引入了空间权重矩阵,用来表达各个地区的空间邻接关系或距离远近。Moran's I 的取值范围一般为[-1,1]。大于 0 表示空间正相关,小于 0 表示空间负相关,等于 0 表示空间不相关。对于 Moran's I 指数的计算结果,可以用标准化统计量 Z 来检验其显著性水平,当地区经济活动在空间分布上正相关时,我们认为产生了空间效应。

空间相关性计算中的空间权重矩阵设定,通常采用邻接法或距离法。邻接法认为两个地区若相邻,则矩阵元素取值为 1,即两者之间有影响;否则取值为 0,即

---

① Moran P. A. P. ,1950,Notes on Continuous Stochastic Phenomena,Biometrika. ,37(1),pp.17-23.

两者之间无影响。但是,仅以是否邻接判断空间影响作用并不妥当。例如,上海仅对相邻的江苏、浙江有影响(取值为1),而对不相邻的安徽、西藏均无影响(取值为0),这样的假设并不准确,事实上,上海对安徽存在着显著的影响,且程度远大于西藏。因此,我们认为地区之间的影响作用取决于它们之间距离的远近,空间权重矩阵元素应该采用两地中心位置距离平方的倒数。① 这样,地区之间的空间联系将随着距离的增加而衰减,更加符合地理学第一定理。②

(2)空间面板数据。通常,空间计量模型有两种类型:当变量之间的空间作用对模型显得非常关键而导致了空间相关时,采用空间滞后模型(SLM);当模型的误差项在空间上相关时,采用空间误差模型(SEM)。③ 空间相关性在这两种模型中分别体现为因变量的滞后项和误差项。空间计量与面板数据的有机结合,便产生了空间面板模型。根据随机误差项分解的不同,可以进一步地分为固定效应和随机效应。当样本回归分析局限于特定地区时,固定效应模型更优,因此,本书主要采用空间固定效应模型。④ 该模型中控制了两类非观测效应,即个体固定效应和时点固定效应,前者反映随个体(省份)变化但不随时点变化的背景因素对因变量的影响;后者反映随时点变化但不随个体(省份)变化的背景因素对因变量的影响。简单地,空间滞后固定效应模型(SLFEM)的表达式可以写为:

$$Y = \rho(I_t \otimes W_n)Y + \eta + \delta + X'\beta + \varepsilon$$

空间误差固定效应模型(SEFEM)的表达式可以写为:

$$Y = \eta + \delta + X'\beta + \varepsilon$$

$$\varepsilon = \lambda(I_t \otimes W_n)\varepsilon + \mu$$

其中,Y为因变量;X为外生的解释变量;ρ为空间回归系数,反映了其他地区的因变量对本地区因变量的影响方向和程度;I_t为t阶单位时间矩阵;W_n为n阶空间权重矩阵;$(I_t \otimes W_n)Y$为空间滞后因变量;β反映了自变量X对因变量Y的影响;η、δ分别表示个体、时间固定效应;ε为随机误差项向量;λ为因变量的空间误差系数;μ为正态分布的随机误差向量;λ衡量了存在于扰动误差项之中的空间相关作用,可以度量其他地区关于因变量的误差冲击对本地区因变量的影响程度。⑤

---

① Paas T., Schlitte F., 2006, Regional Income Inequality and Convergence Processes in the EU – 25, ERSA Conference Papers.

② Tobler W., 1970, A Computer Movie Simulating Urban Growth in the Detroit Region, Economic Geography, 46(2), pp. 234 – 240.

③ Anselin L., 1988, Spatial Econometrics: Methods and Models, Dordrecht, Kluwer Academic Publishers, pp. 1 – 10.

④ Elhorst J. P., 2003, Specification and Estimation of Spatial Panel Data Models, International Regional Science Review, 26, pp. 244 – 268.

⑤ 吕健:《产业结构调整、结构性减速与经济增长分化》,《中国工业经济》,2012年第9期。

(3)样本数据。我们以人文环境、人力资本、技术进步和制度安排作为文化利益的指标变量,分析文化利益对经济增长的作用机制。各个变量定义如下:

经济增长(gdp):以经过平减处理的人均国内生产总值来表示。人文环境(cul):以各个省份对文化事业的财政投入经费来表示,因为文化事业的财政投入有助于改善和提升当地的人文环境。人力资本(edu):以高等教育发展领域的重要指标——每十万人中高校在校学生数来衡量。技术进步(tec):则以各个省份三项专利申请数表示。制度安排(sys):以市场化的重要指标——市场中介组织的发育和法律制度环境指数来表示,该指数主要由市场中介组织的发育、对生产者合法权益的保护、知识产权保护、消费者权益保护等指数综合计算得到。①

关于样本时期,本书主要选取了 1997~2011 年。依据是:1992 年党的十四大明确提出了"我国经济体制改革的目标是建立社会主义市场经济体制,以利于进一步解放和发展生产力"。由于计划经济在中国的经济体制中长期占据主导地位,因此,当时全国各地的市场化仍然处于较低水平。1997 年党的十五大认为,过去的 5 年里"市场在资源配置中的基础性作用明显增强,宏观调控体系的框架初步建立",并进一步提出"要加快国民经济市场化进程"的经济发展要求。不难发现,从 1997 年开始,中国的市场化水平有了显著的提高,文化经济活动日益活跃,文化利益的生产和实现逐步成为经济增长的重要推动力量。因此,本书以该年为样本的起始点,选取 1997~2011 年共 15 年的数据进行实证分析。②

2. 空间计量分析

(1)空间相关性分析。本书将通过 Moran's I 分析各个省份在经济增长上是否产生空间效应。通过计算发现,1997~2011 年,中国内地 31 个省级行政区经济增长的 Moran's I 数值都大于 0,且均通过了 5% 的显著性水平检验。这意味着,中国在经济增长上存在着空间相关性,即经济增长相似的省份一直存在着空间集聚效应。从图 5-7 中不难看出,1997~2011 年,经济增长的 Moran's I 数值总体上处于平稳上升的状态,15 年从 0.3061 上升至 0.3830;虽然该指标在个别年份略有下降,但依然保持在 0.30 以上。可以确定,1997~2011 年,中国的经济增长出现了非常显著的空间相关性(空间效应)。

---

① 樊纲、王小鲁、朱恒鹏:《中国市场化指数:各地区市场化相对进程 2011 年报告》,北京:经济科学出版社,2011 年,第 286 页。

② 由于樊纲、王小鲁、朱恒鹏编制市场化指数截止到 2009 年,我们根据以前年度的增速,对 2010~2011 年的市场化指数进行了推算。

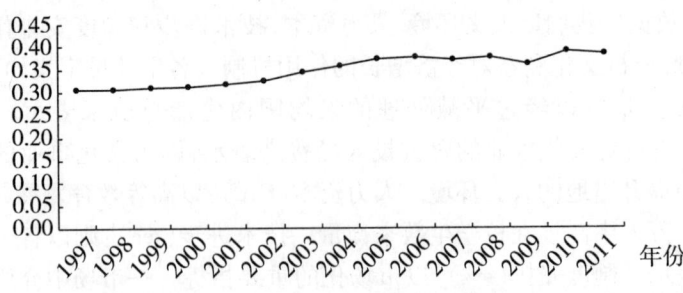

图5-7 1997~2011年经济增长的 Moran's I 指数

(2)普通面板数据分析。空间相关性分析揭示了中国在经济增长上存在着空间效应,但是文化利益各个指标变量在影响经济增长的过程中,是否也存在空间效应?其强弱程度如何?这就需要进一步地进行多变量分析。我们把经济增长作为被解释变量(因变量),把文化利益的四个指标作为解释变量(自变量),运用面板数据技术进行分析。最先进行普通面板数据分析,以检验是否存在空间相关性。

我们主要选取两类模型:一是混合模型(即无固定效应模型),表达式为:$lngdp_{it} = c + \beta_1 lncul_{it} + \beta_2 lnedu_{it} + \beta_3 lntec_{it} + \beta_4 lnsys_{it} + \varepsilon$;二是固定效应模型(包括个体固定、时点固定和双固定三种模型),表达式可以写作:$lngdp_{it} = \eta_i + \delta_t + \beta_1 lncul_{it} + \beta_2 lnedu_{it} + \beta_3 lntec_{it} + \beta_4 lnsys_{it} + \varepsilon$。通过这两类普通面板数据模型,可以检验是否存在空间相关性,如果存在的话,可以通过 Lagrange 乘数及其稳健性指标判断采用何种空间模型分析更为合理(Anselin 和 Florx,1995)。①

根据表5-4所示的回归结果,混合模型的截距项和自变量系数的估计值均为正数,并在5%水平上通过了显著性检验。但是,进一步对该模型进行多余的固定效应检验时,发现 F 值和 χ^2 值分别为 179.65 和 1393.04,且伴随概率均为0。这意味着,混合模型中存在固定效应,并不合理,予以舍弃。在三种不同的固定效应模型中,大部分自变量系数均通过了 1% 或 5% 的显著性水平检验,同时,残差的 Moran's I 均通过了显著性检验,说明固定效应模型中含有空间相关性,普通面板数据模型的估计结果是有偏差的,需要重新构建空间面板数据模型;另外,Lagrange 乘数及其稳健性指标也显示出,模型2、3选择 SLM 形式要优于 SEM 形式,而模型4均是 SEM 形式要优于 SLM 形式。但是,对模型2和模型3进行联合显著性检验(Joint Significance Test)之后,发现 LR 值均很大,且伴随概率均为0,这意味着个体和时点固定效应均显著存在,因此,双固定效应模型应该是最优之选。

---

① Anselin L., Florx R., 1995, New Directions in Spatial Econometrics, Springer – Verlag, Berlin. pp. 21-71.

表5-4 普通面板数据模型回归结果(样本数:465)

因变量 lngdp	混合模型	固定效应模型		
		个体固定效应	时点固定效应	双固定效应
	模型1	模型2	模型3	模型4
c	3.58***			
	(13.59)			
lncul	0.10***	0.31***	0.05	0.06***
	(2.92)	(12.29)	(1.25)	(3.57)
lnedu	0.62***	0.27***	0.66***	0.20***
	(24.04)	(12.39)	(19.42)	(8.20)
lntec	0.05***	0.23***	0.05**	0.02**
	(2.60)	(12.05)	(2.09)	(1.97)
lnsys	0.06**	0.01	0.07***	0.02***
	(2.42)	(0.94)	(3.33)	(2.63)
Adj-R^2	0.81	0.94	0.70	0.16
logL	-149.07	256.56	-88.37	551.73
σ^2	0.11	0.03	0.09	0.02
Moran's I		0.44***	0.10*	0.09*
LMLAG		510.99***	30.38***	1.98
R-LMLAG		200.30***	17.49***	5.92**
LMERR		323.33***	12.91***	5.01**
R-LMERR		12.63***	0.02	8.95***

注:***、**、*分别表示通过1%、5%、10%水平上的显著性检验,括号内为t值。

(3)空间面板数据分析。进行普通面板数据分析之后,我们将针对双固定效应模型进行空间面板数据分析。根据前文分析结果,构建出空间滞后双固定效应模型,其表达式为:

$$\ln gdp_{it} = \rho(I_t \otimes W_n)\ln gdp_{it} + \eta_i + \delta_t + \beta_1 \ln cul_{it} +$$
$$\beta_2 \ln edu_{it} + \beta_3 \ln tec_{it} + \beta_4 \ln sys_{it} + \varepsilon$$

同时,放弃原先有偏的普通面板回归方法,采用适合空间计量分析的极大似然方法(ML)进行估计。为了便于比较,表5-5中报告了空间滞后双固定效应模型和空间误差双固定效应模型的估计结果。

表5-5 空间面板数据模型估计结果(样本数:465)

因变量 lngdp	空间滞后双固定效应模型 模型5		空间误差双固定效应模型 模型6	
	系数	Z值	系数	Z值
lncul	0.06***	3.64	0.05***	3.60
lnedu	0.20***	8.17	0.21***	8.27
lntec	0.03**	2.19	0.03***	2.55
lnsys	0.01***	2.73	0.02***	2.85
ρ	0.12	1.57		
λ			0.22***	2.70
Adj-R^2	0.91		0.99	
logL	550.78		554.50	
σ^2	0.02		0.01	
Moran's I	0.11**	4.29	0.05	2.12

注:***、**、*分别表示通过1%、5%、10%水平上的显著性检验。

3. 实证结果分析

通过普通面板数据模型与空间面板数据模型估计结果的对比,可以得到以下结论:

(1)根据表5-5可知,空间误差双固定效应模型(模型6),在Adj-R^2、logL和σ^2等指标上均优于空间滞后双固定效应模型(模型5);此外,模型5中重要的系数,即空间滞后项的系数ρ未通过显著性检验;而估计结果的Moran's I 指数通过了5%水平上的显著性检验,说明方程估计的残差项中存在空间相关性。由此,有理由判断空间误差双固定效应模型是最合理的空间模型。

(2)在模型6中,所有自变量系数的估计值均为正,且系数均通过了1%水平上的显著性检验,这说明文化利益的各个指标变量对经济增长都有正的促进作用。具体地说,人文环境、人力资本、技术进步和制度安排每提升1%,经济增长将会分别提高0.05%、0.21%、0.03%和0.02%。另外,空间效应也非常显著,系数λ达到0.22,这意味着邻居省份的经济增长每提高1%,本省的经济增长将会提高0.22%。

(3)通过空间计量分析的结果进一步地发现,在文化利益的4个指标变量中,对经济增长影响最大的是人力资本,即高等教育发展水平。这说明,当前文化利益的实现,从宏观上说,主要体现在人力资本提升方面,而在人文环境、技术进步和制度安排等方面,文化利益实现的程度较低。

第三节　文化利益发展国际化的理论分析

在全球化的背景之下,文化利益在世界范围内创造、交换、分享和实现已经成为一种不可回避的趋势。在维护国家文化主权和文化安全的前提下,积极参与国际文化合作,实行"走出去"的国际化发展战略,是推进文化建设、实现国家文化利益的必然之路。本节首先考察文化利益与国家文化安全之间的关系,其次通过一个博弈模型,分析国家文化利益实行国际化发展与否时的获得情况,进而提出中国文化利益的国际化发展的战略选择。

一、文化利益与国家文化安全

1. 国家文化安全

近年来,国家文化安全一直是理论界讨论的热点问题,但是,国内学者对于国家文化安全的概念尚未达成共识,比较有代表性的观点主要有以下几种:[①]

(1)主权说。胡惠林从系统的整体对国家文化安全做出了界定,他认为,国家文化安全首先是指一个国家的文化主权神圣不可侵犯,一个国家的文化传统和文化发展选择必须得到尊重,包括国家的文化立法权、文化管理权、文化制度和意识形态选择权、文化传播和文化交流的独立自主权,是国家文化生存免于威胁或危险的状态。[②]

(2)价值说。林宏宇认为,国家文化安全是指本国文化的精神形态不受别国

---

① 解学芳:《1999年以来我国文化安全研究述评》,《江南社会学院学报》,2007年第9期。
② 胡惠林:《在积极的发展中保障中国的国家文化安全——再论国家文化安全》,《文艺报》,2002年10月10日。

不良文化形态的影响与伤害,保持本国文化固有的继承性与民族性。① 欣荣认为,国家文化安全是一个主权国家的主流文化价值体系,免于遭受来自内部或外部文化因素的侵蚀、破坏或颠覆,以完整地保持自己的文化价值传统,在自主和自愿的基础上进行文化革新,吸收和借鉴一切对本民族有益的文化价值观念和文明生活方式。②

(3)功能说。林宁从综合功能的角度指出,国家文化安全是一个国家能够独立自主地选择政治制度和意识形态,抵制其他国家试图以意识形态的政治、经济、民主模式强加于本国的做法,防范其他国家对本国人民文化生活的渗透,保护本国人民的价值观、行为方式、社会制度,保持文化的民族性,维护民族的自尊心和凝聚力并通过国家文化交流扩大本国文化的影响。③

通过对以上各种定义进行总结,本书观点为,国家文化安全是以国家文化主权为前提、以国家文化利益为核心的,能够保障以主流价值体系为核心的各种文化体制、机制、秩序的运行常态,能够维护国家文化主权、文化尊严的完整性、有机性,以及保护国家文化利益的创造、交换、分享和实现的各个过程顺利进行。

2. 文化利益对国家文化安全的意义

在开放经济条件下,国际文化贸易、国家文化合作等跨国文化经济活动把文化利益的创造、交换、分享和实现过程纳入了世界范围,把各民族创造的不同文化利益迅速地传播给全世界,在极大地推动不同文化利益快速交流的过程中,推动着人类文明的全面进步。尤其是通过对信息技术的广泛采用,文化利益的交换与实现的速度和规模更是突飞猛进,它不仅使时间和空间作为阻隔文化传播的自然力量失去意义,而且使零时空跨越成为现代文化传播重要的战略资源性力量。这就决定了发展国家文化利益并不是一般地满足经济文化发展的需要,而是对一种新的战略资源的掌握,是对一种战略市场的争夺,是一种对于文化利益主导权的争夺。由于这种争夺的结果将直接决定一国的文化利益在全球化背景下的前途和名誉,因而,这种争夺也就成为当前条件下维护国家文化安全的核心内容。文化利益已经成为一个国家特殊的文化主权形态,当不发展文化利益便不能有效地维护国家文化主权的时候,发展文化利益就成为一个国家维护国家文化主权和文化安全必不可少的战略要求和战略选择。

二、文化利益发展国际化的博弈分析④

文化利益作为当代人类社会利益的最高形式、社会财富的最新形态,对经济社

---

① 林宏宇:《文化安全:国家安全的深层主题》,《国家安全通讯》,1999年第8期。
② 欣荣:《建立文化安全体系,捍卫我国文化安全》,《国家安全通讯》,2002年第3期。
③ 林宁:《关注文化安全,加强先进文化建设的思考》,《理论月刊》,2004年第6期。
④ 吕健、余政:《我国西部区域文化产业合作的博弈分析》,《社会科学家》,2008年第10期。

会发展产生了巨大的乘数效应,正日益引起国际社会的普遍关注,成为世界各国竞相争夺的战略高地。文化利益只有实行国际化发展,才能有效地在世界范围内创造、交换、分享和实行。而文化利益的国际化发展,就要求在文化上实行对外开放,既要"引进来"又要"走出去"。由于在国际文化领域存在着发展不平衡的状况,必然导致文化利益的不对称。因此,各个国家在初始阶段,并不会采取帕累托最优策略,即开放策略。为了本国的文化利益,它们大多会采取固守和抵制策略,而不会轻易采取开放策略。那么,如何让它们在策略空间中选择能够达到帕累托最优的策略?接下来,我们将采用谢识予(2002)所阐释的最优反应动态理论来做具体分析。①

1.博弈模型

在有限理性(Bounded Ration)的博弈中,博弈方在复杂局面下准确判断分析和预见性的能力稍差,但是,它们可以具有快速的学习能力,能够对不同策略的结果做出比较正确的事后评估,并相应调整策略。因此,在给定前期的博弈结果之下,各个博弈方本期都能够找到并采用针对前期其他博弈方(全部或邻近的部分博弈方)策略的最佳反应策略,这种策略调整的动态机制,就是"最优反应动态"(Best Response Dynamics)。

假设各国作为行为主体,它们具有相当快的学习和分析能力,同时又是有限理性的,这样的假设与实际情况是比较吻合的。因此,我们采用的是具有快速学习能力的有限理性博弈方之间的重复博弈模型。假设图 5-8 中得益矩阵为各国之间的博弈。每个博弈方都有两种策略选择:进行文化对外开放(设为 Y 策略);不进行文化对外开放(设为 N 策略)。当博弈双方都采用 Y 策略时,双方的得益都为 m;当博弈双方都采用 N 策略时,双方的得益都为 n;当双方采用的策略互不相同时,采用 Y 策略一方得益为 n-a,采用 N 策略一方得益为 n+a。其中,m-n≫a。

博弈方 2

		Y 策略	N 策略
博弈方 1	Y 策略	m,m	n-a,n+a
	N 策略	n+a,n-a	n,n

图 5-8 两方对称博弈矩阵

从得益矩阵可以看出,当博弈方采取(Y,Y)策略时,双方都有最大获益 m;博

---

① 谢识予:《经济博弈论》(第三版),上海:复旦大学出版社,2002 年,第 208~248 页。

弈方采取(N,N)策略时,双方只有相对较小的获益 n。当双方策略互不相同时,双方都无法获得文化对外开放的得益 m,但是,采取 Y 策略的一方由于为进行合作付出了一定的代价(如资源共享、要素流动等)a,其得益为 n-a;而采取 N 策略则从对方获得了这部分的额外好处,其得益为 n+a。不难发现,该博弈有两个纯策略纳什均衡(Y,Y)和(N,N),且前者明显帕累托优于后者。但是,如果考虑了博弈方相互对对方理性的信任问题,或者对风险的敏感性等因素,那么均衡(N,N)则更可能出现。

2. 最优反应动态

接下来将分析随着时间的推移,各国实行文化对外开放与否的博弈策略所带来的不同影响。假设各国在两两之间进行上述博弈。由于各方都是有限理性的,但又具有快速的学习能力,它们能对上一期的博弈结果进行总结,并立刻做出相应的策略调整,以使其当期能够实现收益最大化。

另外,我们认为各国之间的交往具有重叠交互作用的特征,即同一国家可以同时与不同的国家进行博弈。故而,我们采用最简单的重叠交互博弈——圆周博弈进行分析。假设所有国家都处于一个圆周之上,每个国家都与各自的左右邻居进行重复博弈。下面将按照从特殊到一般的思路,来讨论圆周博弈中的最优反应动态。

(1)假设有 5 个国家分别处于圆周上的 5 个不同位置(如图 5-3 所示),每个位置的博弈方可能采取 Y 策略,也可能采取 N 策略。所以,初次博弈共有 $2^5 = 32$ 种可能的情况。当然,这 32 种可能的情况中包括一种全部采用 Y 策略,一种全部采用 N 策略的情况,其他都是两种策略均有人使用。

我们假设 $x_i(t)$ 为在 t 时期,博弈方 i 的邻居中采用 Y 策略邻居的数量,该数量有 0、1、2 三个可能值。相应地,采用 N 策略邻居的数量为 $2 - x_i(t)$,也有 0、1、2 三个可能值。针对第 t 期的 $x_i(t)$,博弈方采用 Y 策略的得益为 $m \cdot x_i(t) + (n-a) \cdot [2 - x_i(t)]$,采用 N 策略的得益为 $(n+a) \cdot x_i(t) + n \cdot [2 - x_i(t)]$。根据最优反应动态机制,当

$$m \cdot x_i(t) + (n-a) \cdot [2 - x_i(t)] > (n+a) \cdot x_i(t) + n \cdot [2 - x_i(t)]$$

即 $x_i(t) > 2a/(m-n)$ 时,博弈方 i 在 t+1 时期会采用 Y 策略,而当

$$m \cdot x_i(t) + (n-a) \cdot [2 - x_i(t)] < (n+a) \cdot x_i(t) + n \cdot [2 - x_i(t)]$$

即 $x_i(t) < 2a/(m-n)$ 时,博弈方 i 在 t+1 时期会采用 N 策略。

已知 $m - n \gg a$,则有 $2a/(m-n) < 1$。

由于 $x_i(t)$ 只能取 0、1、2 三个整数,在实际上,如果在 t 时期博弈方 i 的两个邻居中只要有 1 个采用 Y 策略,那么博弈方 i 在 t+1 时期就会采用 Y 策略;如果两个邻居都没有采用 Y 策略,那么博弈方 i 在 t+1 时期就会采用 N 策略。由此,我们

可以得出,当5个博弈方初次全部采用 Y 策略(N 策略)时,最终的稳定状态为所有博弈方都采用 Y 策略(N 策略);如果在初次博弈中有1个博弈方采用了 Y 策略,而其他博弈方都采用 N 策略的时候,那么这5个博弈方经过4个时期的反复策略调整,最终收敛到了所有博弈方都采用 Y 策略的稳定状态。图5-9给出了初次博弈只有一方采用 Y 策略的最优反应动态过程。

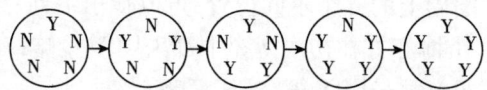

图5-9　5国初次博弈为1Y的最优反应动态

(2)我们接着考察有6个国家分布处于圆周上6个不同位置的情况。

1)如果在初始博弈中,有1个博弈方采用了 Y 策略,而其他博弈方都采用了 N 策略。按照同样的推理,各国的最优反应动态过程如图5-10所示。

可以看出,最优反应动态并没有使6个博弈方最终收敛于全部使用 Y 策略的稳定状态,而是在(N,Y,N,Y,N,Y)和(Y,N,Y,N,Y,N)之间周期变动。也就是说,每个博弈方都会在 Y 策略和 N 策略中徘徊不定。

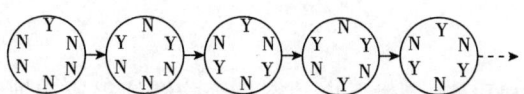

图5-10　6国初次博弈为1Y的最优反应动态

2)如果在初次博弈中,有相邻的两个博弈方都使用了 Y 策略,其他博弈方仍然使用 N 策略,那么,最优反应动态可以使得所有博弈方最终都收敛于全部使用 Y 策略的稳定状态(如图5-11所示)。

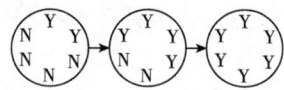

图5-11　6国初次博弈为2Y的最优反应动态

3)如果在初始博弈中,有不相邻的两个博弈方采用了 Y 策略(此两方之间存在另一个采用 N 策略的博弈方),而其他博弈方采用 N 策略,最优反应动态不能使所有博弈方都收敛到全部使用 Y 策略的稳定状态,而是又陷入了(N,Y,N,Y,N,Y)和(Y,N,Y,N,Y,N)之间的周期变动(如图5-12所示)。

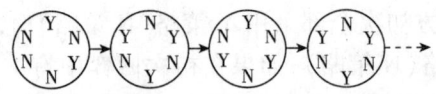

图 5-12　6 国初次博弈为 YNY 的最优反应动态

通过以上对特定奇偶数量的博弈方的分析,我们不难推广到一般的情况,即存在 n 个国家分别处于圆周上的 n 个不同位置,可以得出下列命题:

命题 1: 当所有 n 个博弈方在初次博弈中都采用 Y 策略(N 策略)时,最终的稳定状态则为所有的博弈方都采用 Y 策略(N 策略)。

命题 2: 当存在 n 个博弈方,且它们的策略不完全相同时,如果我们通过安排博弈方在初次博弈中的策略,使得在重复博弈到达某一期时,出现相邻的两个博弈方同时采用了 Y 策略,那么,经过之后的有限多次博弈,最优反应动态将最终使得所有博弈方收敛于全部采用 Y 策略的稳定状态(如图 5-13 所示)。

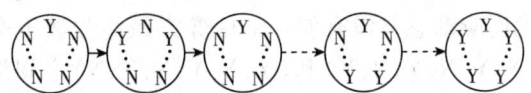

图 5-13　n 国某种初次博弈的最优反应动态

3. 结果分析

通过以上的分析可知,最优反应动态是否能够使得所有博弈方都收敛于采用 Y 策略的稳定状态,主要取决于各个博弈方在初次博弈中的策略分布,此外,还与博弈方在得益矩阵中得益大小有关。具体地说:

(1)关于各个博弈方在初次博弈中的策略分布。根据命题 2 可知,如果某种策略的初始分布使得重复博弈在将来某一期中出现相邻的两个博弈方同时采用 Y 策略,则最优反应动态最终会使所有博弈方达到全部采取 Y 策略的稳定状态。因此,要求各国在实行文化对外开放之初,必须具有一些坚定地实行开放策略的国家,以发挥开放的联动作用。

(2)关于各个博弈方在得益矩阵中的得益大小。根据博弈模型可知,当 $x_i(t) > 2a/(m-n)$ 时,博弈方 i 在 t+1 时期会采用 Y 策略。由于我们假设 $m-n \gg a$,故有 $2a/(m-n) < 1$,即在 t 时期博弈方 i 的两个邻居中只要有 1 个采用 Y 策略,那么它在 t+1 时期就会采用 Y 策略。若要保证 $m-n \gg a$,必须使得各国实行文化对外开放的得益远大于不开放的得益,同时,还须使得各地在实行文化对外开放时的成本 a 尽可能小。

三、国际化是文化利益发展的必然之路

通过以上的博弈分析可知,在全球化的背景下,积极实行文化对外开放和"走出去"的国际化发展战略,是实现国家文化利益的必然选择,也是中国文化利益发展的必然之路。

文化经济作为当代人类社会新的财富创造形态及其所产生的对经济社会发展的巨大推动力,已经对世界格局产生了前所未有的战略性影响。新的国际文化秩序的建立和文化力量格局的重组,正沿着文化利益这条主线展开,因而也成为中国加入世界贸易组织,应对全球经济、文化一体化时调整自己文化战略的一项重大内容。

中国早在国民经济和社会发展的第十个五年计划纲要时期,就提出了要进一步对外开放,发展外向型经济,必须实施"走出去"的战略,努力在利用国内外两种资源、两个市场方面有新的突破。这就为中国文化利益发展战略的调整提供了一种全新的发展思路。"走出去"战略就是一种国际化的发展战略,不仅经济利益的实现要走出去,文化利益的实现也要走出去。必须在全球化的背景下,在中国加入世界贸易组织、进一步扩大文化对外开放的背景下,重新考虑中国文化利益的创造、交换、分配和实现等发展道路和模式。

改革开放以来,为了能尽快地消除中国文化建设与世界文明进程之间的差距,缩短中国文化利益的实现程度与世界发达国家之间的差距,中国引进了大量的世界优秀科学文化成果,对思想解放、观念变革和文化现代化程度的提高起到了积极的推动作用。尤其是在文化经济领域,先进的技术和文化经济理念的引进,不仅极大地丰富了中国对文化的理解,而且在消化、吸收、引进先进文化成果的过程中迅速地实现了文化利益。然后,在国际文化领域,西方发达国家正凭借其强大的文化产业日益占据优势地位,使中国文化利益在世界范围内的发展面临严峻的挑战。无论是引进来还是走出去,实际上都涉及了关于文化利益国际交换中的公平问题,而文化利益实现的不对称性必然使得处于弱势交换位置的主体丧失主动权,进而影响到一个国家在国际关系中的文化主权和文化安全。因此,"走出去"的国际化发展战略自然也就成了国家文化战略。实行"引进来"和"走出去"并举的文化开放的国际化发展战略,也成为今后中国文化利益发展的必然之路和长期战略安排。①

---

① 胡惠林:《文化产业学》,北京:高等教育出版社,2006年,第174~175页。

文化利益理论与实践

第四节 文化利益发展国际化的现状分析

由于国际化战略是国家文化利益发展的必然之路,国际文化贸易就责无旁贷地成为了文化利益在世界范围创造、交换、分享和实现的重要渠道。而在全球化的背景之下,国家文化利益日益受到挑战,国际文化贸易也自然成了人们所关注和研究的对象。①

一、全球化视角下的文化利益

1. 全球化对文化利益的挑战

所谓全球化,简单地说,就是全球市场、金融、技术的一体化,它对世界经济和文化的发展带来了深刻的影响。当前,一个全球化的文化市场正在形成并迅速发展。越来越多的大型国际文化产业集团不断出现,娱乐、新闻、信息、体育、旅游等行业间融合的趋势不断加强,为了扩展市场份额,让全球化文化产品顺利进入地方市场,跨国公司与地方性文化产业之间的联系也越来越密切。

然而,全球化并没有让所有参与其中的国家都享受到文化利益。2000年,联合国开发计划署的《人文发展报告》指出:"当今的文化传播失去平衡,呈现出从富国向穷国传播一边倒的趋势。"2003年,联合国教科文组织也指出:"全球化为各国分享文化及创造才能提供了巨大的空间,但显然并不是所有的国家都能抓住这个机会。如果不向这些国家提供支持,帮助它们参与文化贸易,它们的文化声音将继续受到排挤和孤立。"全球化时代,发达国家是文化传播的中心,也是文化利益获得的主体,它们不仅凭借发达的文化产业占据着文化传播的主要位置,攫取巨大的文化利益,而且向落后国家传播着一整套的思想体系、价值观念。据统计,发达国家在文化传播的信息上,占据了世界信息总流量的80%以上,其中美国则占据了60%以上,这使得其他国家文化利益的实现面临着前所未有的挑战。

2. 世界贸易组织对文化利益的影响

世界贸易组织(WTO)是在关税及贸易总协定(GATT)的基础上,在国际分工进一步深化的情况下,为寻求国际社会新的平衡而建立起来的全球经贸组织。世界贸易组织具有一整套成员共同接受的协定和协议,广泛涉及文化的各个领域,有关文化的规章条例主要包括在世界贸易组织规范服务贸易和知识产权保护的基本

---

① Cano G. A., Garzon A., Poussin G., 2000, Culture, Trade and Globalization: Question and Answers, UNESCO Publishing.

规则之内,这些规则也是各个成员制定和执行国内文化贸易政策和国际贸易政策的文本基础,亦是各成员文化利益交换和实现所要遵循的规则。所以说,世界贸易组织是由一系列协定和协议形成的约束原则和机制构成的一种超国家形态的、具有世界体系特征的制度,或者说法律系统。

一个国家在加入世界贸易组织之后,在文化方面,必然要遵循该组织所有的相关协定和协议,修改和完善国内相应的法律法规和文化政策,并由此带来国内文化产业结构和文化经济关系的深刻变动,也必然会对已有的建立在传统的文化生产方式上的文化利益结构产生巨大的冲击,使得文化利益在创造、交换、分享和实现的各个环节都遇到巨大挑战。因此,在这种背景之下,维护国家文化利益、捍卫国家文化安全的任务也变得更加艰巨。

二、文化利益与国际文化贸易

1. 国际文化贸易

国际文化贸易是指世界各国或地区之间所进行的以货币为媒介的文化交换活动。它既包括有形商品的一部分,例如音像录影制品、纸制出版物等,也包括无形商品,例如版权、关税等。它是文化经济链条上的一个重要环节,相对于文化产业关注文化产品的生产来说,文化贸易则更加关注文化产品的流通、交易和销售过程。① 不难看出,国际文化贸易的发展为文化利益在世界范围内的交换、分享和实现提供了有效的渠道。

文化产品在世界范围内的流通导致了文化贸易领域内两大理论的激烈冲突,这两大理论分别是贸易自由主义理论和贸易保护主义理论。贸易自由主义理论认为,文化产品在性质上与普通产品一样,不应该受到保护,应该把对文化产品的选择权交给消费者;而贸易保护主义理论认为,文化产品中凝结着不同的价值观、生活方式、习俗等主观因素,会对不同民族的文化认同、思维方式和审美习惯产生重要的影响,因此各国有必要对自己的民族文化和文化产业进行保护。在国际文化贸易中,这两种理论争论的核心,归根结底是文化利益。

2. 国际文化贸易对文化利益的意义

国际文化贸易对文化利益的交换和实现有着重要的意义,具体地说:

(1)国际文化贸易可以把国内生产的文化产品带入国际市场进行交换,从而使得在国内创造的文化利益在世界范围内得以交换、分享和实现。进一步地,可以通过国际文化贸易把国内的思想观念、道德品质和行为方式等文化因素传播到世界各国,获得别国的接受和认同,为以后文化利益的国际化发展打下基础。同时,

---

① 李怀亮、阎玉刚等:《国际文化贸易教程》,北京:中国人民大学出版社,2007年,第38页。

也可以引进国外文化产品,吸收其先进的思想观念、行为方式和先进技术,有力地推动国内文化利益的创造。

(2)国际文化贸易的高附加值的特点能够创造更多的文化利益。根据迈克尔·波特的"价值链分析法",不同企业参与的价值活动中,只有某些特定的经营活动能够创造价值,这些经营活动就是价值链上的"战略环节"。这种价值链分析法对文化产业同样适用,文化的价值远不止创造税收,还可以在诸多关联环节上创造利润,具有高附加值、高回报的特点,因而,也具有创造更高文化利益的能力。

(3)文化贸易可以通过对经济的整体带动实现文化利益。文化贸易使得文化经济更具弹性,可以经受时代的变化,而且文化更利于创造新的空间和场所,这些都是其他经济战略无法实现的,文化经济表现出一种"整体效应",不仅可以创造直接的经济利益,还可以创造出其他经济战略无法比拟的文化利益,并且可以进一步使得文化经济持续发展。

3. 国际文化贸易中的文化利益冲突

在开放经济条件下,由于全球化的发展,使得发达国家在国际文化贸易中占据主导地位,特别是,国际文化贸易对文化利益发展的强大推动力,更使发达国家从中获取了巨大的文化利益。再加之,国际文化贸易可以通过商品贸易的形式向别国传播思想体现、价值观念,从而对别国的文化主权和国家文化安全构成危害。① 因此,自20世纪80年代以来,发展中国家对发达国家的文化抵制,甚至发达国家之间的文化抵制就一直没有停歇,尤其是世界上不少国家对美国文化的抵制。萨缪尔·亨廷顿所谓的"文明的冲突"也随着全球化的步伐愈演愈烈。全球化语境中的文化冲突问题,反映在政治、经济、生活的各个领域,但是,最终都可以归结为文化利益的冲突。

三、中国国际文化贸易的现状

1. 中国国际文化贸易的问题②

(1)国际文化贸易处于严重逆差状态。由于中国的文化产业的国际化发展水平较低,不具备较强的国际竞争力,导致中国国际文化贸易最基本的现状就是贸易逆差严重。

在版权方面,多年来中国进出口贸易的逆差约为3:1,面对欧美的逆差则达到5:1以上。以版权交易中比重最大的图书版权为例,2011年,中国出版社引进图书版权14708种,通过出版社输出版权仅有5922种。其中,从美国引进图书版权

---

① Anoymous,1989,Internationalization and Cultural Friction,Business Japan,Tokyo,Nov,Vol.34,Iss.11,pp. 42.

② 李怀亮、阎玉刚等:《国际文化贸易教程》,北京:中国人民大学出版社,2007年,第281~283页。

4553种,输出766种;从英国引进2256种,输出422种;从德国引进881种,输出127种;从日本引进1982种,输出161种。2011年中国出版物进出口情况如表5-6所示。

表5-6 2011年中国出版物进出口情况

	出口(万美元)	进口(万美元)	差额(万美元)
一、图书、期刊、报纸	3905.51	28373.26	-24467.8
1.图书	3276.61	11666.91	-8390.3
2.期刊	573.44	13906.17	-13332.7
3.报纸	55.46	2800.18	-2744.72
二、音像制品、电子出版物	35.17	14134.78	-14099.6
1.激光唱片	0.25	130.78	-130.53
2.DVD	34.25	13.32	20.93
3.VCD	0.68	0	0.68
4.电子出版物	0	13991	-13991
	出口(种)	进口(种)	差额(种)
三、版权	7783	16639	-8856
1.图书	5922	14708	-8786
2.录音制品	130	278	-148
3.录像制品	20	421	-401
4.电子出版物	125	185	-60
5.软件	5	273	-268
6.电影	2	37	-35
7.电视节目	1559	734	825
8.其他	20	3	17

资料来源:国家统计局《中国统计年鉴2012》。

在影视方面,2011年,中国进口电影版权37项,而出口电影的版权仅为2项。根据电影界统计数据,2011年电影票房超过100亿元,进口影片占了60%以上的票房收入,150多部国产影片票房远不及50余部进口影片。另外,这一年全国电影银幕已达9000块,同比增加15%,就是在这样一个不断扩张的电影市场中,能够充分体现中国文化特色的影片少之又少。根据国家外汇管理局的统计数据,2011年中国电影、音像制品的出口额约为1亿美元,而同年的进口额约为4亿美元(见表

5-7)。2011年全国电视节目进出口总额约为7.68亿元,其中进口总额约为5.41亿元,而出口总额只有2.27亿元(见表5-8)。

表5-7 2000~2011年中国电影、音像进出口情况

电影、音像	2000年	2002年	2004年	2006年	2008年	2010年	2011年
出口(亿美元)	0.1	0.3	0.4	1	4	1	1
进口(亿美元)	0.4	1.4	1.8	1	3	4	4

资料来源:国家外汇管理局《中国国际收支平衡表》相关各期。

表5-8 2011年全国电视节目进出口情况

全年电视节目						全年进口电视剧	
进出口总额(万元)	进口总额(万元)	出口总额(万元)	进出口总量(小时)	进口总量(小时)	出口总量(小时)	部	集
76761	54099	22662	47447	21790	25657	146	3423

资料来源:国家统计局《中国统计年鉴2012》。

(2)文化产品出口种类单一。在图书版权方面,中国图书版权的输出内容主要集中在中医、武术和古典文学等中国传统文化及汉语学习、普及性中国读本方面,科技、教育以及反映当代中国建设成就等方面的图书版权出口极少。

在电影电视方面,中国电影能在国际上取得较好票房收入的大多是武侠和动作类影片,对于国外消费者而言,单一化的体裁和内容容易导致"审美疲劳",进而产生厌倦。

在演出方面,中国演出团体的海外演出在节目类型上主要以杂技等动作类为主。据有关资料统计,在数量上,杂技占据了中国所有对外演出项目的30%以上;在经济效益上,其他艺术种类的海外商业演出的收入远远不及杂技。

(3)文化产品出口地区不广。目前,中国文化产品出口地区主要集中在中国港澳、日韩、东南亚等,存在着出口对象国家和地区单一化的问题。以图书版权贸易为例,目前中国大陆主要的版权输出还是中国台湾地区的繁体版、日文版和韩文版。国家版权局发布的2004年全国版权工作统计情况中介绍,图书版权输出地的前5名是中国台湾地区、中国香港地区、韩国、中国澳门地区和新加坡。由于历史、地理、语言等方面的原因,这些国家和地区对中国文化有着很高的认同度和亲和力,它们更容易接受中国的文化产品;中国的文化产品由于传统的本土化内涵浓厚,且不具有适应国际市场的全球化内涵,因而在欧美市场很难被接受。

2. 中国国际文化贸易逆差的原因

造成中国国际文化贸易处于不利状况的原因主要可以分为国内原因和国际原因。

(1)国内方面的原因主要包括:①中国文化产品生产观念滞后、创意不足,文化产品与服务缺失品牌,缺乏吸引力。中国目前在世界上能够占有一席之地的文化品牌很少,且大都缺乏发展后劲。②规范和鼓励开展国际文化贸易的政策缺失。由于文化产业对于中国来说是一个新兴产业,起步较晚,相关政策法规的制定不能及时到位,制约了国际文化贸易的发展。③文化产业规模普遍较小,尤其是产业集中度过低,难以实现规模经济和范围经济。此外,国家对文化产业的资金投入较少,也导致了文化产业规模难以快速扩大。④文化人力资源的质量不尽如人意,人员素质参差不齐,知识结构欠缺,缺少国际文化贸易专业人才,尤其是文化产业生产、管理与贸易方面的人才。⑤文化生产的科技水平与创新能力低下。由于新兴的文化产品与艺术模式的开发受到资金与知识产权保护等方面因素的影响,导致文化创新意识不强,导致国内文化资源开发利用程度低下。

(2)国际方面的原因主要包括:①欧美、日韩等文化产业发达的国家在国际文化贸易中的竞争力强大,由于其文化产业发展较早,已形成了成熟的产品类型,拥有巨大的国际影响力和竞争力,使得发展中国家的文化产业难以与之抗衡。②当前的国际文化竞争是一种不公平的竞争,国际文化市场的游戏规则通常都是由最先进入的强者制定,导致现行的国际文化贸易规则对发展中国家不利。③欧、美、日等国的文化产品具有适应国际市场的全球化内涵,其产品所反映的风格、价值观、信仰、历史、社会制度等方面的内容,在国际文化市场上更容易被广泛接受。①

---

① 李怀亮、阎玉刚等:《国际文化贸易教程》,北京:中国人民大学出版社,2007年,第288~289页。

第六章 国外文化利益的实践

前文分别从微观实践和宏观实践上,对中国的文化利益进行了理论和实证分析,为制定符合中国国情的文化利益发展战略及对策提供了坚实的基础。但是,仅把研究视角局限在中国是不够的,因此,本章将把研究视角扩展到国外,选取国外在文化利益实践方面具有代表性的国家——美国、英国、法国、日本、韩国作为考察对象,分别研究它们在文化利益的创造、交换、分享与实现过程中对中国具有借鉴与启示意义的重要实践,如文化政策、文化产业、国际文化贸易等,从而为中国文化利益发展的国际化提供比较和借鉴。

第一节 美国文化利益的实践

美国是当今世界文化经济与文化产业最为发达的国家,发达的文化经济、庞大的文化产业、广阔的文化市场以及成功的国际文化贸易,不仅为美国经济注入了新的活力,有效地拉动了美国经济的增长,而且也极大地促进了美国文化和社会的发展,推动了美国文化利益的创造、交换、分享和实现。因而,深入研究和透视美国文化政策、文化产业和国际文化贸易的发展状况,对于研究美国文化利益的实践有着重要的作用。

一、美国的文化政策

美国不设文化部,也没有直接以"文化政策"命名的法规性文件,从这个角度来看,美国似乎没有"文化政策"。然而,这种情况恰恰就是这个在世界新文化市场上占据主导地位的国家在文化政策上的独特之处。本部分内容将对美国文化政策的架构、执行机构以及基本主张加以系统地考察。

1. 美国文化政策的架构

美国的文化政策并不是以独立的法规条文形式存在的,而是渗透于国家整体战略和政治、经济、外交、军事以及贸易政策之中。美国的文化政策可以说是隐而不见,却又无处不在。

美国文化政策是维护国家文化利益的重要手段,亦是维护国家利益的重要工具。2001年美国尼克松中心和哈佛大学在政府的支持下,对美国的国家利益进行了专题研究,并发表了一份影响极大的《美国国家利益报告》。报告把美国的国家利益区分为四个等级,即致命利益、极端重要利益、重要利益和次要利益。其中,除了包括防止核武器、生化武器扩散等内容的致命利益之外,其他三种利益中均包含了文化方面的内容,涉及了国家文化利益。归纳起来,美国的国家利益涉及文化利益的主要有两方面:一是弘扬美国式的价值观、民主制度和生活方式,对外国文化产生影响;二是确保美国及西方民主制度的稳定性,并使西方民主制度渗透到对美国利益有重要影响的国家之中。

此外,美国文化政策占据国家安全战略的核心位置。2002年9月,美国政府制定了第一份《国家安全战略报告》,报告指出:"在打击恐怖主义的斗争中,我们永远不要忘记,我们的终极目标是为我们的民主价值观念和生活方式而战。"在这份报告的《美国国际战略总纲》之中,反复强调的不是国家安全战略的重要性,而是西方民主、自由、人类美好生活等理念,说明美国的国家安全战略的最终目的是为了推进民主自由和建设人类幸福生活,在这种意义上可以说,美国文化政策和文化战略是国家军事安全、经济安全的灵魂。

从以上分析可以看出,美国文化政策的核心是向世界推行美国式的价值观念。对内,美国文化政策的重点是促进人文社会科学研究,扶持民间文化艺术活动,促进国内文化产业竞争,保护文化遗产,促进多元文化发展,维护主流价值观念的地位;对外,美国文化政策的重点是开展文化外交,提升美国在世界的形象,促进美国与其他国家的相互理解。另外,促进国际文化贸易也是美国文化政策的重要方面,在这一层面上,文化政策与经济政策、贸易政策结合在一起,通过文化产品的销售与传播,促进世界其他国家人民对美国文化观念的认同。归根结底,美国文化政策的根本目的是服从和服务于国家文化利益以及国家整体利益的。① 美国文化政策的主体架构如表6-1所示。

---

① 张玉国:《国家利益与文化政策》,广州:广东人民出版社,2005年,第144~146页。

文化利益理论与实践

表6-1 美国文化政策的主体构架

核心	服从和服务于美国国家文化利益,推进美国价值观念在全世界的传播	
	对内	对外
战略目标	维护主流价值观念;塑造民族文化身份;保护文化产业竞争力	提升美国形象;促进双边理解;防止冲突
实施手段	增加对文化事业的投入;鼓励各种非政府组织投资文化事业;促进文化产业竞争,防止垄断;保护文化遗产	开展文化外交,包括在世界各地设立美国文化中心,派遣美国有成就的文化人士充任"文化大使",对外宣讲美国文化;邀请各国精英分子和普通民众来美国留学、参观访问;推进文化产品自由贸易进程,扩大美国文化产品出口和世界市场份额,提高美国文化产品对其他国家消费者的影响力

资料来源:张玉国:《国家利益与文化政策》,广州:广东人民出版社,2005年。

2. 美国文化政策执行机构

参与美国文化政策制定和执行的机构数量非常多,但究其性质和功能来说,主要包括四类:政府部门、公共机构、私人组织和政策研究机构。

在政府部门中,国会参众两院有关委员会、联邦政府有关机构是文化政策的主要制定和执行机构。由于美国没有文化部,那么,文化部的功能就分散于诸多政府部门之中。其中,对文化政策的制定和执行起核心作用的是国务院,其下专门设有"教育和文化事务局"。美国参与文化政策制定和执行的政府部门如表6-2所示。

表6-2 美国参与文化政策制定和执行的政府部门

国会系统	众议院预算委员会	国务院教育和文化事务局	联邦政府系统
		联邦贸易委员会	
	众议院财政委员会	商务部	
		美国贸易代表办公室	
	众议院国际关系委员会	联邦传播委员会	
		总统文化资产委员会	
	参议院财政委员会	国土文化安全局	
		国际广播局	
	参议院外交委员会	全球传播办公室	
		贸易信息中心	
		美国之音	

资料来源:张玉国:《国家利益与文化政策》,广州:广东人民出版社,2005年。

第六章 国外文化利益的实践

在公共组织中,对美国文化政策的制定和执行影响比较大的有:国家艺术基金会、国家人文科学基金会、美国国会图书馆、美国学术协会、国际教育和文化交流联盟、美国文化协会、美国电影商协会等。在文化领域具有比较重要地位的私人组织主要有:福特基金会、洛克菲勒基金会、斯达尔基金会、杜雷斯·杜克基金会等。在政策研究机构中,主要包括高等院校科研机构和政府智囊团,例如教育发展研究院、美国企业家学会、布鲁金斯学会、卡托研究院、艺术与文化研究中心、经济政策研究院等。

3. 美国文化政策的基本主张

美国文化政策的基本主张,可以分为两大类:

(1)美国对内文化政策的基本主张:放松管制。美国的文化政策,特别是在文化产业方面的政策,经历了一个由管制到放松管制的变革过程。最近20年来,在信息革命、全球化及本国文化产业不断成长壮大等多种因素的刺激下,美国政府采取了放松管制的手段,来促进国内竞争,提高全球竞争力,拓展21世纪的美国国家文化利益。特别是意见市场理论和多样化原则的提出,为美国文化管制政策的放松起到了积极的作用。

意见市场理论是美国文化产业政策制定、实施和调整的主要理论依据。其最初的含义是:自我表现和自由思考的个人权利是十分重要的,真理可经由意见的自由交换而达到。后来,由于约翰·穆勒等人的推动,意见市场概念逐渐发展成为公民权利和有效民主的一种表达形式。罗纳德·科斯、布鲁斯·欧文等新古典经济学家认为存在一个买卖信息、娱乐和知识产品的市场,按照供求规律进行交换;任何内容或意见,只要存在足够的消费者使之有利可图,就会有供给。因而,意见交换市场理论与新古典经济学理论相当一致。而文化产业所关注的效率、竞争和消费者满意度,恰好可以通过放松管制来实现。同时,意见市场理论也可以为多样化政策提供理论支持。

放松管制的文化政策,推动了文化产业为追逐利润而展开的竞争。在20世纪80年代之后,美国文化产业出现了兼并浪潮,产生了诸多大型的文化产业集团,使得美国的文化市场进一步活跃起来。放松管制的文化政策,为美国文化产业的发展创造了各种有利的条件,从资金、市场、就业政策、税收、监管等方面的支持,使文化产业的发展具备了十分宽松、自由的生存环节。这种宽松的文化政策与其所提倡自由平等的市场经济相配合,使得美国文化产业多样化程度和生产效率不断提高,从而为其国际化发展、占领全球文化市场打下了基础。

(2)美国对外文化政策的基本主张:对外扩张。进行文化扩张是美国对外文化政策的基本原则。当代全球化进程加快是任何国家都无法忽视的一种趋势,同时也给美国文化的扩张提供了过去任何时代都无法相比的有利条件。美国也制定了相应的文化战略,试图以"美国化"来代替全球化,用美国的文化价值观来"重塑"整个世界,最终形成后冷战时代美国主导下的"和平与秩序",进而让美国在世界范围内创造和实现更多的文化利益。

自20世纪90年代以来,美国前负责国家安全事务的助理国防部长约瑟夫·奈一直倡导"软实力"的观点。所谓"软实力",是相对于"硬实力"而言的。"硬实力"是指一个国家凭借经济实力、军事力量,通过对其他国家进行经济制裁和武装干涉,去胁迫他国按照自己的意愿行事。"软实力"是指文化、生活方式、价值观和国民凝聚力等,它是一种通过吸引力、感召力和同化力而不是强制力获得理想结果的能力。在当前这个全球化的时代,信息技术的广泛应用,使得"软实力"变得越来越重要。①

"软实力"的表现形式也比"硬实力"温和得多,它是无形的,但其影响力要比"硬实力"更丰厚和久远。美国的文化产品以及生活娱乐方式对世界其他国家和地区的影响和渗透可以说是无处不在的。美国的文化产品具有很强的国际竞争力,尤其是美国的视听产品几乎覆盖了全世界的文化市场,其出口额已经超过传统的航空航天产品,成为美国发展最快的产业,这显然与美国政府大力推行对外扩张的文化政策、支持和鼓励其文化产品的对外输出有密切关系。

此外,在对外扩张的文化政策指引下,美国政府在国家贸易政策中借助美国强大的经济实力和国际政治上的优势,来进一步推动美国文化产品进入国际文化市场,并为占领国际文化市场提供国际贸易上的保护,从而在对外扩张中获取更大的文化利益。

二、美国的文化产业

1. 美国文化产业概况

美国文化产业从总体发展规模、水平和对经济的贡献来说,都是世界首屈一指的,可以称得上世界头号文化产业强国。近年来的各项统计数据显示,美国文化产业的年产值已占到国内GDP的1/4,仅次于军工产业,已成为美国重要的支柱产业。美国的文化产业不仅在政治上发挥着重要的影响力,成为主导世界的力量,影响着国际政治的发展和走向,而且在经济上也创造了巨大的财富,成为美国最赚钱的产业之一。因此,美国的文化产业在实现国家的政治利益、经济利益和文化利益方面,发挥了极其重要的作用。

(1)文化艺术业。自从美国国家艺术基金会1965年成立以来,美国文化艺术业获得了长足发展。据统计,美国非营利性文化艺术业每年直接或间接拉动的经

---

① 李怀亮:《国际文化贸易教程》,北京:中国人民大学出版社,2007年,第107~109页。

济效益为369亿美元,提供130万个就业机会。在营利性文化艺术业方面,自1987年以来,美国表演艺术、体育和博物馆创造的产值几乎翻番。据美国全国艺术基金会的最新统计,2010年全美国共有1500多家专业戏剧演出团体、1800多家交响乐团、120家歌剧团和500多个作家协会。美国拥有开展表演艺术业务的演出经理公司千余个,具有代表性的哥伦比亚艺术家经理公司、ICM艺术家经理公司等大公司实力雄厚,拥有巨大的市场份额。此外,美国拥有1200多家艺术博物馆,每年至少举办1200场大型展览,能够获取很高的营业收入。

(2)影视业。美国的电影公司大部分集中在洛杉矶市的好莱坞地区,从事电影制作和发行的企业多达4767家。现在,美国影视业基本上被迪斯尼电影公司、索尼音乐娱乐公司、米高梅电影公司、派拉蒙影业公司、20世纪福克斯电影公司、环球唱片公司、华纳兄弟娱乐公司7家大公司所瓜分。根据美国电影协会公布的数据,美国电影国内票房收入从1996年到2011年一直处于上升趋势,该数字从2000年的不足80亿美元上升到2011年的101亿美元。而美国电影的国际票房收入则保持了更快的增长势头,从2000年的80余亿美元猛增到2011年的218亿美元(如图6-1所示)。从全球市场范围看,美国影视产品已经取得绝对优势地位。2010年,美国电影在将近200个国家和地区放映,全球电影放映市场中,来自美国的影片高达85%,即使在重视市场保护的欧洲,该比例也已达80%。美国电视节目在超过150个世界主要市场播出,全球销售的各类影视录像制品大多数都是美国公司生产,比重超过了70%。其中,数字影碟(DVD)的生产与销售成为了影视产业一个相对新颖却又颇为注目的收入来源,且数字影碟的销售收入一直高于美国电影的国内票房收入。

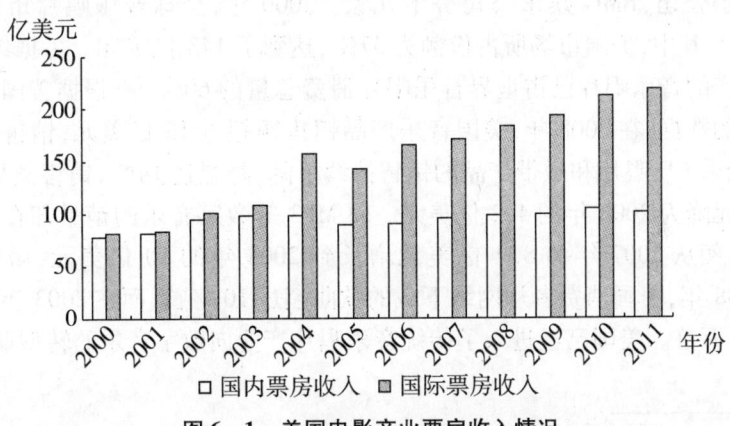

图6-1 美国电影产业票房收入情况

(3)图书出版业。目前,美国共有70000多家出版机构,且都为股份制企业或者私营企业,不受政府支配。1997年美国出版业总销售额达到172亿美元,约占整个传媒业的12%。2001年美国图书市场销售额达210亿美元,约占世界图书市场销售总额的30%。在过去的几年中,美国图书销售额每年平均递增约5%,2002年为223亿美元,2005年达251亿美元。随后,在电子图书的影响下,美国图书销售额一直未能有所提高,直到2010年才略微上涨,截至2011年底,该数字达到272亿美元(如图6-2所示)。长期以来,美国前20名出版公司的销售预算总单价为全美的95%,像兰登书屋、时代华纳、读者文摘等大型出版商占据了美国国内图书市场的大半份额。①

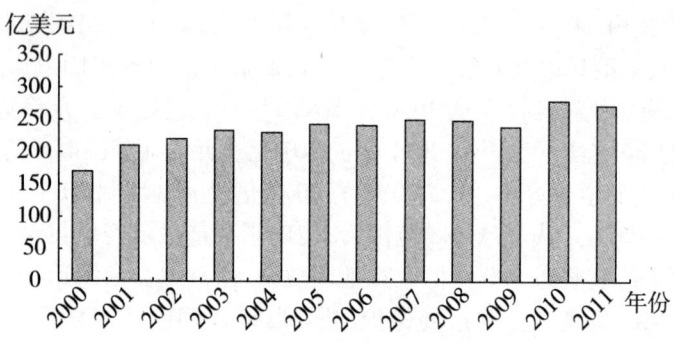

图6-2 美国图书销售收入情况

(4)音乐唱片业。美国音乐唱片业的主要参与者是唱片公司、制作人和音乐家。全美有约1000家唱片发行公司,主宰唱片业的主要是华纳兄弟娱乐公司、索尼音乐娱乐公司、BMG娱乐公司等十几家。2000年,全球音乐唱片市场总值是385亿美元,其中,美国市场所占份额为37%,达到了143亿美元。另据统计,由美国公司生产的音乐唱片已占世界音乐唱片消费总量的60%。② 根据美国市场调查公司公布的数据,在2008年,美国音乐产品销售额超过15亿美元,销售增长超过10%,但音乐CD唱片和磁带产品的销售持续下降,降幅达14%,销售额从2007年的5亿美元降为2008年的4.2亿美元。而MP3等数字音乐的销量却在继续大幅攀升,销售额从2007年的8.4亿美元增长到2008年的10亿美元,增长幅度达27%。2008年,美国消费者从网络下载的歌曲超过10亿首,而在2003年这个数字仅为1900万首。美国已经进入了传统音乐唱片产业向数字音乐的转型期。

---

① 李怀亮:《国际文化贸易教程》,北京:中国人民大学出版社,2007年,第135页。
② 张志宏:《美国文化产业概况和发展经验》,载江蓝生、谢绳武主编:《2002年:中国文化产业发展报告》,北京:科学文献出版社,2002年,第278页。

2.美国国际文化贸易的状况

随着全球经济结构的调整和美国政府对文化产业的重视,美国国际文化贸易在国家对外贸易中的地位不断上升。由于美国发达的文化产业,再加之美国在国际政治、经济中的影响力,使得美国国际文化贸易迅速渗透进入了全球文化市场。具体地说,美国国际文化贸易的状况主要可以归纳为以下几点:①

(1)美国国际文化贸易金额不断上升。目前,国际经济组织把文化贸易放在世界服务贸易范畴。从联合国贸易和发展会议提供的数据看,美国的国际文化贸易金额有较大幅度的增长。1995年美国有关文化贸易的版税和许可证费用、文化、娱乐服务贸易出口额为328.49亿美元,而到了2004年,美国此类贸易金额就已达到590.59亿美元,是法国的8.1倍、英国的3.8倍、日本的3.7倍。同时,从世界贸易组织统计的相关数据看,美国的文化贸易金额在服务贸易中所占的比重也不断上升。美国相关文化贸易出口额在服务贸易出口中所占的份额由1995年的16.6%上升为2003年的19.4%,同期中,日本此项比重为17.6%,英国为8.4%,法国为5.9%。截至2010年,美国的文化产品占据了国际文化贸易市场42.6%的份额。近10年来,美国文化产业的出口总额逐年增长。以2008年为例,美国文化产品出口的国际市场占有率是法国的3.4倍、日本的6.1倍、中国的1.1倍、墨西哥的5.5倍。

(2)美国在国际文化贸易中优势明显。美国作为世界文化产业和文化贸易大国,其文化产业直接产值和相关产值已占美国GDP总量的18%~25%,而其他国家不足5%,高度发达的现代文化产业为美国获得国际文化贸易优势打下了坚实的基础。另外,美国文化产业具有极高的创新能力,不论是在电影、电视、游戏、动画、互联网,还是在出版、印刷、广告等各个领域都保持着较高的领先能力,形成了国际文化市场对美国文化产品的巨大需求。因此,美国文化产品的超强国际竞争力,对其他国家几乎是"单方面"输出。2003年,美国的版权和许可证费用、文化、娱乐出口额达到556亿美元,而进口额只有203亿美元,出口额是进口额的2.73倍,顺差额高达353亿美元。2009年,美国经济在金融危机的影响下持续恶化,与2008年相比,其对外贸易出口总额下降了15.4%,但文化产业中文化与娱乐服务出口额却比2008年提高了2.6%,显示出了美国在国际文化贸易上的强大优势。

(3)跨国公司成为美国国际文化贸易的主体。目前,来自发达国家的50家文化产业集团占据了95%以上的国际文化市场,其中,又以美国的跨国公司为主。例如时代华纳公司、迪斯尼电影公司、哥伦比亚广播公司等美国跨国公司,它们不仅对世界文化产业发展拥有强大的影响力,而且在不同的文化行业占据着绝对垄

---

① 雷兴长、曹文环:《当今文化贸易国际格局特征分析》,《社科纵横》,2008年第10期。

断的地位。其中,时代华纳公司2006年全球营业收入高达436.52亿美元,其华纳音乐公司的唱片业务居世界首位,此外,它还拥有1.2亿杂志读者、32万互联网用户、10亿有线电视新闻网(CNN)观众、3500万付费电视网(HBO)用户、1300万有线电视用户,仅其有线电视的覆盖面就涉及全球15亿人口、212个国家和地区。

(4)版权交易是美国国际文化贸易的主要内容。在知识经济时代,版权产业正成为国际文化贸易中最强有力的支柱产业之一。版权产业在发达国家GDP中所占的比重约为3%~8%,美国版权产业在2002年的产值约为7912亿美元,占GDP的7.7%。其中,图书版权和电影版权是美国版权交易中最为重要的两项。2005年,在全球最大的图书版权交易市场——法兰克福书展上,美国版权交易额约占总交易额的14%。而在电影版权交易方面,美国每年有70亿美元的国内电影票房收入,年均份额仅占全国电影产业总收入的27%,其余的73%全部来自版权转让及相关衍生商品收入。根据《美国经济中的版权业:2011年报告》所提供的资料,2010年,美国核心版权产业(包括音像制品、计算机软件、影视节目、图书报刊杂志等)在国际文化贸易中的出口额达到了1340亿美元,远高于飞机、汽车、农产品等产业的出口额。

三、美国文化利益发展的经验

美国恰当的文化政策和发达的文化产业,为文化经济的发展、国际文化市场的占领提供了有力的保证,也为美国国家文化利益的创造、交换、分享和实现打下了坚实的基础。通过对美国文化利益发展的经验总结,以期能为中国文化利益的国际化发展提供借鉴。

第一,放松管制与对外扩张。美国对内放松管制与对外文化扩张同时并举的文化政策,为美国文化产业的发展提供了有力的政策保障。对内放松管制催发了美国诸多世界级大型文化企业集团的产生,使美国文化企业的国际竞争力大大增强。对外扩张则使美国文化企业在打入国际市场时拥有了美国政府这样一个强大的后盾。美国政府采取各种政策手段,为本国文化企业和文化产品进入国际市场开辟了道路,也为国家文化利益在世界范围内交换和实现提供了制度安排。①

第二,科技创新与文化创意。科技创新和文化创意是驱动经济迅猛发展的"两个轮子",也是促进文化产业发展的核心所在。20世纪90年代,美国图书出版公司、音像出版公司就开始把网络技术应用于销售,从而推动了图书和音像出版业的发展。此外,美国文化产品的生产将科技创新与文化创意进行了完美的结合,赋予了文化产品内容上的深刻思想意蕴和形式上的强烈震撼力,从而赢得了市场。也

---

① 李怀亮:《国际文化贸易教程》,北京:中国人民大学出版社,2007年,第294~296页。

可以说,科技创新和文化创意为文化利益的挖掘和创造提供了有力的工具。

第三,人才培养与科学管理。文化利益的创造、交换、分享和实现等一系列活动,关键在人才。美国从世界各地吸纳了大量优秀文化艺术人才。仅 1990~1991 年,独联体各国的文化界人士移居美国的就有 3 万多人,其中著名人士达 1500 人,这些文化人才为美国文化利益的发展做出了重要贡献。此外,美国也十分注重对文化管理人才的培训,提高文化领域经营管理水平,使文化企业潜力得到发挥,极大提高了文化生产率。

第四,政治优势和经济实力。一直以来,美国政府充分利用其国际政治经济优势来支持美国的文化产品占领国际市场。在国际政治领域,美国利用其强大的政治影响力,为其国际文化贸易创造有利的政治环境,同时,又利用其经济领域的雄厚实力为文化产业跨国经营提供有力的经济支持,从而使得美国的文化产品能够迅速地占领国际文化市场。进而使美国的文化利益在世界范围内得以实现和发展。

第二节 欧洲文化利益的实践

欧洲是世界文化的一个重要发源地,欧洲的文化经济和文化产业也是世界文化经济活动的一个重要组成部分,对世界文化和经济的发展具有重要的影响作用。特别是欧洲的文化产业起步比较早,产业化程度高,发展也比较成熟,从而为文化利益的实现提供了坚实的基础。本节选取欧洲在文化利益发展方面具有代表性的两个西欧国家——英国和法国作为分析对象,借以考察它们发展文化利益的实践经验。

一、英国的实践与经验

1. 英国的文化政策[①]

(1) 英国文化政策的模式。"一臂之距"模式("Arms-length" Model)是英国扶持文化的原型体制。它是由中央政府选择非政府公共组织,作为国家文化行政资助的渠道。"一臂之距"的原则本质上是政府与各种艺术文化机构之间签订协议,并依此将两者分离。自 20 世纪 80 年代初期以来,随着中央政府通过制定出更为广泛的文化政策目标,重组这些非政府公共组织,表现出进一步的文化干预,中央

---

① 陈鸣:《西方文化管理概论》,太原:书海出版社,2006 年,第 123~126 页。

政府与"一臂之距"的机构之间的本质关系也发生了变化。

20世纪90年代后期,英国文化行政体制的巨大变化,导致了以"一臂之距"为原则的国家文化管理模式出现了重要的变迁。一方面,威尔士、苏格兰和北爱尔兰地区的自治改变了英国国家文化管理的基本格局,中央政府的文化权力进一步下放和分散;另一方面,英国艺术理事会的改组和整合,强化了中央政府对于英格兰地区文化的控制,体现了某种再集权化的态势。不难看出,英国文化政策的转变体现了国家对文化利益的重视与控制,尤其是近年来,由于国际文化产业的发展,这种对国家文化利益的干预得到了加强。

(2)英国文化政策的目标。英国文化政策的基本目标是要使最广大的公民都能获得生活中最美好的东西,即对高水平精神文化需求的满足。1999年,政府要求文化部门在10年内,将公民参与艺术文化的比例由50%提高到66%。文化新闻体育部所提出的六大文化政策目标是:①保持和发展具有品质、创意和有益的计划,创造有效的竞争市场,发展创意产业。②拓宽渠道,使所有公民都能进入丰富而多样的文化生活中。③通过教育开发国家在文化领域的潜在资源,为创意产业提供相应的保障。④确保每一个人在文化领域都有机会施展才能,以便挖掘和培养人才。⑤维持国家彩票的公共资助,确保该领域的收入和资金积累。⑥提高文化部门在重建、维护都市和乡村稳定方面的作用。可以说,英国文化政策的目标基本上涵盖了国家文化利益创造、交换、分享和实现的各个环节。

(3)英国文化政策的运作情况。苏格兰、威尔士和北爱尔兰地区政府的自治变革及其文化政策的出台,既标志着英国社会制度的结构性变革,同时也直接影响到英国国家文化政策的取向。近年来,英国地方各级政府越来越意识到,政府通过对文化方面的管理,有助于实现更为广泛的目标,如促进社会融合、改善相邻关系、增加文化资本的投资。因此,中央政府与地方政府建立了一种较为密切的合作关系,双方都重视文化领域内的共同目标和有效服务需求。未来发展的核心是中央政府通过引入国家财政部与地方政府机构签署公共服务协议的方式,向地方政府提供国家文化基金,同时,协助地方政府出台相关的文化政策,从而构成了英国文化政策的基本态势。通过对英国文化政策运作的考察发现,英国对文化利益发展的关注程度正在随着国际文化经济活动的发展而不断加强。

2. 英国的创意产业

(1)英国创意产业的现状。英国是世界上第一个提出创意产业的国家,也是第一个进行政策性推动创意产业发展的国家。英国的创意产业实际上就是文化创意产业或文化产业,即"那些出自个人的创造性、技能及智慧和通过对知识产权的开发生产可创造潜在财富和就业机会的活动"。英国的创意产业包括出版、音乐、表演艺术、电影、电视和广播、互动性娱乐软件、游戏软件及电脑游戏、广告、建筑、

第六章 国外文化利益的实践

设计、艺术品和古董交易市场、手工艺品以及时装设计13种行业。①

早在2004年,创意产业已经成为英国产值第二大的产业,占GDP的7.9%,仅次于金融服务业;英国政府战略机构的一项研究得出如下结论:伦敦创意产业对经济的重要性已经超越了金融服务业。创意产业雇员数量已达52.5万人,且还在增加;而与之相比,伦敦金融服务业的就业人数为32.3万人,并处于下滑的趋势。到了2010年,英国的创意产业占GDP的比重已达到8.2%,其增长速度是整个国民经济增速的2倍;全国已拥有超过15万个不同类型的创意产业公司,创意产业就业人口接近230万人,并间接创造了另外100万个就业岗位,位居各产业首位。可见,创意产业已经成为英国经济社会发展贡献最大的行业之一。②

据统计,1995年,英国创意产业净收入大约是250亿英镑,其产值约占国内生产总值(GDP)的4%,超过任何一项传统制造业创造的产值。1998年,创意产业所创造的产值已接近600亿英镑。2000年,创意产业产值约占GDP的7.9%,年增长率达到9%,是其他产业的3倍。到了2001年,英国创意产业的产值高达1125亿英镑。截至2002年,10年间英国总体经济增长了70%,而创意产业则增长了93%,1997~2001年,创意产业的就业成长率平均为5%,而整体经济的成长率只有2.8%,这表明英国的产业结构已发生了根本性的变化。③ 2006年公布的《英国创意产业竞争力报告》,将创意产业分类为三个产业集群:生产性行业、服务性行业、艺术品及相关技术行业。如今,英国的创意产业已经成为可以与金融业媲美的国民经济支柱性产业。

(2)英国的国际文化贸易。在国际文化贸易方面,英国创意产业的贸易已占到世界总量的20%以上,对国民经济的贡献相当可观。2002年,创意产业的出口值为115亿英镑,约占总出口值的4.2%。1997~2002年,创意产业出口的平均年增率为11%,相较之下,服务性商品为7%,所有出口商品则为3%,均不及创意产业的平均年增率。④ 而2009年,创意产业出口额已占到英国服务业出口额的10.6%。

具体地说,1995年,英国创意产业出口总值达75亿英镑,其中,出版业19亿英镑、音乐业15亿英镑、广告业5.65亿英镑、设计业3.5亿英镑,在海外市场具有较大优势。2001年英国创意产业的出口总值已达到103亿英镑。1997~2001年,英国创意产业出口额每年增长15%,而同期英国所有产业的出口增长率平均只有4%。⑤ 根据英国文体部的统计数据,2009年英国创意企业总数接近10万家,占英

---

① Hesmondlalgh David,2002,The Cultural Industries,London:Sage Publications Ltd.
② 张京成:《中国创意产业发展报告》,北京:中国经济出版社,2006年,第348页。
③⑤ 张胜冰、徐向昱、马树华:《世界文化产业概要》,昆明:云南大学出版社,2006年,第79页。
④ 张京成:《中国创意产业发展报告》,北京:中国经济出版社,2006年,第348页。

· 183 ·

国在册企业总数的5%左右,出口贸易与之前相比,又有了大幅度的增加。文化创意产业中,出版业和电视广播业出口额分别占英国服务业出口总额的3.1%和2.6%。音乐产业2009年产值为40.7亿英镑,占GDP的0.32%,其销售量占世界第三位,产量仅次于美国位居第二位,占全球音乐产业的15%以上。在广播电视业中,英国有600个电视频道,每年制播2.7万小时的节目内容,且大多销售海外,占全球市场的53%。

3. 英国发展文化利益的经验

英国文化政策的调整和创意产业的发展,为英国国家文化利益的创造、交换、分享、实现以及国际化发展铺平了道路,其文化经济活动的实践经验可以归结为以下几个方面。①

(1) 注重创意,避免争论。英国创意产业的概念淡化了文化与产业之间的矛盾,也帮助政府从诸多争论中解脱出来。"创意"一词盘活了人们对文化产业概念的理解,从源头上揭示了文化产业发展的动力。创意产业概念的精髓是创新,是以尊重和支持包括文化艺术在内的任何人类精神文化追求的创新和提升为原则的,它将"文化"与"产业"巧妙地结合在一起,从而为文化利益的创造开辟了一个全新的领域。

(2) 通过政府部门协调提高宏观管理效率。在创意产业的管理过程中,英国政府将重点放在政府各部门之间的政策协调方面,极力宣传创意产业为社会所创造的其他行业不可替代的经济价值和就业机会,强调其对塑造英国民族特征所起到的独特作用以及多元文化的重要性,其最终目的还是为文化事业在创意产业中自我发展的产业化经营模式寻求新的途径,为国家文化利益在更高水平上发展提供动力。

(3) 国家财政大力支持。文化经济的发展和文化利益的创造需要巨额的文化投资。在英国,文化投资的渠道是多样的,有政府拨款、准政府组织资助、基金会资助等。此外,政府还运用了一种非常规的投资方法——通过发行彩票的方式筹集文化基金,极大地弥补了政府资金的不足。不难看出,政府和社会巨额资金的投入,为文化利益的发展提供了雄厚的资金实力。

(4) 积极推动文化资源向文化资本的转变。文化资源要转变成为真正的文化生产力,就必须不断创新、发展,通过现代市场运作使文化资源变成文化资本。英国是一个历史文化悠久的国家,对传统文化的保护非常重视,正是这些宝贵的历史文化资源为英国创意产业的发展和国家文化利益的实现打下了良好的基础,并带动了经济利益的提高。

---

① 李怀亮:《国际文化贸易教程》,北京:中国人民大学出版社,2007年,第298~302页。

二、法国的实践与经验

法国是文化大国,名胜古迹众多,文化设施齐全,文化活动十分活跃,文化产业也很发达。法国政府非常重视文化经济的发展和文化利益的实现,对于法国文化利益实践的考察将有助于我们更好地对其先进经验加以借鉴。

1. 法国的文化政策[①]

(1)法国文化政策的模式。法国文化政策模式的特征是国家文化管理主要由专门的公共管理机构承担。除了国家政府对于文化工作者、文化产品和文化活动的行政立法和管制外,国家、地方和当地的政府部门也给文化领域分配自主基金。公民平等参与文化已被写入法国宪法。法国公民已经普遍地意识到,文化是社会和经济发展的综合部分,既是实现国家文化利益的基础,也是实现公民个人文化利益的关键因素。根据法律规定,对于作为国有公共财产的艺术文化遗产,政府既有承担保护、维护、保存、传播等职责,同时也要致力于促进、扶持和传播创造性的艺术文化。政府扶持的目的在于,防止和摆脱经济市场给文化产品带来的固有风险,同时也为国家文化利益的创造、交换、分享和实现活动提供保障。

当前,法国的国家文化管理模式中出现了一种以合作主导的新型公共文化管理模式。各种公共和私人的文化参与者之间的文化合作,是依照不同的文化事项契约程序而组织起来的。作为国家公共文化事务的合作伙伴,许多城镇当局都尽力地推进由中央政府确立的文化政策。由于它们更贴近当地居民的真实状况及精神文化需求,开展具有地方特色的文化管理就更为有利。法国文化权力分散政策在未来的一个主要趋势就是市政之间的合作。

(2)法国文化政策的运作情况。2002年,法国文化部明确提出,制定一种政策,支持和发展所有方面的文化艺术,鼓励文化作品和其他作品的创造性,培育和推荐文化艺术培训活动。法国文化政策关注的目标是:培养创造性;保护国家文化遗产;发展文化产业;拓宽文化活动的渠道;促进文化多样性。而其最终的目标就是实现和发展国家文化利益。同时,法国政府也认为,文化多样性可以适应欧洲文化产业发展的基本需要。由于文化多样性带来的观念和艺术表达的多元化,也构成了文化利益实现和发展的多样性。

近年来,法国优先发展的文化政策主要是:文化多样性的保护、文化权力下放和去中心化、鼓励艺术教育等。2002年,法国文化部进一步推行了这些政策和扩大文化权力分散的意旨。在文化管理上,中央政府和地方政府的角色明确分开和定级。在文化部的监督下,提高公共文化管理组织的自主责任性。公共管理组织

---

① 陈鸣:《西方文化管理概论》,太原:书海出版社,2006年,第121~123页。

在政府协议所指定的目标和方法的框架下,获得更多的自主管理权,从而为文化利益的创造和分享做出了制度上的安排。

2. 法国的文化产业

法国最重要的文化产业门类是艺术文化产业,它在世界上都是首屈一指的。艺术文化产业主要包括电影、图书出版、艺术表演、音乐和文化旅游等。①

(1)电影方面。自1895年法国人发明电影以来,法国电影业的成就一直不俗,如今,法国已成为欧洲最大和最重要的电影生产国,其电影产量在世界名列第五。1997年以来,法国每年都有25部以上单部影片的投资额超过700万欧元,2000年达到39部之多。2001年,法国电影观众达到1.88亿人。同时,法国影片在国外的市场也在扩大,2001年国外观众人数达到2500万,比2000年增加了47%。2002年,法国共有133家电影制片公司,拍摄了200多部影片,总投资额达到8.6亿欧元。最近10年中,法国国产电影的票房一直稳定在市场份额的30%以上,这一数字在2008年达到了45.2%,并超过了美国电影的44%。最新数据表明,2011年法国国产电影在海外的票房收入为6600万欧元,增长10%,总票房收入为4.05亿欧元,增长19%。可见,经过10年的发展,法国电影业已经进入到了快速增长时期。

(2)图书出版方面。目前,法国有4000多家出版社,每年出版新书45000多种,其中新书和再版书各占一半。出版业每年营业额都在140亿法郎左右,超过了影视业和唱片业,可以称得上是法国文化产业的龙头。从法国图书出版的种类来看,文学书籍占了很大比重,在1997年法国出版的4.15亿册图书中,文学类书籍就有1.24亿册,远高于排名第二的教科书(0.78亿册)和排名第三的青少年读物(0.62亿册)。2007年,法国图书出版种数增长2%,图书销售额增长3%,呈现供需两旺的局面。根据法国出版商协会的统计,2006年法国图书销售额为44亿美元,销售册数为4.7亿册。2008年,法国图书零售市场销售收入比2007年增长1%,销量增长10%。出版方面,根据法国国家图书馆版本收缴情况,法国2007年出版图书63761种,比2006年的62527种增加2.0%,而《法国图书周刊》对法国图书市场监测的结果显示,2007年投入市场的新书和新版书共计60376种,增长幅度达4.6%。随着电子书日益风行,欧美图书市场都面临着巨大的危机。但是,法国的图书市场却一枝独秀。目前全国有2500家书店,2003~2011年,法国书籍销售额增长了6.5%。

(3)表演和游戏方面。表演方面,在法国演出机构中,最重要、最具代表性的是巴黎国家歌剧院,它包括巴黎歌剧院和巴士底歌剧院,是文化部直属的文化机构。1998年,巴黎歌剧院共演出177场,剧院收入达到8.35亿法郎,其中国家投资

---

① 张胜冰、徐向昱、马树华:《世界文化产业概要》,昆明:云南大学出版社,2006年,第92~99页。

5.35亿法郎,门票收入2亿法郎,其他收入0.85亿法郎。而法国5个国家剧院,全年共演出1615场,观众人数达68.3万。2011年,巴黎歌剧院接待观众近80万人次,上座率达91%,门票收入5714万欧元,得到赞助款项1亿欧元。同时,歌剧院还与法国国家电视台合作,每年录制和播放6部演出作品。2012年4月,该院成立了巴黎歌剧院影片公司,专门从事剧院上演剧目的影片制作、发行和版权管理。游戏方面,据法国经财及工业部的资料,视频游戏业是法国第二大文化产业,业内300多家企业中75%为特小企业,从业人员约计5000人,营业额的70%来自出口。2011年法国视频游戏产业营业额达27亿欧元,年增长超过10%,有望于2014年超越电影业升至法国文化产业第一位。

(4)文化旅游方面。法国是世界第一旅游大国,1998年到法国旅游的游客超过7000万人,占世界旅游市场的10%,旅游盈利超过710亿法郎。到2003年,法国接待游客的数量已达到7700万。另外,法国还有4000多家博物馆,政府也非常重视博物馆建设,每年都投入大量资金购买文物和艺术品,举办各种展览,以吸引游客。2003年,法国由800家博物馆组织的近1600场展览,为旅游产业的发展和旅游收入的提高发挥了巨大作用。根据法国工业和服务业竞争力总司(DGCIS)所公布的数据,2011年法国接待外国游客总数为8140万人,与2010年历史最高纪录的7760万人相比,增幅达4.8%。目前,法国是全球接待外国游客最多的国家,外国游客的消费总额位居世界第三。

3. 法国发展文化利益的经验

法国是一个历史悠久、文化资源丰富的国家,其文化产业在经济中的贡献也不断增加。面对美国和西欧国家文化经济发展的挑战,法国在维护和发展国家文化利益方面,有着值得借鉴的经验。

(1)保护和扶持政策。法国一直把保护本国优秀的文化传统放在十分重要的战略地位。早在19世纪法国大革命时期,即便处于各种困境之中,历届政府都始终不渝地坚持有利于发展文化的政策。自设立文化部以来,法国对本国传统文化及文化产业的保护进入自觉阶段。1959年,法国总统明令指出:"负责文化事务的部机关,其任务是使人类的、首先是法国的主要成就,让尽可能多的法国人受益,确保我们的文化财富具有最广泛的支持者,对艺术作品的创造和丰富创造艺术的精神应该给予有力的支持。"这则总统令为法国文化部的工作指出了明确的目标和方向,即致力于法国文化遗产的保护,确保法国文化尽少地受到外国文化的威胁,并努力扩大法国文化的影响,在维护法国文化利益的同时,尽可能地去发展更多的文化利益。①

---

① 李怀亮:《国际文化贸易教程》,北京:中国人民大学出版社,2007年,第111页。

文化利益理论与实践

除了保护本国文化利益之外,法国政府对文化利益的创造、交换、分享和实现等各个环节都给予了不同形式的财政支持或赞助。主要形式有三种:一是中央政府直接提供赞助、补助和奖金等。每一个从事文化活动的企业或民间协会,均可向文化部直接申请财政支持。二是来自地方财政的支持。法国的大区、省、市、镇政府都有支持文化事业发展的财政预算。三是政府通过制定减税等规章鼓励企业为文化发展提供各类帮助。有关企业可享受3%左右的税收优惠。统计表明,法国企业为文化发展提供的赞助,多年来一直高于对其他诸如环保行业的赞助。自20世纪90年代以来,法国文化部预算基本保持稳定增长的态势,2009年达28.10亿欧元,同比增长2.6%;2010年为29.21亿欧元,同比增长3.9%。

(2)"走出去"发展战略。在发展国内文化经济的同时,法国政府非常重视法国文化对外输出,以攻为守,大力推进法国文化"走出去"战略。1986年,在法国总统密特朗的倡议下,法语国家组织宣告成立,该组织包括52个国家和地区的1.6亿人口,利用法语这一共同语言传播法国思想文化,成为世界上一个重要的文化共同体,对于国家文化利益在国际上交换、实现以及发展创造了人文环境。近年来,面对美国文化产业汹涌之势,法国更加坚持对外发展战略,并倡导对美国的文化统治发起一场新的"反攻",以期在世界文化市场上获得更多份额,通过以攻为守的方式加快国家文化利益的国际化发展。

第三节 日韩文化利益的实践

亚洲是全球人口最多的地区,文化资源丰富且各具特色,具有发展文化产业的广阔空间和巨大潜力,近年来,亚洲许多国家和地区对文化产业的发展尤为重视,并把实现和发展国家文化利益提到了战略高度。特别是东亚文化经济发展更为突出,这其中又以日本、韩国最具代表性,本节将分别对日、韩两国文化利益的实践加以考察。

一、日本的实践与经验

日本雄厚的经济实力,为其文化艺术的发展和繁荣提供了巨大的资金支持。自第二次世界大战之后,伴随着经济实力的不断增强,日本政府对文化艺术的发展日益重视,并采取了一系列措施来振兴文化艺术。进入21世纪后,为了应对世界文化多样化的发展趋势,日本政府凭借其强大的经济实力,雄心勃勃地提出要把日本建设成为一个"向世界传播文化的国家",以便在全世界范围实现和发展其国家文化利益。

1. 日本的文化政策①

(1)日本文化政策的指导原则。日本政府实施文化管理的一项重要指导原则就是"内容不干预原则"。1945年8月,日本宣布接受《波茨坦公告》投降的同时,开始走上文化国家的道路。为此,日本政府废除了严厉限制文化艺术创造和压制社会批评活动的《治安维持法》、《出版法》、《新闻报刊法》和《电影法》等军国主义制度下的法规,并清除了在文化指导名义下对文化的管制和干涉活动。此外,日本政府对第二次世界大战期间的文化管制进行了深刻反省,开始认同和支持自由开展文化艺术活动,在实际工作中比较注意约束政府行为。在经过50多年的探索和努力后,日本政府最终确立了对文化艺术活动进行间接援助,而对其具体内容不加干涉的"内容不干预原则"。

为贯彻和执行"内容不干预原则",日本文化厅进一步明确了其职责,"在鼓励和推动国民自发开展文化活动的同时,创造一切便利条件,以便所有国民都能够享受到各种文化娱乐;此外,努力弥补和修正文化艺术活动的某些不平衡之处,采取一切必要措施振兴文化"。因此,遵守这条原则的主要目的就是确保国民的文化利益得以实现。

(2)日本文化政策的主要措施。日本政府的基本文化政策措施是随着时代和经济的发展而变化的,近几年来的文化政策措施主要有以下几个方面:①大力振兴各领域的文化活动,通过各种文化发展计划和文化发展基金,鼓励和支持文化创作。②文物的保护和利用,根据文物的种类和特性,有计划地对其实施保护和修复,并加强对非物质文化遗产的保护。③著作权的保护和利用,通过官方和民间的联合,在双边和多边的框架内,防止和打击国内外对日本著作物的盗版和侵权。④积极收集国内外文化方面的各种信息和资料,并及时提供给各个文化团体和文化工作者,并建立激励机制,调动文化创作的积极性。

此外,日本还注重文化法制建设,第二次世界大战后50多年来,它基本上建立了一套比较完整和有效的文化法律体系。《教育基本法》和《社会教育法》等法律为文化活动的开展和振兴提供了间接的法律基础。《文部科学省设置法》是日本行政组织法之一,它是对文化及文化政策做出直接规定的基本法,此类法律为文化行政提供了直接的法律依据。与文物和知识产权有关的法律有《文物保护法》和《著作权法》等法律,对人类发明成果的保护做出了具体规定。2001年制定和颁布的《文化艺术振兴基本法》确立了振兴文化艺术的基本理念,明确了国家和地方政

---

① 欧阳安:《浅谈日本的文化政策》,《文化发展论坛》,2007年4月18日,http://www.ccmedu.com/bbs8_42284.html。

府的关系,具体规定了与振兴文化艺术有关的基本政策。

(3)日本文化政策的财政支持。日本政府对文化政策的实施,其主要手段是财政预算。通过每年的文化预算,不仅可以了解日本政府对文化艺术的导向,也可以看到日本政府对文化艺术的重视程度。

2011年12月,日本政府确定了2012财年的预算草案,明确了国家预算框架。预算草案中,影像、动画、音乐、游戏、创作的相关内容不少,文化产业以及总称为"Cool Japan"战略的创作领域的相关预算涉及经济产业省、文部科学省(文化厅)、外务省、总务省、国土交通省等多个部门。其中,经济产业省对本部门内涉及预算草案事项的解说中,明确了"Cool Japan"战略事业与文化产业强化对策支援事业的概要及目的。据此,分配给旨在2012年度将文化产业带出日本国门的"Cool Japan"战略事业92000万日元。另外,文化产业强化对策支援事业从2011年度的86000万日元增加至93000万日元。经济产业省的态度是,把文化产业作为今后主要的成长领域,将着眼于经济利益的扩大。根据预测,"Cool Japan"战略事业的相关文化产业的市场规模将从2011年的5万亿日元增长到2020年的17万亿日元。

2. 日本的文化产业

在日本,文化产业统称为娱乐观光业,而实际上,几乎与文化相关的产业都被日本政府认为是文化产业。具体地说,日本文化产业包括内容产业、休闲产业和时尚产业。近年来,日本更倾向于用"内容产业"(Content Industry)来取代"文化产业"的说法,实际上是更加强调文化产品中的文化内容属性。

(1)日本文化产业的概况。早在2001年,日本文化产业总产值的比重就高达19.3%,文化产业已成为日本仅次于制造业的第二支柱产业。不过,由于受到日本整体经济不景气的影响,自1996年开始,日本文化产业的产值呈下滑趋势,2010年日本文化产业市场规模为12.64万亿日元,比2010年下降了0.8%。究其原因,不难发现,除了"3·11"大地震的影响之外,人口减少和老龄化趋势也是非常重要的原因。但是,相对于日本整体经济的滑坡,日本文化产业仍然呈现良好的发展态势。① 2011年6月,经济产业省确定了日本文化产业的发展目标,即到2020年市场扩大到15万亿~20万亿日元,其中海外销售额达到0.7万亿~2.3万亿日元,同比增长约3倍,海外销售比率将从5%提高到12%,就业人数从31万人增加到36万人。

(2)日本文化产业中的主要行业情况。在电影方面,根据日本电影制片协会(MPPAJ)发布的《2011年日本全国电影概况》数据显示,2011年日本电影市场票房收入1811亿日元,约合人民币146.91亿元。日本2011年总观影人次和总票房

---

① 张胜冰、徐向昱、马树华:《世界文化产业概要》,昆明:云南大学出版社,2006年,第117页。

较 2010 年均有所下降,但其本土电影总票房为 995.31 亿日元,占市场份额高达 54.9%,较 2010 年同比上涨了 1.3%,扭转了日本本土电影占市场份额连续两年下滑的局面(2010 年同比下降 3.3%、2009 年同比滑落 2.6%)。但是,由于"3·11"大地震的冲击,2011 年有 73 块银幕从日本电影市场上消失,银幕数量减少到 3339 块。而单银幕年均票房收入方面,在经历了连续两年上升的背景下,2011 年的单银幕年均票房缩水至 5427 万日元,跌至 1998 年以来的最低点。

在动漫方面,是日本文化产业中的强项,有着近 50 年的发展历史,并早已进入海外市场。2002 年的市场销售额为 2079 亿日元(2000 年为 1593 亿日元,2001 年为 1860 亿日元),其中仅动画电影和动画电视的制作销售额这一项就达 1860 亿日元。2003 年,日本推销到美国的动画片以及相关的产品总收入约为 4300 亿日元,是其钢铁出口收入的 4 倍。2006 年巅峰时期平均每周播出 80 集电视动漫节目,如果包括衍生的偶像产品,该产业每年为日本经济贡献大约 2 万亿日元。2007~2011 年,日本动漫产业的产值分别为 2302 亿、2129 亿、2164 亿、2290 亿和 2197 亿日元,经受住了日本经济低迷和"3·11"大地震的影响,显示出了强大的产业优势。

在游戏方面,虽然自 1998 年以来连续 4 年产量减少,但在该领域日本仍然可以与美国比肩而立。2002 年,从日本国内市场规模来看,硬件 1646 亿日元,软件 3367 亿日元;从出口来看,硬件 6480 亿日元,为世界第一,软件 2255 亿日元。从日本游戏产业的国内市场交付额、出口交付额、北美市场出口额和欧洲市场出口额这 4 项指标来看,2002 年分别为 2500 亿、2300 亿、1500 亿和 500 亿日元,到了 2008 年达到顶峰,分别为 3000 亿、7200 亿、3800 亿和 3100 亿日元。但是,2009~2010 年有较大回落,降幅为 30%~50%。2011 年,日本游戏产业的营业额下降 8%,软件销售下降 13.7%,但全球游戏市场整体下滑了 6.5%,美国、欧洲和日本的市场份额没有发生变化,分别为 45%、39% 和 16%。

在图书报刊方面,日本是世界上报纸发行量和个人订户最多的国家,日本报纸中发行量在 100 万份以上的报纸约有 10 种,其中《读卖新闻》的发行量最大,以 1440 万份的发行量高居世界榜首,《朝日新闻》的发行量为 1300 万份,皆远非美英报纸所能及。但是,日本图书报刊的进口额,2007~2011 年连续 5 年下降,2009 年后降到 400 亿日元以下,2011 年为 332 亿日元,比 2010 年的 359 亿日元减少 7.3%,比历史最高的 2001 年减少了 44.2%。与进口额相比,日本图书报刊的出口额要小许多。1989 年和 1990 年,日本图书报刊出口额曾达到 353 亿日元和 381 亿日元,但 2000 年后降到 200 亿日元以下,2010 年为 197 亿日元,2011 年降为 152 亿日元,比上年减少 22.8%。向美国的出口额居其他国家和地区之首,2011 年为 30.4 亿日元,比 2010 年的 51.5 亿日元大幅减少 41%,向中国的出口额也较大,为 11.8 亿日元,增长 1.1%。

3.日本发展文化利益的经验

第二次世界大战之后,日本创造了经济高速增长的奇迹,并由此迅速跻身于世界最发达国家的行列,创造和实现了巨大的经济利益。但20世纪90年代以来,随着泡沫的破灭,日本经济走向了持续低迷。为了摆脱这种困境,日本政府加快了结构调整的步伐,开始从一个制造业大国向文化之国迈进,在国家文化利益的实现和发展上取得了巨大的成绩,积累了很多有益的经验。

(1)政府积极推动并倾力支持文化产业的发展。日本文化产业的发展主要依靠市场机制,实行商业化运作,但政府主导的特点也非常明显。大力支持和发展文化产业,制定相关鼓励政策,是日本文化产业得以发展的一个根本原因。同时,政府还明确了文化立国战略和措施,在政府部门中专设了机构予以推动。这些都为文化利益的创造、交换、分享和实现提供了巨大的动力。

(2)建立和完善文化产业法律法规。为促进文化经济的发展,日本不但在政策上支持,而且还不断制定、健全文化产业法律法规。近年来,根据文化利益发展的新形势,日本又制定了多部新的法律,如《IT基本法》、《知识产权法》、《文化艺术振兴基本法》等。上述法律法规的制定和实施,既保障了文化利益的分享和实现,也为文化利益的发展提供了制度安排。

(3)产官学研相结合。日本经济实现高速增长,产官学研相互结合功不可没。文化活动提供的是精神产品,因而比物质产品生产更依赖于市场和消费者。为此,日本在文化经济的发展中,特别是在文化产业的发展中,成功地创造了产官学研相结合的模式,由政府提供法律和政策支持,学术和研究机构负责提供市场预测、发展前景等信息支持,企业通过与政府和研究机构合作谋求文化利益在更高水平的实现和发展。①

(4)积极寻求海外发展。日本非常重视其文化产品海外市场的开拓。日本很多文化产业从业人员也要求政府扩大文化产品的出口,利用日本传统文化的优势,扩大在海外市场的文化贸易与维权活动,在世界市场上获取更大的经济利益,进一步实现日本从世界经济大国向文化之国的转变,为国家文化利益在世界范围的实现和发展提供了坚实的基础。

二、韩国的实践与经验

韩国曾因其举世瞩目的经济成就而与新加坡、中国台湾和中国香港并称为"亚洲四小龙",但1997年的亚洲金融危机却使韩国的经济遭受重创。面对危机,韩国政府迅速调整经济发展战略,把文化发展确立为新经济的核心,这一举措使得文化

---

① 刘明华:《美、日、韩发展文化产业的经验及启示》,《肇庆学院学报》,2007年第6期。

在韩国经济走出危机、重新崛起的过程中发挥了至关重要的作用。可以说,韩国的成功实践,使得文化利益成为拉动经济利益的一支关键力量。

1. 韩国的文化政策

(1)韩国文化政策的基本思路。韩国制定文化政策的目的是为了充分保障国民的文化利益,而且将保障国民的文化利益作为政府日常工作的一项重要内容提上议事日程,并于1995年对1972年出台的《文化艺术振兴法》进行了重大修改。之后,韩国政府以文化观光部为主要推动部门,以《文化艺术振兴法》为依据,不遗余力地推动国内文化的发展。这也是近年来在全球范围内掀起韩国文化热潮的原因之一。韩国的文化观光部作为中央行政机构,主要的职责是监管文化、艺术、宗教、观光、体育、青少年事业等方面的工作。

韩国文化政策的思路包括以下几个方面的内容:一是无论社会地位高低,国民都有平等享受文化自由的权利;二是国家要对国民享受文化的权利给予充分保障;三是不断提高文化作品的质量和审美价值;四是具体规定了中央文化艺术振兴基金和地方文化艺术振兴基金的筹措及使用的相关事项;五是大力推进文化产业的发展,扩大在国际文化市场的贸易份额。

(2)韩国文化政策的主要措施。进入21世纪之后,韩国文化观光部以构筑"文化时代"、建设"文化韩国"为目标,制定和实施了韩国文化政策的总体计划,制定文化艺术政策,进行相关的调查研究工作,筹募文化艺术振兴基金,加强了韩国文化艺术振兴院及文化艺术振兴基金的管理,大力提倡企业文化艺术活动并给予支持,鼓励企业文化活动,继承和弘扬民族文化,制定关于版权政策的综合计划等详尽的文化政策措施。

特别在文化产业政策方面,韩国于1997年设立了"文化产业基金",1999年通过《文化产业振兴基本法》,2001年又成立了文化产业振兴院。另外,韩国于1998年正式提出了"文化立国"的战略,先后制定了《文化产业发展5年计划》、《文化产业发展推进计划》等发展战略。韩国也是继1995年日本提出"文化立国方略"之后,又一个通过实施国家战略发展文化产业的国家。

韩国《文化产业发展5年计划》将1999~2003年的文化产业发展划分为三个阶段,并明确了目标和任务。第一阶段主要是在法律、资金、人才、组织等方面为文化产业发展打基础;第二阶段重点发展外向型产品,开拓海外市场,提高国际竞争力;第三阶段抓紧建设一批文化产业园区,形成集约化、规模化产业经营。该项计划的主要目标是使韩国文化产业产值在世界文化市场的份额从1%增加到5%,成为世界五大文化产业强国之一。①

---

① 吴明:《韩国实施文化产业发展战略概述》,载江蓝生、谢绳武主编:《2004年:中国文化产业发展报告》,北京:科学文献出版社,2004年,第275页。

与此同时,韩国政府对文化的财政预算不断加大,2000年首次突破国家总预算的1%,2001年又上调至9.1%,进入"1兆韩元时代"。2005年文化的财政预算为1.43兆韩元,其中用于振兴文化产业的预算为1911亿韩元,占总预算的13.4%。2011全年度财政预算方案中,文化产业部的预算为3兆韩元,比2010全年度财政预算高出6.2%,是韩国政府历年财政预算中,投入到文化产业资金比例最高的一年。

韩国文化政策的这些措施,对国家文化利益的创造、交换、分享和实现等活动起到了有力的推动作用。

2. 韩国的文化产业

韩国文化产业也称"内容产业",是指与文化商品的生产、流通、消费有关的产业,具体行业门类有影视、广播、音像、游戏、动画、卡通、演出、文物、美术、广告、出版印刷、创意性设计、传统工艺品、传统服装、传统食品、多媒体影像软件、网络以及与其相关的产业。由于实施发展文化产业的国家战略,韩国在短短的时间内使本国文化产业得到了跨越式的发展。

(1) 韩国文化产业的基本状况。根据韩国文化观光部发表的《2001年文化产业白皮书》统计,2000年韩国的广播、电影、动画、录像、游戏、音像制品的市场规模达到6.5兆韩元,比1999年增长了24%,与2000年韩国8.8%的经济增长率相比,文化产业市场规模增长了3倍,文化产业在所有产业中所占的比重为1.7%。2001年,韩国制作供应核心文化(电影、动画、广播电视、游戏、音乐)的市场规模为12兆韩元,年平均增长率为30%。而从事文化产业的企业平均销售额为30.65亿韩元,每位从业人员平均销售额为1.1亿韩元。另据统计数据显示,2002年韩国文化产业的市场规模达到18.3兆韩元,折合174.6亿美元,占GDP(634.3兆韩元)的2.89%。1999~2003年,韩国文化产业的市场规模年均增长率约为27.7%,而2002年韩国的GDP增长率仅为6.1%。2003年,韩国文化产业总产值占GDP的5%,[①] 目前,韩国建立了"活力韩国"、"国家品牌委员会"等多个外宣平台,其文化产品的国际贸易数额逐年增长,文化产业出口额仅次于汽车产业。2010年,韩国文化产业产值超过650亿美元(约合65兆韩元),约占GDP的6.2%,文化产业出口达到7.94亿美元,比2010年的6.37亿美元增长了25%。

(2) 韩国文化产业的主要行业情况。韩国的文化产业大都与流行的娱乐文化密切相关,比如其游戏、影视、动画等产品在亚洲乃至全世界风靡一时,并由此掀起了一阵强劲的韩国文化热潮。

在游戏方面,是韩国重点发展的战略性支柱产业,其产值已经超过了韩国历来

---

① 张胜冰、徐向昱、马树华:《世界文化产业概要》,昆明:云南大学出版社,2006年,第137页。

引以为傲的汽车业。在2002年韩国企业收益中,游戏产业占到34.3%,达到3.4兆韩元,在整个文化产业市场中所占的份额接近20%。此后,游戏产业连续以每年12%的速度增长,2003年其市场规模为33.89亿美元,2005年约为43亿美元。互联网的发展为韩国的游戏产业带来巨大的商机,全国1600家游戏公司中,大约有一半从事网络游戏的开发,目前,韩国网络游戏的年增长率高达88.64%,比个人电脑游戏增长率高出77%。韩国文化体育观光部和文化产业振兴院的统计资料表明,2011年,韩国游戏产业的销售额与出口额分别达到9.20兆韩元和2.55兆韩元,比2010年同期水平分别增长了23.8%和37.6%。其中,韩国国内上市的游戏公司海外市场收入金额是1.45兆韩元。而2011年韩国国内综合产业的增长也得益于游戏产业的迅猛发展。

在电影方面,据统计,1999年韩国电影观众总人数为2172万人次,2002年增至5082万人次。其出口额1999年为71亿韩元,2000年为80亿韩元,2001年为145亿韩元,2002年为187亿韩元,呈稳步增长态势。2003年韩国电影出口额增长较快,仅上半年就达到了181亿韩元,其经济派生效益高达349亿韩元,附加值159亿韩元。到了2004年,韩国电影观众人数已经达到6150万人次,其票房总收入为3200亿韩元,出口额为5828万美元,产业规模为年收入5.8亿美元。同年,韩国本土电影的市场份额达到54.2%,超过美国电影在韩国市场41.2%的份额。2005年,韩国电影观众人数达到1.45亿人次,票房收入接近9000亿韩元。韩国电影振兴委员会发布的《2011年韩国电影产业结算》报告书显示,2011年是自2006年以来收益率最高的一年,全年的票房收入达到了1.24兆韩元,比2010年的1.15兆韩元增长了7.4%,也是历年来最高的票房收入。2011年,韩国影片的海外销售额比2010年增长了16.5%,达到了1583万美元。

在电视剧方面,自20世纪末之后,韩国的电视剧也是异军突起,每年都会有收视率超过50%的作品出现,少部分电视剧的韩国国内收视率竟高达65%。同时,韩国电视剧不仅国内市场火爆,而且出口额也在持续快速增长。据统计,2001年韩国电视剧出口额为790万美元,2002年约为1639万美元,到2003年,韩国电视剧出口额已占韩国电视出口产品总收入的86%,成为韩国电视产业最大的输出品。2004年,其出口额再创新高,达到了7140万美元。近年来,韩国电视产业的市场规模不断扩大,2008年约为11兆韩元,在当年59兆韩元的文化产业规模中,占到了18.6%的比重,仅次于出版业;此外,电视剧出口也达到1.6亿美元。

在动漫方面,韩国动画产业起步较晚,但却实现了跨越式的发展。2003年,韩国出版市场销售总额为630亿韩元,总销售册数为4.5亿册,而漫画读物就占到销售总额的18.8%和总销售册数的30.4%。2004年上半年,漫画的出版品种同比上升了17.5%,销售量上升了5.2%。与漫画相比,韩国的动画成绩更为突出,目前,韩国与美国、日本并称世界三大动画生产国,其动画产业的产值超过了汽车工业。2002年,韩国的动画产业的销售规模达到3650亿韩元,2003年韩国动画及相关衍生产品的销售达到7700亿韩元。2009年,包括漫画、动画、游戏和卡通形象在内的动漫产业销售总额达到了1.31兆韩元,出口收入15.7亿美元。

3. 韩国发展文化利益的经验

韩国通过"文化立国"这一国家发展战略和迅速发展的文化产业,使得国家的文化利益的实现和发展水平突飞猛进,其在过程中所形成的诸多经验,值得我们认真学习和借鉴。

(1)从国家战略的高度,对文化发展进行合理规划和统筹管理。韩国文化利益的创造、交换、分享和实现之所以能够得以迅猛发展,其背后是政府的战略部署和统筹管理。自1998年提出"文化立国"战略以来,在短短的几年间,韩国先后制定多部发展规划,从国家战略的高度明确了文化发展的方向,以及文化利益对国家发展的战略意义。同时,政府的各个相关部门也有力地推动了各项规划的实施,为集中各方优势力量促进文化利益的实现和发展提供了保证。

(2)完善投融资机制,为文化产业发展提供资金保障。文化产业是文化利益创造、交换、分享和实现的一个最为关键的领域,而资金支持又是文化产业发展的基本保证。为促进本国文化产业的发展,韩国政府通过各种途径,积极完善各种投融资机制。例如,政府对文化的财政预算不断加大;设立多种专项基金,来扶持相关产业的发展;积极运作"文化产业专门投资组合",动员社会资金,官民共同投资。这些投融资机制的完善为韩国文化产业的发展提供了有力的资金支持。①

(3)增强文化的科技含量,建立人才的培养。21世纪是一个知识与科技并重的经济时代。韩国把作为知识形式之一的文化和作为知识表现手段的科技有机结合起来,显示出韩国的特色与抱负。人才资源是发展文化利益的主体,韩国政府的主要措施是完善人才管理系统,利用高等院校培养专门人才,利用网络及其他教育机构加强专业培训,加强与国外的人才交流与培训,以及建立文化发展的专门人才数据库等,为文化利益的发展积累人力资本。

(4)大力开拓国际市场,在世界范围实现和发展其文化利益。韩国政府通过优化资源组合,走集约化经营道路,形成规模优势,提升研发生产能力和文化产业的整体实力。进而以国际大市场为目标,以东亚为台阶,大力发展国际文化贸易,积极开展国际文化合作,把国家文化利益的创造、交换、分享和实现的各个环节全部纳入世界范围,最终实现文化利益的国际化发展。

---

① 李怀亮:《国际文化贸易教程》,北京:中国人民大学出版社,2007年,第308页。

第三篇　矛盾与对策研究

第七章 文化利益发展中的矛盾

前文在文化利益理论的基础上,结合中国文化建设的实践,分别从微观层面和宏观层面入手,对文化利益的实践进行了分析,并考察了在文化利益实践方面具有代表性的国家,总结了其发展经验,为进一步分析文化发展中所存在的各种矛盾做出了理论和实证的铺垫。本章将立足于微观、宏观和国际化三个领域,对个人、企业、产业、区域、国家的文化利益以及文化利益国际化发展等方面的矛盾进行系统分析,并探究其主要原因。

第一节 微观领域中的矛盾

一、个人文化利益方面

1. 总量偏低

近年来,虽然中国居民的收入不断提高,文化消费的总量有了较大的增长,但是,与物质利益增长相比较,个人文化利益的增长还是相对缓慢,个人文化利益的总量依然偏低。从文化消费的角度来看,2006年,城镇居民家庭人均文化消费支出占总消费支出的比例仅为13.83%,远低于西欧和美国的30%。而人均食品类支出占总消费支出的36.69%。另外,也有研究显示,当人均GDP为1000美元、恩格尔系数为44%时,城乡文化消费应占个人消费的18%,消费总量应为10900亿元。根据国家统计局的数据,2001年中国就已达到人均GDP为1000美元,但2004年的实际文化消费总量只有3740.50亿元。当人均GDP达到1600美元、恩格尔系数为33%时,文化消费应占个人消费的20%,消费总量应为20100亿元。据国家统计局发布的数据显示,2005年中国人均GDP达到1700美元,而实际文化消费总量却只有4186亿元。所以,《2007年:中国文化产业发展报告》指出,中国居民的文化消费总量过低,居民文化需求的满足程度不足1/4。① 最新的统计资料显示,2011年中国城乡居民文化消费总额为15216.70亿元,虽然比2010年的13362.78亿元增加了13.87%,但是,2011年中国GDP为472115亿元,文化消费占GDP的比重仅为3.21%,占城乡居民生活消费支出总额的比重也不过为11%。②

可见,虽然中国居民的生活水平已经有了大幅度的提高,但较高层次的文化消费还有很大的发展空间,通过文化消费提高个人文化利益仍然是利益实现的重要途径。因此,中国个人文化利益在总量上还有待进一步提高。

2. 结构不合理

目前,中国的经济社会发展正处于转型时期,个人文化利益的实现在结构上也存在不合理的问题。通过分析城镇居民文化消费在1995~2005年10年间的结构变化,不难发现,文化娱乐用品、教育、文化娱乐服务三项,一直都是教育支出所占比重最大,其余两项所占比重大致相当。文化娱乐用品所占比重总体变化不大,而文化娱乐服务所占比重在2003年一度降到17%,直到2005年才重又上升到20%,但仍然没有恢复到10年前的22%。教育支出的比重却一直居高不下,每年都超过50%,2001年甚至达到62%。③ 由于居民的教育开支制约了其他文化娱乐的消费,使得个人文化利益的获得在很大程度上来自教育,而通过文化娱乐生活来获得文化利益的方式,无法在利益的实现上发挥应有的作用。

此外,中国居民个人文化利益的结构层次也比较低,由于文化消费结构不合理,大部分开支被用于教育费用,使得中国城镇居民图书、报纸、杂志消费的比例只有16%,而文化娱乐消费中耐用机电消费品又占据了62%之多。同时,在有限的文化娱乐消费之中,教育性和知识性的文化消费较少,休闲消遣、落后低俗的消费较多。这些都更加严重地加剧了个人文化利益结构的不合理性。2009年,中国居民文化消费倾向调查发现,中国居民文化消费结构存在诸多失衡。例如,在文化娱乐形式的选择上,62.6%的受访者选择了电视、广播,而网络以61.5%紧随其后,47.5%的人选择了书报、杂志,而观看文艺表演、参观博物馆等文化消费形式的人不足20%。④ 可以看出,当前文化建设中,个人文化利益的创造形式比较单一,文化利益的发展受到了很大程度的制约。

3. 城乡不平衡

由于中国经济社会发展中存在城乡二元结构,对城乡居民文化利益的实现也起到了很大的负面影响,使得中国城乡居民文化利益实现程度严重不平衡。近年

---

① 邓安球:《论文化消费与文化产业发展》,《消费经济》,2007年第6期。
② 本节数据根据《中国统计年鉴》相关各期整理、计算而得。
③ 胡秀丽、黄圣平:《发展居民文化消费的若干问题与对策》,《社科纵横》,2008年第10期。
④ 人民论坛"千人问卷"调查组:《中国居民文化消费倾向》,《人民论坛》,2009年第17期。

来,农民在文化消费上有了较大的增长,文化利益的实现速度加快,但是,并未扭转城乡文化利益实现不平衡的状况。1999年,农民文教娱乐用品及服务人均支出为168.33元,是1985年的13.64倍,比城镇居民的增幅还大。文化消费在生活总消费中的比例也迅速提高,由1985年的3.9%上升为1999年的10.67%。但是,这仍然远低于城镇居民的文化消费水平。

进入21世纪以来,中国农村居民的人均文化消费从2000年的186.72元增加到2007年的305.66元,而与此同时,城镇居民的人均文化消费从669.58元上升到1329.16元,两者之间的差距为4.35倍。到了2011年,中国城镇居民和农村居民的人均文化消费分别为1851.74元和369.36元,城乡差距已经扩大到5倍。不难看出,随着国家经济发展进入信息时代,中国城乡居民在文化消费方面的差距有不断扩大的趋势,而这种趋势则进一步扩大了城乡居民文化利益在实现过程中的不平衡性。据此不难看出,在文化建设中,中国农村居民在文化利益的发展上远远落后于城镇居民。

4. 利益主体的文化素质不高

相关研究发现,在文化消费过程中,中国居民存在普遍的消费层次过低和消极文化消费的状况,而这些利益主体文化素质不高的因素存在,也制约了个人文化利益的实现。一方面,由于受教育程度不高的限制,很多文化利益主体无法通过高层次的文化消费获取文化利益,在消费决策过程中,对文化消费表现得较为消极,在满足日常的物质利益需求之后,通常会选择较多储蓄投资而不是文化消费。有调查显示,只有19%的被调查者选择"文化消费",选择"储蓄或投资"的人则高达45%。同时,72%的居民对目前的文化消费感到比较满足或基本满足。以图书阅读为例,根据2012年上海书展开幕式论坛提供的资料,2010年全世界阅读书籍数量排名第一的是犹太人,每年人均读书64本,而中国近14亿人口,除教科书外,每年人均读书仅为4.25本,上海高于全国水平,也不过为8本。另据中国新闻出版研究院全国国民阅读调查课题组公布的第九次全国人民阅读普查报告,2011年中国18~70周岁公民人均阅读图书4.35本、报纸100.70份、期刊6.67期。这样就使得个人在文化利益实现的数量上受到了限制。另一方面,在原本已经较少的文化消费之中,更多的消费者被低层次的消费所吸引,而那些层次较高的文化消费场所,例如,图书馆、展览馆、博物馆等文化娱乐场所却无法发挥其在文化利益创造过程中应有的作用,这样,使得个人在文化利益实现的质量上无法得到提高。

二、企业文化利益方面

在研究企业文化利益的实现问题时,为了集中力量、突出重点,我们着重研究文化企业的文化利益的实现。

1. 产权不清晰对文化利益的影响

中国国有文化企业产权不清晰主要表现为：全民资产的经济所有权模糊；国有文化企业的法人财产权未得到明确界定；国有文化企业资产的经营权未充分赋予企业经营者等。这一系列产权关系的模糊性成了阻碍企业文化利益创造、交换、分享和实现的重要原因。中国的文化企业，特别是大型国有文化企业资产经济所有权模糊的根源在于政府部门集文化资产所有权、文化行政管理权和宏观调控权于一身。这种过度集权的政府职能使得政府的经济、政治和社会目标时常发生冲突，难以在文化企业结构调整目标和战略上获得一致，进而成为企业文化利益创造与实现的掣肘。国有文化企业由于不存在法人财产权的事实使国有文化企业缺乏对文化资源投入生产的硬预算约束，从而制约了企业文化利益的生产。此外，国有文化企业的经营权未完全赋予经营阶层，使经营者因为只能分享到较少部分的文化利益，因而缺乏对企业文化利益创造与实现的动力。①

此外，文化企业与一般生产性企业不同，必须面临并适应多部门的监管环境。众所周知，在监管方面，国有企业的出资人代表国务院国有资产监督管理委员会（以下简称国资委）是生产性国有企业的"全权出资人代表"，能够形成"人格化"特点。但文化企业的出资人代表在本质上是一个政府"集合体"，不论是改革之前还是改革之后，文化企业的出资人权可能要分散在政府这一出资人"集合体"中不同的职能部门来协同行使。任何一个政府部门都难以作为文化企业的"全权出资人代表"，难以形成"人格化"的特点。因此，相比于一般生产性国有企业从主管主办制度向出资人制度的过渡，国有文化企业的改革更具复杂性。国资委的建立是在国家行业主管部门撤并之后，这与建立文化企业出资人制度的环境存在明显的差异。若处理不当，极易造成出资人代表和行政主管部门之间的关系难以协调、企业经营管理混乱的局面，②进而严重影响到文化企业关于文化利益的创造、实现及发展。

2. 市场发展不完善对文化利益的影响

（1）文化企业的市场结构不合理。这将导致市场机制不完善的问题更加突出，对企业文化利益的实现起到了很大的制约作用。文化产品的普适性和文化市场的规模性决定了文化企业的市场结构应以竞争型市场结构为主。但是，中国文化管理体制决定了文化企业尚处于有限的开放程度，市场结构具有行政垄断和过度竞争并存的特征，条块分割、部门垄断严重，统一的文化市场尚未形成。与此对应，在整个文化生产过程中，不同环节存在不同的市场结构。垄断环节与充分竞争

---

① 张培奇：《从文化企业视角看我国文化产业结构调整面临的矛盾》，《学术论坛》，2008 年第 7 期。
② 傅才武、曹兴国、曹余阳：《我国文化企业国有资产监管体制的特殊性及其政策含义》，《学习与实践》，2012 年第 7 期。

第七章 文化利益发展中的矛盾

环节使得文化利益创造、交换、分享与实现的整个链条处于割裂状态,使得很多文化企业,特别是规模较小的文化企业没有市场延伸的空间。市场机制无法发挥作用形成统一、完整的文化市场体系和正常的市场交易关系,因此,制约了企业文化利益的实现。①

(2)文化市场管理的立法工作较为欠缺。尽管国务院、文化部、新闻出版署、国家广电总局为促进与规范文化市场发展制定了大量的政策法规和规范性文件,但是从系统性角度来看,至今尚无一部较为完整而统一的文化市场管理法,国务院在这方面的政策性文件也没有形成系统。这给文化市场的依法管理工作带来了很多困难。譬如,政策界限难以把握,有的法规文件只是一些原则性的规定,由于其内容不够细化、不够具体,使得各地制定的地方性规章差异较大,也使文化执法无统一执行标准。这既给操作单位带来了较大的难度,也严重影响了文化企业关于文化利益的交换、分享和实现。②

(3)文化市场的监管不到位。由于文化市场政策法律制度建设滞后,文化市场的监管力度不够,促使了许多不良文化滋生。而相关的文化行业协会对文化建设的引导、协调监督作用没有得到发挥,媒体也未发挥伸张正义、监督社会不良现象和传播教育的职能。此外,随着改革开放和社会主义市场经济建设步伐的深入,由于缺乏有效的文化准入门槛和社会监督平台,各种外来思想良莠不分大量传入,严重侵害了文化市场的正常发展,使得文化利益的交换和分享难以在一个正常的环境中展开。

3.短视行为对文化利益的影响

中国文化企业在生产经营过程中的短视行为方式对企业文化利益的创造、交换、分享和实现有较大的不利影响,主要表现为以下几个方面:

(1)掠夺性使用文化物质生产要素,忽视了文化企业生产技术的进步。由于文化企业劳动者收入的变动随实现利润的多少同方向变动,他们具有增加活劳动之处的倾向,这种倾向使得文化企业对文化要素的需求大大增加,进而出现了对文化要素资源过度的开发和利用,忽视了文化企业的技术进步,使得企业文化利益的创造缺乏可持续发展的动力。

(2)企业生产的文化产品价格行为短视化。由于各个文化企业定价自主权存在差异,使得文化企业有了选择最有利于自己的价格的机会,从短期看,较高的价格对增加企业盈利见效快,投入少,但是,这样会让企业放弃通过降低成本以提高市场占有率和利润增长的方法,影响企业对文化利益创造的后续动力。

(3)收入分配的短视行为,使得文化企业的收入过分向个人倾斜以及消费基

---

① 刘斌、李东:《中小文化企业集群发展对策初探》,《经济问题》,2008年第9期。
② 郭涛、徐冲:《文化市场建设存在的问题与对策建议》,《中共山西省直机关党校学报》,2012年第3期。

文化利益理论与实践

金的过度膨胀,不注重企业的资本积累,使得企业长期处于较低规模、较低水平上的重复生产,而无法开展扩大再生产,无法进一步地提高企业文化利益创造、交换、分享和实现的能力,也制约文化利益的长期发展。

(4)产品开发与创新的短视行为,使得文化企业的文化利益创新动力和创造能力逐步削弱。特别是在外来文化及其物质形态处于强势地位时,本土文化企业短视行为更加突出。主要表现为:忽略对民族文化动力、对民族文化保护和创新的管理,使得传统文化资源难以转换为企业的实力,产品缺乏创新和原创,仅仅停留在模仿和复制的阶段。

(5)文化企业发展战略的短视,在很大程度上制约了文化利益在更大范围内的分享,进而影响了文化利益在更大规模上的创造、交换和实现。由于中国目前大多数文化企业规模较小、实力不强,且过分关注自身利益、各自为政,因而未形成稳定的战略联盟或者文化产业集群,无法实现优势互补。

4. 多重风险对文化利益的影响

对于文化企业来说,与生俱来的多重风险问题已经成为带有普遍性的一个问题,也是影响企业文化利益实现的一个根本性问题。众多投资者不愿对文化企业进行投资的主要原因是风险太大,难以预测投资收益;或者认为文化企业的收益不高,投资期较长,不适宜投资。大多数的投资者认为文化企业融资的风险比普通企业更大,主要原因是因为文化产品或服务的偶然性以及文化市场的不可预估性较大。文化产品的创造和文化服务的提供来自于文化生产者的创造灵感(即创意),而创意的不可估摸性决定了文化企业投资不可能像物质生产企业那样,比如产生"产品",因此,文化企业的风险就更加令投资者担心。

特别是中小型的文化企业,相对于较大规模的文化企业来说,其经营风险和不确定性更大。这是因为虽然文化企业的生产过程需要集中资本、人才、技术等诸多高质量的生产要素,但是,企业的文化产品能否得到目标客户和市场的认可,能否盈利,进而能否顺利地实现企业文化利益,都很难预测。加上很多文化企业由于投资项目单一,不能分担投资风险,因而,这类文化企业在筹措发展资金时,遇到的困难就更为突出了。发展资金的不足,直接影响了企业文化利益的创造和实现。①

此外,文化企业生产、销售等各个环节受政策影响相对更大。文化企业是兼具经营性和文化性的特殊企业,相对于有形物质产品,文化蕴涵着政治、道德、思想、历史等多种价值。国家总是对其文化赋予丰富的内涵,其文化政策也更为特殊,投资文化企业通常会遇到其他行业所没有的政策风险,这样也使得文化企业投融资的困难程度加大。缺乏资金的支持,文化利益的创造就受到了极大的制约,而交

---

① 刘斌、李东:《中小文化企业集群发展对策初探》,《经济问题》,2008年第9期。

换、分享和实现也就无从谈起。

5. 人才缺乏对文化利益的影响

文化企业的生产活动需要随着市场和形势的变化不断创新,没有创新就没有活力。文化企业的生产发展需要的不是单一型人才,而是具有广泛学科背景的复合型人才:一方面是文化创意人才,另一方面是经营管理型人才。这些人才不仅要具备较高的文化艺术素养和创新能力,还要懂得文化生产经营管理的理念,掌握文化利益创造与实现的规律,具备企业战略眼光和规划能力,拥有财务、营销和管理方面的技巧,具有投资和风险管理的能力。① 目前,中国文化企业在生产发展和文化利益实现过程中面临的最大问题是缺少既懂文化又懂管理和市场的复合型人才,在新一轮的市场竞争中,这将成为文化企业向高层次发展的"瓶颈",也是阻碍企业文化利益创造和实现的"瓶颈"。

造成人才匮乏的主要原因有以下几个方面:一是缺乏有效的奖励机制。薪酬制度不合理、工资福利缺乏吸引力的问题一直困扰文化企业人才的培养与企业文化利益的发展。特别是一些中小型的文化企业,面对大型文化企业的竞争,更是难以汇集企业发展所亟需的人才。二是政策、资金的缺乏约束人才的成长。中国目前有很多文化企业是由文化事业单位转型而来,缺乏创富能力,很多文化企业依靠政府拨款来维持生计。而政府对文化企业的扶持大多表现在资助项目或一般性的财政补贴,对人才培养方面的投入则较少。三是文化企业间不当的人才竞争。作为综合性的企业,文化企业融合了金融、法律、营销、制造等传统行业,对于跨行业人才的需求十分急需。而文化企业管理体系的不完善,使得跨行业人才的培养和高端人才的自由流动阻力重重。这种情况下,许多文化企业无法招聘到专业人才,就经常出现"挖墙脚"现象,这种现象影响了文化企业人才队伍的稳定性,使得文化利益的创造受到了严重的干扰。

三、产业文化利益方面

对于产业文化利益的研究,本书主要围绕文化产业文化利益的创造、交换、分享与实现等环节展开。当前,中国文化产业的文化利益主要存在以下几个问题:

1. 文化产业政策不完善

文化产业政策制定系统缺乏整体性,产业政策创新滞后于机构改革创新,已经成为严重阻碍中国文化产业发展的主要因素,也是制约中国产业文化利益的主要因素,中国在加入世界贸易组织之后,文化产业政策必然面临深刻变动的要求。

(1)文化产业政策缺乏完善的顶层设计。由于文化产业政策主要由政府的不同

---

① 汪振军:《关于河南文化企业集团跨地区、跨行业、跨媒体发展的思考》,《河南社会科学》,2007 年第 11 期。

文化利益理论与实践

文化行政主管部门制定,由于行业和部门保护主义的存在,文化产业政策中本应体现出的公开性、公正性和公平性就比较弱,因此,这种分头管理导致文化产业政策缺乏顶层设计,对产业行为规范、产业结构调整以及产业发展的指导效果就比较差。

(2) 缺乏统一的文化产业政策体系。科学合理的文化产业政策体系应该包括市场准入退出、资本市场、投融资、财政税收、对外贸易、土地使用、国际化发展等方面,而中国目前在很多政策方面缺乏实质性内容或者不规范,导致文化产业在生产、经营等诸多环节上处于无政策可循的尴尬境地。

(3) 文化产业政策缺乏连续性和一致性,经常出现反复。譬如,国家广电总局在广电单位"转企改制"和"集团化"方面,就不断地出现政策反复。此外,很多文化政策无视文化产业主体的经营自主权,对文化产业的生产经营活动施加过多的干预。

(4) 文化产业政策不能实现制度创新和政策系统创新的有机联动,使得文化产业中文化利益的创造、交换、分享和实现无法获得有效的制度保障。因此,文化产业在文化利益的创造、交换、分享和实现等环节上就难以获得创新发展。

2. 文化资源利用不充分

文化资源是指区域内独特的或具有比较优势的、能够为人类利用和开发并可以直接转化为经济效益的文化因素。文化经济是文化资源高度利用的结果,是对文化资源市场化运作的产物。虽然文化资源是客观存在的,但是文化资源的存在仅仅表明它的潜在经济价值,并不等于它自然而然地就成为现实经济价值,文化资源成为经济资源还需要我们创造性地加以转化。即使有文化资源优势,如果不对其进行合理规划与开发,使之进入市场环节,就无法使文化资源优势转化为文化经济优势。①

既然文化资源没有充分开发利用,资源优势就没有转化为产品优势,也就没有在创造和实现文化利益的过程中得以体现。中国地大物博,是一个拥有五千年悠久历史的文明古国,有着极其丰富的文化资源。其中的古迹、文物、旅游、生活艺术、民间传说、文学作品等,都没有得到很好的开发。这说明文化资源大国并不等于文化产业强国。文化资源的存有量不论多大,也不能直接带来文化产品的丰富,更不能直接促成文化产业的规模发展。历史文化积淀中的很多方面,对消费者都存在强烈的文化吸引力,但是这种吸引力没有体现在文化利益的创造上。具体地说,目前的文化产业市场没有发挥应有的资源配置作用,缺少把文化转变为产品、把文化资源转化为产业的机制。对文化资源产品的单一开发,而不是系统性的开发,以及盲目开放、重复投资形成了资源极低的利用效率,甚至是文化资源的严重浪费。总的来说,文化资源利用效率不高,也是中国文化产业无法在文化利益上实

---

① 姜长宝:《从文化资源优势向文化经济优势转化的路径选择》,《社会科学战线》,2010年第9期。

现规模效益的重要原因。

3. 投融资能力不强

拓宽融资渠道,可以增强产业文化利益实现的资金实力。长期以来,资金投入不足、投资渠道单一,一直是制约中国文化产业发展的主要问题,也是产业文化利益实现所面临的一个亟须解决的问题。中国文化产业尚处于发展的起步阶段,产业内多为中小企业,盈利能力不强,自身资金积累有限,产业内所拥有的资产以无形资产为主,缺乏可用于融资担保的固定资产。文化产业的资金一直是以国家拨款为主,走向市场之后,无法适应金融市场的融资要求,亦无法获得足够的社会资金,只得单纯依靠银行贷款,而对于银行来说,文化产业是一个全新的投资领域,缺乏可依据的经验和风险评估体系,会造成银行成本的上升。这一系列问题都成为中国文化产业融资困难的主要原因,自然也是影响文化产业利益创造与实现的重要因素。

目前,中国文化产业的融资能力不强,主要原因有以下几个:

(1) 文化产业投融资政策不完善,滞后性明显。文化产业投融资政策是文化产业发展的重中之重。国家在21世纪之初密集出台了100多部配套扶持文化产业的政策,但是现行的金融体制法规较为落后,对于过分关注资金实力的银行、投资机构来说,缺少与文化产业相配套的金融体制法规,甚至出现与当前的文化产业政策相冲突的金融体制,不能引导资金流向文化产业,反而成为文化产业融资的障碍。

(2) 缺乏科学的文化产业知识产权评估体系,阻碍了文化产业的投融资发展。现行的金融法规,银行借贷需要有效的质押,一般认可的有效质押为土地、设备等"硬"资产。而文化产业是文化创意等"软"的无形资产。文化创意等"软"资产,其价值的评估鉴定存在严重不足,缺乏科学的文化产业知识产权评估体系,缺乏知识产权评估过程的监管,阻碍银行等金融机构向文化产业的"软"资产投资。

(3) 文化产业缺少商业模式,存在系统性风险。由于国内绝大多数文化企业是从国有或事业单位转成的,市场化意识和商业模式创新不够,造成文化产业小而散、竞争无序、缺乏品牌意识,导致跟风严重、内容同质化泛滥。缺少独特的文化商业模式,大多数文化企业资产规模小,极易受市场波动的影响,企业的盈利能力差,投资风险较大。①

4. 市场竞争力较弱

市场竞争能力是一个国家文化产业水平在国内与国外两个市场的综合体现,也是文化产业的文化利益在国内与国外两个领域得以实现的决定因素。发达国家的文化产业是在市场经济体制下产生和成长的,按市场经济的规律经营和运作,其

---

① 曹辉:《浅析文化产业融资中存在的问题与对策》,《市场周刊·理论研究》,2012年第6期。

文化企业具有强大的生存能力、市场竞争能力和对海外文化市场的争夺能力。中国的文化企业受历史因素的影响,经营机制上是典型的国有企业经营机制,运作资金来源于国家财政的拨付,文艺创作服务于国家政策宣传和对典型事件、人物的塑造,真正以顾客为对象的文化产品很少,其市场盈利能力很弱。① 在图书、音像、演出、影视等方面,与国内其他行业相比,都缺乏市场竞争力,在国际市场上,更是难以占有一席之地。因此,这也决定了中国文化产业在文化利益创造与实现方面的竞争能力较弱。

品牌作为文化产业市场竞争的一件有力武器,是文化产业开拓经营、做大做强的依托,无论是文化产业的产品,还是文化产业的项目和实体,都需要有强烈的品牌意识。但是,中国在电视文化品牌、动漫游戏品牌、文化制品品牌、旅游文化品牌、演艺文化品牌等方面,都远远落后文化和产业发达的国家。再加之许多文化产业成员长期处于"贴牌生产"的层次,成为世界知名品牌的代工厂,处于价值链的底层。这种状况与中国蓬勃发展的文化产业现状不相适应,不仅会直接影响中国经济发展的速度和水平以及文化产业的竞争力,长此以往,还会制约中国文化产业的健康发展。因此,增强品牌意识,赢得与国际知名品牌相竞争的优势,是提升中国文化产业市场竞争力的关键所在。

5. 科学技术水平较低

文化之所以成为产业,就在于一些高技术的应用,现代科学技术批量复制和无障碍传播的手段为文化产业发展奠定了基础。高科技在文化产品生产领域从内容到形式、从生产方式到传播方式都广泛应用,极大地促进了文化产品生产的发展和创新。特别是在一些发达国家中,文化产业在发展过程中对科学技术的运用,通过科技在文化产业的应用进一步推动文化产业。近年来,西方国家已经开始发展新兴文化业态,采用数字、网络等高新技术,推动文化产业升级。

而在中国,数字技术、数字内容、网络技术等核心技术的研发刚刚起步,关键技术设备仍在改造更新之中,因此,高新技术成果与文化产业结合的程度还比较低。目前,中国传统文化产业的比重很大,现代新型文化产业发展不够。短时期内无法依靠高新技术改造传统文化产业,提高文化产品的附加值,提高文化产品生产和服务手段的科技含量。文化产业在制作、加工、欣赏方面都还停留在传统技术之上,文化产业发展中的科技含量低,技术力量十分薄弱。与发达国家相比,还存在很大的技术差距。中国文化产业中初级文化产品多,而高科技含量、高附加值的文化产品少,运用现代科技成果的能力较差,文化发展中的科技水平还停留在较低水平上,很多文化产业在生产过程中使用的是发达国家淘汰下来的生产工具。此外,在

---

① 徐庆峰、吴国蔚:《对我国文化产业"走出去"策略的探讨》,《经济问题探讨》,2005 年第 12 期。

研发手段、营销渠道、文化产品的保护等方面,也难以借助科技的力量加以创新。因此,技术水平低下已成为制约中国文化产业发展的"瓶颈",也是制约产业文化利益创造与实现的薄弱环节。

第二节 宏观领域中的矛盾

一、区域文化利益方面

1. 区域文化作用发挥不足

区域文化是指生活在特定历史文化区域的人在从事物质生产、精神生产和社会活动中所形成的带有一定地域特色和历史文化变迁痕迹以及一定族群烙印的价值观念、思维方式、行为心态、民族意识、风俗习惯、道德规范、文化艺术遗存和生活方式、人文传统等诸多要素的总和。① 区域文化与区域经济不仅是相互促进而且是相互约束的一个统一体,作为人类社会发展最重要的两个方面是文化和经济,是社会系统的两大子系统。一般来说,交通条件、地理环境、资源禀赋等差异不太大的区域,经济发展的水平截然不同,这其中的原因往往不能仅靠经济因素来解释,而需要从区域文化的角度来思考,特别是对区域文化利益的创造和实现的分析。

在中国,不同区域都有着自己独特的文化,其中不乏有益的经济思想和价值观念,区域文化对区域经济发展最大的影响是它对当地人的经济思想和价值观念的主导作用,进而,也是区域文化利益创造和实现的主体。例如,在改革开放之后,涌现出的珠江三角洲、长江三角洲等区域发展模式,成为全国经济发展的榜样,其根源就是岭南文化和吴越文化影响的结果。然而,在中国大部分地区,在区域经济社会发展过程中,对区域文化中所蕴涵的经济思想和价值观念等文化成分的发掘与利用并不充分,出现区域文化底蕴深厚、人文思想丰富,而经济社会发展方面落后的被动局面。归根结底,就是区域文化没有形成强大的文化利益体现在区域经济社会发展之中。

2. 区域文化创新能力欠缺

文化的发展,是一个新陈代谢、不断创新的过程。只有创新,文化才能充满活力、日益丰富,才能永葆生命活性和富有凝聚力。因此,作为中华文化各组成部分的区域文化创新,除了和谐创新、整合创新、兼容创新以及开发技术和路径创新之

---

① 徐习军、秦海明、张锐载:《文化大发展大繁荣视角的区域文化创新探论》,《淮海工学院学报》(人文科学版),2012年第5期。

外,最为关键的是突破"圈内循环"的习惯思维定式束缚,深入地发掘优秀传统文化的精髓并保持其主体性,又要根据现代市场经济社会的要求对其进行"现代性"创新。① 但是,区域文化的创新,需要建立区域文化与区域经济互促互补的耦合动力机制,更需要在文化体制改革的基础上发展区域文化生产力。

由于区域文化作为人文精神的主要成分,对区域文化利益的实现有着重要的影响,但是,其经济效应的模糊性、作用机制的隐蔽性,在经济发展中,易被轻视和忽略,人们往往只注重资金、技术等有形要素的引进,不注重思想观念、文化背景的创新与进步,从而导致优秀的传统文化没有能够结合经济社会发展的进程而进行创新。在中国中部和西部地区,有很多地区的文化有着务实、保守的传统,这种区域文化并不是与经济发展格格不入的,但是,由于缺乏对这种文化思想进行与时俱进创新的能力,反倒使得这种区域文化在经济发展中产生了封闭狭隘、市场观念差、商业素质低等负面影响。因此,当优秀的区域文化不能结合实际进行创新时,区域文化利益的实现也就变得相当困难。

3. 区域文化产业布局不合理

区域文化产业布局和其他产业布局一样,在运动和发展上也有其规律性。但是,区域文化产业是一种特殊的产业形态,具有政治的、经济的、社会的、文化的和地方的等多重属性,有着自己完全不同于纯粹产业经济学意义上的部门产业的发生和发展规律。文化产业规划空间布局时,与工业相比,文化产业受到文化设施限制,在空间上表现得更为分散,所以,一般在规划中就选择落实到若干文化产业集聚区内。但是,诸如一些知名的会议中心、剧院、影院甚至是商业写字楼,可能是该区域某些文化产业领域发展的重要场所,没有被授牌成为集聚区,这种情况下在规划布局时就无法覆盖到。因此,如何根据文化产业特征进行空间布局也是当前中国亟须解决的重点问题之一。

对于已有的文化产业布局,还有很多地区存在诸多不合理之处,没有能够充分利用当地文化资源禀赋上的优势获得区域文化利益。在区域文化产业规划布局时常常会遇到与政府上位规划衔接的问题,这个问题在其他产业规划中也经常碰到。鉴于文化产业规划的复杂性,在区域文化产业规划时,常常将某个地区划分为文化产业某个领域的重点发展区,而不鼓励其他产业领域在该区域的发展。但是,各个地方显然不能简单地接受上位规划定位,往往选择几个重点发展领域,从而与上位规划造成冲突。② 此外,在已经完成布局的地方,文化产业与文化企业没有出现集中化的运动,没能实现文化利益的集约化发展;从文化空间经济的发展来看,区域

---

① 徐习军、秦海明、张锐戟:《文化大发展大繁荣视角的区域文化创新探论》,《淮海工学院学报》(人文科学版),2012年第5期。

② 戴俊骋、蒋巍:《区域文化产业"十二五"规划"七问"》,《华东经济管理》,2012年第2期。

文化产业也没有使文化空间经济实现均衡发展。这样,区域文化产业布局不合理就成为影响区域文化利益实现的最直接因素。

4. 区域文化共同体建设缓慢

文化共同体指的是一个建立在文化认同基础上的、区域性的合作组织,其形成的目的就是利用文化认同的理论,加强成员间的信任与合作,通过整合资源,促进区域一体化的发展,进而推动区域文化利益的实现。经济发展和社会进步为区域文化共同体的形成提供了更加广阔的空间,也为不同区域文化利益的不平衡发展创造了转型条件。很多区域文化应该完全联合起来,在相同或者相近的文化体系中通过整体互动、相辅相成,发展区域文化的大发展大繁荣。

然而,综观中国区域文化共同体的发展状况,除了东部沿海地区在发展文化共同体方面进展较好之外,其他许多地区在这个方面发展缓慢,主要表现为一些地方狭隘地固守于狭小的文化经济空间,只顾眼前利益,目光不够长远;城市之间文化资源、业态、产品等方面重叠发展,尚不能实行互补发展。因此,也无法推动各个区域特色文化资源的整合与发展,无法以共同体的形式实现区域文化体系的整体现代化发展。这些都影响了区域文化利益的整合与发展。

二、国家文化利益方面

1. 经济发展不平衡对文化利益的影响

由于中国在经济社会发展中,长期存在着东部、中部、西部发展不平衡,区域经济发展差距过大,以及城乡二元结构且城市和农村收入差距不断加大等问题,使得中国社会整体文化利益的创造、交换、分享和实现也出现了严重的不平衡性。从国家文化利益发展的角度来看,东中西部以及城乡经济社会发展中的差距,导致文化要素无法跨地区合理流动,由于行政区域界限的影响,出现了违背市场经济规律的现象。因此,文化利益实现程度较好的东部地区,无法形成带动力强、联系紧密的文化经济体,使得文化利益的辐射效应无法体现,进而导致国家文化利益无法实现均衡化发展。

2. 经济发展方式落后对文化利益的影响

长期以来,中国的经济发展方式都是以依靠增加物质资源消耗的粗放型发展为主,忽视了知识、技术、文化在经济发展中的主导作用。由于经济发展方式没有迅速转变为依靠科技进步、人力资本积累、文化创新的集约型发展,知识、文化在经济发展中的含量无法提高,人文环境得不到改善,技术进步速度缓慢,人力资本积累不充分,进而使得国家文化利益的实现机制得不到优化。不难发现,经济发展方式很大程度决定着文化利益的发展方式,经济发展方式的先进与否自然也决定着文化利益发展方式的先进与否。所以,正是由于中国当前的这种粗放型的经济发

文化利益理论与实践

展方式,制约了国家文化利益的快速实现和可持续发展。

3. 科学教育水平不高对文化利益的影响

教育是发展科学技术和培养人才的基础,在文化利益的创造和实现中具有先导性和全局性作用。中国自改革开放以来,一直把科教兴国作为一项国家发展战略,在三十多年中,中国的科学教育事业得到长足的发展。但是,由于我国科学教育事业长期以来基础薄弱,发展速度较为缓慢。虽然国家不断加大对教育事业的投入和增强对农村教育的支持,但是,教育事业的面貌尚未得到根本改善,仍然未能从一个教育大国转变为教育强国。社会教育资源没有得到合理的配置,教育创新和教育管理的水平依然较低,培养出的专门人才和创新人才远远不能满足社会的需求,全社会的科学文化水平依然不高,这些都从根本上制约了国家文化利益的实现,也使得人民群众无法充分享有国家文化利益。

4. 文化体制落后对文化利益的影响

国家的文化体制是文化利益创造与实现的制度环境,可以对文化利益的实现起到促进作用,也可以起到阻碍作用。中国在改革开放之前,长期实行计划经济体制,改革开放之后,这种计划经济的思想依然在文化体制中存在着。主要表现在:文化事业和文化产业长期混同;对于文化发展的投入单一地来自国家的拨款,无法有效地利用社会资金;文化行政管理部门的管理思想落后;文化法治建设不能及时跟进;文化发展无法同经济发展相结合;文化人才缺乏,创新能力不足;统一、有序的文化市场尚未形成;文化体制改革进展缓慢,无法有效地调动各种文化利益主体的积极性等。这些都无法为国家文化利益的创造、交换、分享和实现提供制度保障。

5. 国外文化输入对文化利益的影响

在经济全球化和文化全球化发展日益加深的今天,发达国家文化产品及其思想观念的输入,对中国的文化资源、文化生态和文化环境产生了严峻的挑战,也对国家文化利益的实现和发展产生了巨大的冲击。特别是西方国家的图书、影像、软件等文化产品对中国的巨大输入,充斥着国内各个文化市场,在这些产品中,包含着西方的意识形态、思想观念、行为准则,西方国家在中国文化市场上实现它们文化利益的同时,就是对中国的文化安全和文化主权的严重威胁。特别是国外文化产品在国内的市场占有率不断提高,使得国内文化产品的生存和发展空间不断减少。在这种情况下,中国国家文化利益的创造与实现面临前所未有的挑战。

第三节 国际化进程中的矛盾

一、国家文化安全方面

1.文化主权安全上的冲突

文化利益发展的全球化进程打开了中国文化发展和繁荣的新局面,但同时面临了前所未有的挑战。针对中国社会主义意识形态,西方一些国家开始了有计划的文化渗透。中国坚持走中国特色的社会主义道路,坚持马克思主义在意识形态领域的指导地位,在文化价值、意识形态、社会制度、国家利益等诸多方面与西方发达国家存在明显分歧。"冷战"结束之后,中国成为一些西方国家进行文化渗透和文化颠覆的主要目标之一,一些政治势力为实现其"西化、分化"中国的目的,也将文化作为输出其意识形态的重要工具。

因此,中国以马克思主义为指导的意识形态及其维护共产党领导的社会主义政权面临西方资本主义意识形态扩张的压力。现代信息技术的高速发展也为西方政治文化的输出提供了强有力的手段。一些西方国家利用知识经济时代信息的高效传播性、渗透性,对中国的价值观念和政治制度进行误读和歪曲,扩大分歧,挑起事端,甚至威胁到中国的政治稳定和社会稳定。西方国家,特别是美国,通过其几乎覆盖全世界的新闻生产与传媒网络,不间断地向包括中国在内的非西方国家传播西方文明的价值观、时尚和风俗习惯,在有形无形中利用西方文明特别是西方消费主义文化改造非西方国家,对非西方国家社会的各个层面造成广泛而深入的影响。① 当一个国家文化的基本指导思想受到了侵害,国家文化安全屏障将遭到瓦解,国家和人民文化利益的实现和发展也就失去了最根本的保障。

2.文化经济安全上的挑战

随着国际化进程的加快,文化建设领域的改革不断深入,文化经济安全上的挑战也日益凸显。一方面,各种来自不同方面的利益集团利用传统的权力优势分割国有文化产业资源,甚至改变国有文化资产的产权属性,造成大量国有文化资产流失,使得政府文化行政主管部门部分权力丧失,文化管理出现一定程度上的权力空心,进一步加剧了社会文化利益分配不公的矛盾;另一方面,在最初卷入国际化中凡是允许外资进入的文化产业领域,并未同时允许内资进入,使得内资在与外资竞

---
① 邓显超:《关于维护国家文化安全的战略思考》,《学理论》,2011年第25期。

争过程中处于不利地位,极大地降低了国家文化安全的制度性保障。改革开放以来的分权导致形成了各种形式的地方主义,随着地方政权角色的增大,地方文化保护主义也有了进一步的发展。全球化背景下经济和社会结构的迅速发展变化使得原有的国家文化管理模式在很大程度上失去了效用。在这种情况下,文化经济政策与文化产业发展战略必然在较大程度上受到影响。①

特别是在文化产业上,其发展的现代化程度和强大程度,就成为衡量一个国家文化经济安全状况的一个重要指标。在欧洲、美国、日本,文化产业的产值已超过制造业成为第一大产业。而目前中国文化产业总值只占全国 GDP 的极小比重,2010 年仅为 2.75%,中国文化产业的弱小和市场空间的广大就招致了全球强势文化产业的整体性挑战。由于中国无法充分地实现世界贸易组织成员方应该对等地进入他国文化产业领域的要求,文化产业准入的非对称性使中国文化产业发展在它的成长阶段就面临生存的威胁。

3. 文化资源安全上的威胁

中国文化资源在国际文化市场国际化与全球化的压力下面临流失和被别国开发的危机。世界各国为迎接信息时代的来临,正大规模地将包括文化遗产在内的文化资源转换成数字化形态。由于科学技术落后,发展中国家缺乏对本国文化资源的有效保护,只能依赖于国际资本和技术实现其文化遗产数字化。与此同时,随着国外对中国文化资源了解的加深,中国文化资源被异国开发利用的可能性在逐步加大,中国的文化元素越来越多地成为国外文化产品的生产原料。对中国文化资源的开发关系到国际信息技术集团和国际文化传媒集团对中国文化产品市场的占有,这对中国就构成了文化资源安全问题。需要引起警觉的是,很多中国的文化资源已经通过国际传媒资本之手转化为文化产品,成为中国文化产业界的强大竞争对手。如果任由这种趋势发展下去,任由中国文化资源被国外广泛地利用,中国文化产品的国际竞争力和影响力必将进一步减弱,文化利益在国际上实现和发展的机会将变得极为渺茫。②

4. 文化生态安全上的影响

在经济全球化背景下,当前国际社会中也出现了文化全球化的显著趋向。文化全球化是指各民族国家冲破以往闭关自守的封闭状态,在文化领域的合作与交流日益广泛和频繁,使得具有共性的文化样式逐渐普及推广成为全球通行标准的状态和趋势。随着交通、通信技术日新月异地发展,在各种观念相互碰撞中重新整合的同时,文化全球化趋势也不断加深,对中国的文化生态安全带来了极大影响。

特别是计算机网络技术的迅速发展,社会各个层面对网络的依存度越来越深,

---

① 张英琦:《政府应对国家文化安全问题的对策思考》,《才智》,2011 年第 5 期。
② 邓显超:《关于维护国家文化安全的战略思考》,《学理论》,2011 年第 25 期。

网络成为文化传播的重要渠道和维护文化安全的重要工具。互联网的广泛应用,使文化的传播尤其是西方推行其意识形态获得了极大的便利。信息技术消除了时间差距和空间差距,因而不同的文化思想能够借助于电子网络毫无障碍地扩散到世界的各个角落。网络信息传播所具有的高效性、广泛性、强渗透性等特点使国家、政府政党对文化的控制力减弱。对中国这样的发展中国家来说,这意味着它们要更多地接受外来的信息,尤其是西方国家媒体和信息的影响。① 如何确保国家文化生态安全,让文化利益的创造、交换、分享和实现有一个良好的空间,是中国文化建设与文化利益发展国际化所面临的新问题。

二、国际文化贸易方面

1. 文化贸易政策不完善

随着中国文化建设与文化利益发展国际化的不断深入,国家对文化贸易的重视程度逐步提高。如2006年初,中共中央、国务院联合颁布了《关于深化文化体制改革的若干意见》,成为指导中国文化体制改革的纲领性文件。同时,其他国家部门,如文化部、商务部也出台了部门立法和行政法规,进一步扶植文化产业发展,增强文化产品和服务出口竞争力。但目前仍存在立法层级较低、法律间协调程度不高等明显的问题,相关的文化贸易政策也不完善,未能大力以倡导"文化多样性"客观对待文化产业的经济和文化社会价值,不断发掘和培育民族文化,抵御外来文化强有力的冲击。

中国在国际文化贸易方面缺乏国家战略,缺乏政府的大力支持,缺乏有效的资源整合,缺乏国际化的运作和推介。因此,在文化贸易领域,无法做到着眼长远、整合资源、形成合力、循序渐进,搭建各种形式的对外文化交流平台,也未能策划组织出一系列高端的中国文化产品,提高文化贸易的整体水平。此外,中国从复关到"入世",各轮有关文化贸易的谈判中,中国作为发展中国家特有的文化国情和文化利益并没有得到体现。在国际文化贸易中,西强我弱的局面没有得到改变,严重影响了为文化建设与文化利益发展的国际化。

2. 文化贸易观念落后

在中国传统文化观念中,文化与贸易似乎没有多大关系,文化经济思想观念淡薄,这种思维方式与世界上很多国家存在巨大的差距。文化产品能否赢得市场,最根本的问题在于其所内含的文化价值、生活方式、思想观念、情感因素;在于文化产品是否具有思想感染力、情感亲和力、精神震撼力以及生活方式的凝聚力。只有赋予文化产品这些力量,才会得到国内外消费者的认可。但是,中国的文化贸易主体

---

① 王鹏远、俞红、孙英:《综合安全观视角下的国家文化安全威胁与对策思考》,《经济研究导刊》,2011年第36期。

在从事文化贸易时很少注意与消费国文化融合,创作出易于接受又有吸引力的文化产品。在销售渠道的开发上,也未能真正地与消费国的文化相结合,采取购买对象乐意接受的宣传方式。

另外,中国众多文化企事业单位中,很多单位还处在从事业单位向企业转型的过程中。博物馆、纪念馆、图书馆、档案馆、群众文化馆这些公共文化服务单位也归入文化艺术服务类,但它们都属于公益文化事业单位,根本不属于文化产业。国有艺术表演团体目前仍然主要依赖国家的财政支持,还不是真正的文化企业。而开展文化贸易的主体是文化企业以及它们所打造的文化产品,它们走向世界不能主要依赖国内政策的保护,必须提高自身企业和产品的竞争力,提升具备适应整个国际市场的能力。显然,这些文化企业还没有树立起科学合理的、可用于国际市场竞争的文化贸易观念。①

3. 国际竞争能力不足

能够反映一个国家在国际市场竞争能力的重要指标就是国际市场占有率。有统计显示,从1996年以来,中国文化产品出口额居于世界第一位,中国文化产品和服务国际市场占有率逐年提高,但主要是技术含量和附加值都很低的文化产品和服务的市场占有率较高,而核心文化产品和服务的市场占有率却很低,并有逐年下降的趋势。从核心文化产品和服务国际市场占有率的国际比较来看,中国与文化贸易强国的差距很大。

具体地说,中国极具竞争力的文化产品主要是手工艺品、设计、视觉艺术品和新媒体,且新媒体、出版物、文化休闲娱乐服务的贸易竞争力也逐步提升。但是,中国核心文化产品和服务如音乐媒介、影视媒介及版权贸易领域的竞争力非常弱,而且这种极弱竞争力的趋势逐渐扩大,文化贸易的相对劣势过于集中于核心文化产品和服务部门,对中国文化利益发展的国际化必然会产生非常不利的影响。因此,可以认为,中国是文化产品出口大国,实际上中国是文化产业外围的相关文化产品出口大国,核心文化产业的竞争力不足,核心文化产品和服务国际市场占有率很低。②

---

① 施劲华:《谈我国文化产业国际贸易的发展策略》,《商业时代》,2012年第14期。
② 方英、李怀亮、孙丽岩:《中国文化贸易结构和贸易竞争力分析》,《商业研究》,2012年第1期。

第八章 文化利益发展的对策

根据文化利益的理论内容,结合中国的文化建设,对文化利益的创造、交换、分享和实现等环节分别进行了微观分析和宏观分析,同时,也基于全球化的背景,对国家文化利益的国际化发展进行了分析。研究文化利益的根本目的就是在了解中国文化利益理论和实践的基础上,借鉴国外文化利益的实践经验,进而解决文化利益发展中的矛盾,促进中国文化利益的发展。为此,本章首先对中国文化利益实现的总体思路加以阐述,进而分别从微观、宏观以及国际化三个层面提出相关政策建议。

第一节 文化利益发展的总体思路

研究文化利益的创造、交换、分享和实现的根本目的是如何更好地推动文化利益的发展,为人们带来更大的利益满足;而文化利益的发展,反过来又可以促进文化利益的创造、交换、分享和实现,使社会和人民的文化利益不断增加,从而推进文化建设、促进社会主义文化的大发展大繁荣。因此,一个国家必须要树立科学的指导思想,制定明确的国家战略,通过合理的路径,才能全面实现其文化利益。2011年10月,党的十七届六中全会通过了《中共中央关于深化文化体制改革 推动社会主义文化大发展大繁荣若干重大问题的决定》,对文化体制改革、文化建设等做出了战略部署,根据本次会议精神,我们从指导思想、基本战略和主要路径三个方面提出中国文化利益发展的总体思路。

一、指导思想

指导思想,就是行动指南,是指导文化建设和文化利益发展全部活动的思想体系和理论基础。只有树立起科学的、系统的、旗帜鲜明的指导思想,社会主义文化才能实现大发展大繁荣,文化利益的创造、交换、分享和实现才能得到保证,进而推动个人、企业、产业和国家的文化利益不断地向前发展。在中国文化利益发展上的指导思想主要包括以下几个方面。

1. 坚持马克思主义的指导地位

马克思主义深刻揭示了人类社会的发展规律,坚定维护和发展最广大人民的根本利益,包括政治利益、经济利益和文化利益,是指引人民推动社会进步、创造美好生活的科学理论。因此,在文化建设和文化利益发展中,要毫不动摇地坚持马克思主义基本原理,紧密结合中国实际、时代特征、人民愿望,用发展着的马克思主义指导新的实践。同时,推进马克思主义中国化、时代化、大众化,形成中国特色社会主义文化理论体系,并用以武装头脑、指导实践、推动工作,确保文化建设与文化利益发展沿着正确道路前进。

坚持马克思主义,系统掌握新时期中国马克思主义的立场、观点、方法。科学分析文化领域的新情况、新变化,深入研究解决改革开放和社会主义现代化建设中有关文化发展的各种新课题,不断深化对社会主义文化发展规律、文化建设规律和文化利益发展规律的认识,不断把文化发展领域的成功经验上升为理论,不断赋予当代中国马克思主义文化理论鲜明的实践特色。同时,充分掌握世情,特别是国际文化发展的趋势,借鉴和吸收国外文化强国在文化建设与文化利益发展领域的实践经验,取长补短,不断地补充和完善中国社会主义文化理论,使之与时俱进,并用以指导文化建设与文化利益发展的实践。

2. 执行十七届六中全会的战略部署

党的十七届六中全会通过了《中共中央关于深化文化体制改革 推动社会主义文化大发展大繁荣若干重大问题的决定》(以下简称《决定》),全面分析形势和任务,认真总结我国文化改革发展的丰富实践和宝贵经验,研究部署深化文化体制改革、推动社会主义文化大发展大繁荣,进一步兴起社会主义文化建设新高潮,对夺取全面建设小康社会新胜利、开创中国特色社会主义事业新局面、实现中华民族伟大复兴具有重大而深远的意义。

《决定》对新时期我国文化建设作出了以下部署:充分认识推进文化改革发展的重要性和紧迫性,更加自觉、更加主动地推动社会主义文化大发展大繁荣;坚持中国特色社会主义文化发展道路,努力建设社会主义文化强国;推进社会主义核心价值体系建设,巩固全党全国各族人民团结奋斗的共同思想道德基础;全面贯彻"二为"方向和"双百"方针,为人民提供更好更多的精神食粮;大力发展公益性文化事业,保障人民基本文化权益;加快发展文化产业,推动文化产业成为国民经济支柱性产业;进一步深化改革开放,加快构建有利于文化繁荣发展的体制机制;建设宏大文化人才队伍,为社会主义文化大发展大繁荣提供有力的人才支撑;加强和改进党对文化工作的领导,提高推进文化改革发展科学化水平。这一系列的举措将有力推动中国文化的大发展大繁荣,并进一步促进文化利益的发展。① 可以看出,《决定》的战略部署,代表了新时期中国文化建设和文化利益发展的正确道路,是建设社会主义文化强国的行动纲领。

3. 弘扬中华民族的优秀文化

中华民族创造了灿烂的中华文化,而中华文化是中华民族共同的精神财富,是中华民族精神的结晶,对中国乃至整个世界产生了巨大的影响。推进文化大发展大繁荣,客观上就要求我们必须以弘扬中华民族文化为基础。只有弘扬中华民族文化,才能坚持社会主义先进文化前进方向,才能建设中华民族共有的精神家园,才能增强中华民族的凝聚力和创造力,才能真正提升国家文化"软实力"。

中华民族文化是文化建设与文化利益创新发展的强大动力。作为一个民族的精神支柱,仅有历史的传承是不够的,唯有创新才能发展,创新是建设中国特色社会主义文化的永恒动力。推进文化建设,一方面要继承和发扬中华民族文化传统,使文化利益的发展有充足的养料、厚实的底蕴和进一步发展壮大的基础;另一方面还要创造和催生新的文化精神,使社会主义文化建设充满新鲜的血液,永远具有饱满的精神状态与进取的活力,永远具有生命力创造力,为文化利益的持续发展提供源源不断的精神动力。在经济全球化的今天,我们对民族文化资源的创新,要有全局意识和世界眼光,不仅要继承那些符合文化建设与文化利益发展要求的优秀成分,也要弘扬那些具有世界性价值的文化财富。只有这样,中华民族文化才能屹立于世界文化之林,中国的文化建设与文化利益发展的国际化才能真正地实现。

4. 维护国家和人民的文化利益

在文化建设中,维护国家和人民的文化利益,就是不断获得实现和发展国家及人民的文化利益。在国家文化利益方面,当今世界正处在大发展大变革大调整时期,世界多极化、经济全球化深入发展,科学技术日新月异,各种思想文化交流交融交锋更加频繁,文化在综合国力竞争中的地位和作用更加凸显,维护国家文化利益的任务更加艰巨。当前,中国已进入深化改革开放、加快转型发展的关键时期,文化力和文化生产力越来越成为综合国力竞争的重要因素,维护国家的文化利益已经成为国际文化战略竞争的重要组成部分。

在人民的文化利益方面,要使得人民群众在经济社会发展的过程中不断获得切实的文化利益,就要大力发展面向现代化、面向世界、面向未来的,民族的、科学的、大众的社会主义文化,使人民群众的思想道德素质、教育科学文化水平和精神

---

① 中共中央十七届六中全会:《中共中央关于深化文化体制改革 推动社会主义文化大发展大繁荣若干重大问题的决定》,北京:人民出版社,2011年,第1~73页。

生活质量得到相应提高。由于人们所处的社会环境、地位不同,经济状况不同,受教育的程度不同,以及不同阶层、不同民族、不同地区群众的文化知识水平、发展条件和历史传统等各有不同,决定了他们在文化需求方面也有着各自的特点。在实现、维护和发展人民群众的文化利益时,既要重视在全社会形成共同的理想信念,又要注意统筹兼顾,不断满足不同社会群体和个人的不同文化需求,保证每个社会成员都有受教育的机会,都能充分享受到共同的文化成果,都能在群体的文化氛围和道德规范中使个体的精神得到陶冶和升华。

二、基本战略

文化经济作为现代文化运动和经济活动的重要方式,正在深刻地影响着中国社会、政治、经济和文化的发展。尤其是在全球化的背景之下,文化经济已经成为影响国际经济、文化秩序变动和国际文化关系格局变动的重要力量,也是影响国家政治利益、经济利益和文化利益的重要力量。因此,制定文化利益实现的国家战略,对于充分发挥文化经济作为"软实力"在国家综合国力中的作用有着积极的意义。

1. 国家文化战略

国家文化战略,是一个国家发展文化的指导思想,也是制定文化利益战略的基础和前提。在理论界,较早对文化战略进行分析的是荷兰哲学家冯·皮尔森,他在1970年出版的《文化战略——对我们的思维和生活方式今天正在发生的变化所持的一种观点》一书中认为,文化战略就是人类在逆境中运用智慧以求取生产和发展的战略。在他看来,在人类生产和发展的问题上,文化本身并不是目的,而是人类以创造性发明来实现自己的生存和发展的终极的智慧和手段。那么,国家文化战略,可以认为是一个国家在世界范围内判断自己方位和发展方向的定位系统,它可以使国家这个主体知道在何时、何地、以何种方式去赢得并保持自己的文化优势。在这个意义上,国家文化战略也是国家用以实现自己战略目标的一种自觉的战略手段。①

中国是文化资源大国,但在当今世界上却还不是文化大国。中国要成为一个文化大国,就必须制定自己的国家文化战略,实现文化利益与国家的政治利益、经济利益在国际上的同步增长。这也是中国成为一个文化利益大国的重要标志。中国的国家文化战略应该包括以下几个方面的内容:②

(1)创造性地整合传统文化资源。中国传统文化是在过去几千年的历史长河

---

① 胡惠林:《文化产业发展与国家文化安全》,广州:广东人民出版社,2005年,第47~51页。
② 范佐来:《经济全球化视野下的中国文化战略选择》,《内蒙古农业大学学报》(社会科学版),2006年第3期。

中积累形成的,有着非常丰富的内涵。随着社会的发展和进步,有些东西失去了原有的价值,而也有很多东西对于现代社会发展和进步仍有十分重要的意义。中国要进行文化建设,发展文化经济,离不开传统文化这个基础和前提。在辩证地对待传统文化的基础之上,根据中国文化建设的实际需要,对传统文化进行创造性的整合,推陈出新,达到古为今用的目的,体现传统文化的永恒魅力。

(2)积极吸纳国外先进文化。任何文化都有它的两面性,西方文化有其缺失的一面,也有其合理的一面;因此,需要大力推动国际文化交流与合作,积极学习和借鉴西方文化中先进、合理的东西,例如,先进的思想文化、科学技术、行为规范等,借以发展壮大自己。吸纳国外文化的精华,融入到中国文化之中,洋为中用,可以进一步增强文化的凝聚力和文化的创造力,促进文化利益的实现,增强中国文化的整体实力。

(3)加快文化产业的发展壮大。文化的繁荣是文化产业的前提条件,而文化产业则为文化的进一步繁荣和发展提供了必要的物质基础。目前,与发达国家相比,中国的文化产业在国民经济中还没有得到充分开发,还有待于发展,发展的潜力非常大。要弘扬民族文化,繁荣文化市场,扩大中国文化在世界的影响,就需要加快中国文化产业的发展步伐,使国家文化利益的发展得到文化产业这一物质载体的支持。

(4)坚决维护国家的文化安全与文化主权。在全球化时代,面对西方国家单方面的文化输出和文化扩张,发展中国家不仅在文化产品上面临生存与发展困境,甚至其政治哲学、意识形态、价值观念和生活方式都难以保持发展的自主性和独立性。中国应采取积极的文化安全对策,在致力于提升国家文化的综合国力和国际竞争力的同时,也要增强国家文化安全意识,健全文化安全预警机制,有效地保护自己的文化市场、文化产业和文化利益。

2. 文化利益战略

从文化利益的特征和分类出发,可以对文化利益战略进行定义,指对文化利益的创造、交换、分享和实现过程进行整体性的谋划,以实现不同主体文化利益的发展。文化利益战略必须具备全局性、前瞻性、政策性和可持续性的特征。

具体地说,全局性是文化利益战略最主要的特征和最基本的属性。文化利益战略是对一个较长时间内文化利益实现和发展的谋划和安排,要克服文化利益与经济社会发展之间的不平衡,因此具有全局性。前瞻性,是要求文化利益的发展要具有远见,能够确切地知道需要利用多少文化经济资源去实现文化利益,以及如何利用这些资源。政策性,意味着文化利益战略是国家和政府关于文化利益发展的整体政策性安排,没有这种政策性,文化利益战略也就失去了它的全部合法性依据和实现的可能性基础。可持续性,是要求文化利益战略不仅要满足当代人的文化需要,而且要为后代人满足自身文化需要及增长文化能力创造和提供尽可能多的条件,积累尽可能多的文化利益。

通过对中国文化利益的微观和宏观分析之后,本书认为,文化利益战略应该包括以下几个方面的内容:

(1)建立文化利益整体态势协调发展的格局。由于中国经济社会发展不平衡的影响,文化利益的实现和发展也表现出了很大的不平衡性。特别是东部、中部和西部地区,在文化利益的创造、交换、分享和实现等各个方面都存在较大差距。城乡二元结构也使得城市和农村的文化利益实现的差距拉大。因此,建立文化利益整体态势协调发展的格局,才能保证不同主体的文化利益得以实现。

(2)选择文化利益实现的最优战略路径。中国目前正处在重要的文化转型时期,文化经济的发展引发了文化利益关系的重大调整和重组,科学技术进步促使文化经济结构和文化产业结构急剧变化,因此,中国文化利益的发展道路上,必须要确立选择的战略路径,利用有限的经济文化资源,创造和实现更多的文化利益。

(3)明确文化利益实现的战略重点。一个国家的文化利益战略,既涉及了文化利益创造、交换、分享和实现的各个环节,也涉及了微观和宏观的不同主体,以及国内、国际的不同领域。因此,文化利益战略在不同阶段、不同领域都必须重点突出,目标明确。进而在文化利益发展和发展过程中,形成符合中国文化经济发展的文化利益实现的"中国模式"。

(4)加快国家文化安全之下的文化利益国际化发展。经济全球化和文化全球化的发展,以及发达国家文化产品及其思想观念的输入,对中国的文化资源、文化生态和文化环节产生了严重的挑战,也对中国文化利益的实现和发展产生了巨大冲击。因此,必须要在捍卫国际文化安全和文化主权的前提下,加快文化利益的国际化发展步伐,积极实行"走出去"的发展战略,在世界范围内实现文化利益,这才是对国家文化安全和文化主权最好的维护。

三、主要路径

文化利益发展的路径是文化利益战略的重要内容,只有明确文化利益发展的主要路径才能保证文化利益得到有效地创造、交换、分享和实现,这也是构成社会利益发展路径的重要组成部分。文化利益发展的路径主要包括微观路径、宏观路径和国际路径。具体地说,文化利益发展的微观路径包括个人文化利益、企业文化利益、产业文化利益实现的路径;文化利益发展的宏观路径包括区域文化利益、国家文化利益实现的路径;文化利益发展的国际路径是指在国际文化贸易和国际文化合作中文化利益得以实现的路径。文化利益发展的主要路径如图8-1所示。

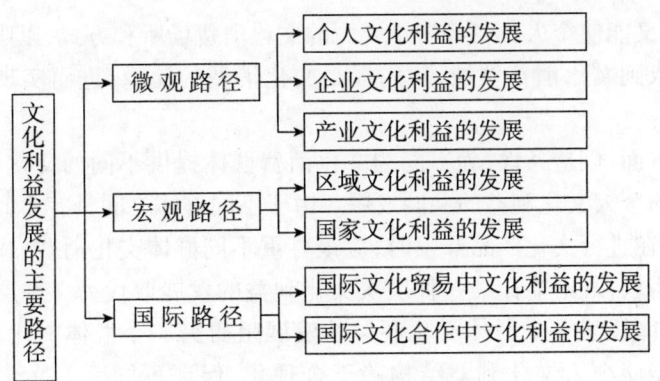

图 8-1　文化利益发展的主要路径

第二节　文化利益发展的微观对策

通过对国家文化战略和文化利益战略的阐述,对文化利益实现路径的划分,再结合前文关于文化利益实现过程的相关分析,本书认为,中国文化利益发展的微观对策主要由以下几个方面的内容组成。

一、个人文化利益发展的对策

个人文化利益的发展是全社会文化利益发展的基础,无论是宏观层面还是微观层面,文化利益的发展最终都要体现为个人文化利益的发展。中国改革开放三十多年来,在个人文化利益发展领域获得了巨大的成就,同时,也存在诸多的问题。譬如,个人文化利益的总量不大,个人文化利益的结构不合理,文化市场的产品供给不足,无法满足文化需要,个人的文化程度不高制约了文化利益的发展等。这些问题的存在,一方面,使个人无法开展正常的文化消费,并从中实现文化利益;另一方面,也无法积累文化资本、利用自身的文化资源发展文化利益。通过对问题的梳理,接下来,我们给出相应的促进个人文化利益发展的对策。

在总量方面,提高个人文化消费支出,促进个人文化利益的发展。根据恩格尔定律,家庭收入越高,则家庭支出中用于基本生活消费的比例就越小,用于精神文化消费的比例就会越大。通过大力发展经济,尤其是文化经济,提高人们的收入,将个人消费重点引向文化消费。同时,加大对文化基础设施的投入,提供品位高雅、风格鲜明、科技含量高等更多高质量的文化消费设施。多发展一些既能满足个

文化利益理论与实践

人文化需要,又能使个人具备经济承受力的文化消费场所和方式,以吸引人们把更多的收入投入到文化消费领域,从而提高文化消费的比重,进而实现更多的文化利益。

在结构方面,创造条件,为不同的文化消费群体提供不同的文化消费产品,促进不同层次的个人文化利益的共同发展。由于不同群体之间具有不同的文化消费意愿和要求,在进行文化产品开发时,应该尊重不同群体文化消费权利,满足不同人群的文化需求,既不能让某一种层次文化利益的发展取代另一种层次文化利益的发展,也不能让某一个群体文化利益的发展阻碍另一个群体文化利益的发展。只有这样才能使个人文化利益结构趋于合理化,保证不同个人文化利益的共同发展。

在文化产品供给方面,积极发展文化产业,丰富文化市场,为个人文化利益的发展提供物质载体。文化产业作为现代国民经济的重要支柱产业,是21世纪的"朝阳产业",它不仅能满足人们精神文化的需求,而且能创造出巨大的精神价值。因此,必须以积极的态度正确引导文化产业的健康发展,促进文化产品市场的繁荣。文化产业和文化市场的发展,一方面,要大力开发新的品种,开拓新的领域,满足广大群众的文化需要,在消费中实现个人的文化利益;另一方面,个人可以把自己拥有的文化资源和文化资本作为生产要素投入文化生产之中,获得回报,实现个人文化利益。

在提高个人文化素质方面,大力发展教育事业,为个人文化利益的发展提供动力。中国有经济学者曾提出"文化教育是第一消费力",那么,要实现文化利益,最为重要的一个方面就是科学的文化消费。要实现科学的文化消费,就必须提高个人文化教育素质,促进文化消费质量的提高,才能促进文明消费,从而促进个人文化利益的发展。为此,必须大力发展各种形式的教育,改善文化落后地区的教育状况。一方面,教育有利于提高个人的文化素质,拉动文化消费,实现文化利益;另一方面,由于教育也可以满足人对知识文化的需要,因此,发展教育本身也是实现个人文化利益的一项重要措施。

二、企业文化利益发展的对策

与前文一样,在研究企业文化利益的发展问题时,为了集中力量、突出重点,本书着重研究文化企业的文化利益的发展。文化企业既可以通过生产和销售文化产品获得文化利益,也可以通过市场占有率、品牌和声誉等获得非销售方面的文化利益,此外,又可以通过培育企业文化,更新企业的思想观念、行为规范来获得文化利益。然而,由于中国的文化企业起步较晚、发展较慢,存在生产水平低下、管理不善、创新能力不足以及缺乏企业核心竞争力等问题,因此,企业文化利益的发展需

要采取以下几个方面的对策:

第一,以市场为导向,以不断满足人们的精神文化需要为目标,充分发挥市场机制的积极作用。在市场经济条件下,市场集中反映广大消费者多样化、多层次的文化需求,文化企业要围绕市场从事生产经营活动,既要生产出适销对路的文化产品,又要合理确定生产规模和生产数量。同时,利用市场规律,指导社会经济文化资源的分配和使用,实现生产利润最大化的目标,为发展文化利益打下经济基础。此外,由于文化产品是特殊的产品,能够给人们的思想观念带来影响,因此,文化企业在生产经营过程中,还要注重社会效益,这可以为企业发展文化利益打下社会基础。

第二,依法经营,公平竞争,提高市场占有率和品牌效益。建立公平竞争的文化市场秩序,是文化企业健康发展、文化利益顺利发展的基本条件。对于文化企业来说尤为重要的是,依法保护知识产权、制定公平竞争的文化市场规则,把企业的生产经营活动,以及企业文化利益的创造、交换、分享和实现活动纳入规范化、法制化的轨道。同时,在公平竞争的过程中,着力提高市场占有率,推进品牌战略,也是文化企业实现和发展文化利益的重要手段。可以说,文化企业的市场占有率和企业品牌是无形资产,是企业生存和发展的基础,也是发展文化利益的重要因素。

第三,依靠科技进步,构建创新机制,实现企业文化利益的跨越式发展。"科学技术是第一生产力",对于文化企业来说,也不例外。知识经济时代,先进的科学技术已经广泛应用于各种文化产品,使得文化产品的附加值大大提高,所实现的文化利益也大幅提高。文化企业在积极利用先进科学技术手段的同时,要进行鼓励知识创新、技术创新、管理创新和制度创新,从而能够更好地提高文化产品的科技含量,用现代技术升级传统文化产品和服务,提升企业的市场竞争能力,进而提高企业发展文化利益的能力。

第四,加强人才队伍建设,积累人力资本。文化生产是高智力、高科技的活动,因此,文化企业的竞争,也就集中在人才的竞争上。人才是文化企业发展的基本竞争力和根本创造力之所在,人力资本是夺取企业未来发展战略制高点的决胜因素,因而也是最终实现企业文化利益的关键因素。所以文化企业要通过与高等院校、科研院所的合作,加强文化人才的培养;制定人才引进政策,大力引进国内外高水平的文化人才;完善用人机制,合理配置人才资源;建立学习型组织,让企业员工不断学习和吸收新知识、新技能,以开发人力资源的潜力。只有积累了人力资本,企业文化利益的发展才会有根本性的保障。

三、产业文化利益发展的对策

对于产业文化利益的发展,我们同样把目光聚焦于文化产业之上。通过第四

文化利益理论与实践

章的数据分析不难发现,中国的文化产业发展存在诸多问题:文化产业水平供求关系与非对称结构性矛盾;产业的集约化程度不高;产业的资源配置与市场化要求之间矛盾尖锐;产业布局不合理等。这些问题都不同程度地限制了中国文化产业的发展和产业文化利益的发展。本部分内容将针对中国文化产业在文化利益实现和发展方面存在的问题,给出相关的对策。

第一,进一步开拓文化资源,把资源优势转化为产业优势,创造文化利益。中国是一个拥有五千年历史的文明古国,有极其丰富的文化资源。文化产业应当充分有效地利用本国或本地区的文化资源,参与全社会经济文化资源的配置,并使其在各文化产业之间得到合理地分配和使用。当前,中国文化产业对文化资源的充分利用的能力和世界上其他发达国家相比,还显得比较薄弱。因此,提高文化资源的优化配置有助于中国文化产业综合实力的整体性提高,也有助于产业文化利益的发展。

第二,拓宽融资渠道,增强产业文化利益发展的资金实力。长期以来,资金投入不足、投资渠道单一,一直是制约中国文化产业发展的主要问题,也是产业文化利益发展的一个"瓶颈"。因此,拓宽融资渠道,增加资金的积累,是文化产业必须要面对的问题。随着中国市场经济体制改革的不断深入,大力推动国有资本、集体资本和非公有制资本等参股,实现投资主体多元化以及股份制改革等手段就成为文化产业获取资金、发展壮大的必然选择。同时,按照国际标准管理,逐步放开对外资的限制,对各种投资行为加以规范,以确保文化产业的健康发展和文化利益的顺利发展。

第三,鼓励规模经营和专业化协作,促进文化产业各行业形成自身特点的组织结构,提高文化利益的创造能力,扩大文化利益的实现。对规模经济效益显著的行业,要形成以若干大型企业为主体的市场结构。鼓励打破地区、部门分割,通过兼并、联合、重组等形式,形成一批跨地区、跨部门、跨所有制乃至跨国经营的大型文化企业集团。对于专业化或个性化强的行业或产品,则形成中小企业乃至个体私营企业合理分工协作、规模适当且企业数目较多的竞争性市场结构。从而调动各方面的积极性,大力推动产业文化利益的实现和发展。①

第四,鼓励文化产业外向型发展,充分利用国内、国际两个市场,把产业文化利益的实现和发展纳入世界文化市场之中。鼓励文化产业面向国际市场,以利于引进世界一流的文化产品,出口优秀的、具有民族特色的文化产品。在政策上放宽文化产品出口审批手续,鼓励文化产业参与国际文化贸易。特别应该鼓励中国的文化产业与世界跨国文化产业集团合作,吸收它们的先进技术和管理经验,获得它们

---

① 文化产业规划研究课题组:《文化产业发展第十个五年计划纲要》,载江蓝生、谢绳武主编:《2001~2002年:中国文化产业发展报告》,北京:科学文献出版社,2002年,第108页。

第八章 文化利益发展的对策

充分的资金支持,开拓国际市场,进而在世界范围内实现创造、交换和实现文化利益。

第三节 文化利益发展的宏观对策

关于中国文化利益发展的宏观对策,我们从区域文化利益的发展和国家文化利益的发展两个方面加以阐述。

一、区域文化利益发展的对策

区域文化利益的发展,是宏观文化利益发展的一个重要组成部分。中国由于东部地区、中部地区、西部地区的经济、文化、社会、生态等领域一直存在发展不平衡、差距较大的问题,因此,各个区域的文化利益在创造、交换、分享和实现上,也存在严重的不均衡性。实际上,各个区域都拥有丰富的资源,在文化经济发展方面也是各具特色。① 如何发挥区域文化经济的优势,加快区域文化利益的发展,需要着重考虑以下几个方面的政策措施。

第一,弘扬区域文化中的经济思想和价值观念。区域文化对区域经济发展的最大影响是它对当地人的经济思想和价值观念的主导作用。例如,在中国改革开放以后出现的珠江三角洲、长江三角洲等区域发展模式,成为全国经济发展的榜样,究其文化根源,可以说是岭南文化和吴越文化影响的结果。因此,必须努力挖掘并倡导区域文化中包蕴的经济思想和价值观等文化成分,并使之成为人们牢固的思想观念,进而推动文化区域经济的增长,促进区域文化利益的发展。

第二,实施文化创新战略,发挥区域传统文化中的积极因素。文化创新包括理论创新、制度创新、观念创新等,其中观念创新尤为重要。通过对文化建设观念的更新和对新型文化意识的提炼、认同和实践,逐步改变本区域落后的文化意识,建设创新性区域文化,使人人具有创造意识、创造精神和创造能力。在积极向经济发展先进的地区学习先进文化观念的同时,进一步发挥本区域传统文化中的积极因素,为区域文化利益的发展提供强大的动力。

第三,优化区域文化产业的布局。各地区文化资源禀赋上的差异是影响一个地区文化产业可能的获利空间的重要因素,进而制约着文化产业的地区选择。因

---

① Lockeet Martin,1987,China's Special Economic Zones:The Cultural and Managerial Challenge,Journal of Genera Management,Henley – on – Thames,Spring,Vol. 12,Iss. 3,pp. 21.

此,根据区域文化资源的优势,优化本区域文化产业的布局,选择能够充分发挥本地区文化资源比较优势的文化产业主导战略取向,并以此带动相关文化产业的关联配套组合,则应该是区域文化产业布局的又一个战略取向。所以,各地区都按本地区文化要素的保有量进行文化产业布局,从而使文化要素得到最有效的利用,使区域文化利益得到尽可能大的发展。

第四,积极推进区域文化共同体的形成。文化共同体是一个建立在文化认同基础上的、区域性的合作组织,其形成的目的就是利用文化认同的力量,加强成员间的信任与合作,通过整合资源,促进区域一体化的发展,进而推动区域文化利益的实现。例如,中国的长江三角洲区域,既有文化上的同源性,又有雄厚的经济基础,具备了构建极具活力的"长三角文化共同体"的条件。文化共同体可以使区域内文化精神相互渗透、相互补充,形成巨大的文化力量,推进区域经济、文化的繁荣,促进区域文化利益的发展。

二、国家文化利益发展的对策

在前文中,我们分析了文化利益与国内经济增长之间的关系,认为文化利益作用于经济增长的机制包括文化环境、人力资本、技术进步和制度安排。根据文化利益与经济利益的基本关系,文化利益的发展可以推动经济利益的实现,而经济利益的发展也可以促进文化利益的实现。针对中国的现状,要在国家经济发展中加快文化利益的发展,需要着重从以下几个方面的对策入手。

第一,改变经济发展的不平衡性,促进文化利益的均衡发展。由于中国长期在经济社会发展中,存在东部、中部、西部发展不平衡,区域经济发展差距过大,以及长期以来的城乡二元结构且城市和农村收入差距不断加大等问题,使得中国社会整体文化利益的创造、交换、分享和实现也出现了严重的不平衡性。因此,平衡中国文化利益的发展,缩小东中西部以及城乡的经济发展差距,需要引导文化要素跨区域合理流动,遵循市场规律,突破行政区划界限,形成若干带动力强、联系紧密的文化经济体。在文化利益的实现和发展上,考虑支持中西部的发展,鼓励发达地区利用其文化经济的优势带动不发达地区发展,促进文化利益的均衡发展。

第二,经济发展方式的转变,促进文化利益的快速发展。长期以来,中国的经济发展方式都是以依靠增加物质资源消耗的粗放型发展为主,忽视了知识、技术、文化在经济发展中的主导作用。因此,需要把经济发展方式迅速转变为依靠科技进步、人力资本积累、文化创新的集约型发展。大力提高知识、文化在经济发展中的含量,改善文化环境、加快技术进步、积累人力资本、优化制度设计,提高经济发展的"软实力",实现可持续发展,让经济的发展促进文化利益的快速实现和可持续发展。

第三,大力提高科学教育文化水平,为文化利益的发展提供动力。教育是发展科学技术和培养人才的基础,在文化利益的创造和实现中具有先导性、全局性作用,因此,经济的发展必须带动教育和科学事业的发展。加大对教育的投入和对农村教育的支持,鼓励社会力量办学,制定科学的和技术长远的发展规划,加强科学基础设施建设。普及科学知识,弘扬科学精神,全面提高国民的科学文化水平,改善文化环境。同时,坚持教育创新,合理配置教育资源,提高教育质量和管理水平,培养一大批专门人才和创新人才,为文化经济的发展积累人力资本,为文化利益的发展提供强大动力。

第四,加快发展文化产业,推动文化利益的创造、实现和发展。无论是微观层面还是宏观层面,对文化利益创造、交换、分享和实现等环节的考察都离不开文化产业。在中国经济发展的有利条件下,更加需要促进文化产业规模经营和专业化协作,形成各具特点的组织结构;清除文化市场的各种壁垒、营造公平竞争市场环境;大力开发文化资源,推动文化产业结构向高层次转变;积极筹集文化产业发展所需的资金,拓宽融资渠道;改进人才管理制度,加快人力资本的积累,建立文化产业的创新机制和激励机制;鼓励发展外向型文化产业等。

第五,深化文化体制改革,为文化利益的发展提供制度保障。在经济发展中改革原有的文化体制,为文化经济的发展做出制度安排。根据文化建设的特点和规律,适应市场经济发展的要求,推进文化体制改革。把深化文化改革同促进文化发展结合起来,明确政府在文化建设中的作用,加强文化法制建设,加强宏观管理,深化文化部门的内部改革,逐步建立有利于调动各种文化利益主体创造文化利益的积极性。从而推动文化创新,完善文化的管理体制和运行机制,为文化利益的创造、交换、分享和实现以及进一步的发展提供良好的环境和行之有效的制度保障。

第四节 文化利益发展国际化的对策

在全球化的背景下,国际化已经成为中国文化利益在世界范围内实现和发展的必然之路。但是,任何形式的文化对外开放和国际化发展,必须置于维护国家文化主权和文化安全的前提之下,因此,本书首先给出维护国家文化利益安全的对策,进而给出中国文化利益发展国际化的对策。

一、维护国家文化利益安全的对策

综观当今世界文化安全形势,一个国家文化利益的发展程度往往是和国家文化安全程度紧密联系在一起的。只有在国家文化安全得到有效的维护、国家文化主权得到有效尊重的时候,国家文化利益才有可能通过国际化的发展在世界范围内得到实现。也就是说,只有维护了国家文化安全,才能维护国家文化利益的实现和发展。因此,本书在维护国家文化利益安全方面给出以下对策:

第一,强化国家文化安全意识,加强文化发展战略研究和制定。随着全球文化一体化的发展,世界各国、各民族的文化交流达到前所未有的规模和深度。因此,强化文化安全意识,实施文化安全策略,在全民族树立国家文化安全意识是十分重要的。文化安全意识包括对传统文化的保护意识、忧患意识;对民族文化的弘扬意识、创新意识;对各种外来文化侵蚀的预警意识及制定维护国家文化安全的战略意识等。制定正确的文化安全战略,在对待文化扩张和渗透的问题上,要变被动为主动,将文化因素纳入国家的对外战略,充分发挥文化特有的作用,积极参与国际文化竞争,增强中国文化的吸引力和国际影响力。①

第二,继承和发扬中国文化,增强文化创新能力。文化创新能力不强是制约中国文化发展,从内部构成中国国家文化安全问题的一个主要因素。创新能力源于一个民族立足传统文化资源,吸收借鉴世界其他民族文化成果,对本民族文化知识进行改造更新的内驱力。我们应当继承民族传统文化的优秀成分并加以整理发掘和发扬光大,进一步激发全民族对传统文化的认同感和自豪感,增强民族凝聚力;在此基础上,要以开放的姿态对待其他国家的先进文化,积极吸收外来文化的精华,不断为民族传统文化注入新鲜血液与活力,进而使中国的国家文化安全获得全面的保障。

第三,深化文化体制改革,加快文化产业发展。受体制、制度改革滞后的影响,中国极为丰富的文化资源转化为文化商品和服务的进程较慢。因此,要促进中国文化产业的发展,改革文化产业体制,鼓励、支持和引导多种所有制经济成分共同发展文化事业和文化产业。与此同时,加快完善相关的法规和制度建设,规范文化市场行为,为中国的文化产业发展提供一个良好的环境。要加大对文化产业的支持力度,着力培育一批有自主创新能力、有知名品牌、有自主知识产权的文化企业和企业集团,提高中国文化产业的整体实力和国际竞争力,走出一条具有中国特色的文化产业发展之路,增加全球化背景下国家文化安全的系数。

第四,建立国家文化安全预警机制。加快进行文化安全立法,在立足中国文化事业和文化产业基本国情的基础上,建立和完善全球化背景下的文化安全预警系统。通过预警系统和关键信息,及时掌握国家文化安全状况,评估国家文化安全级别,定期和不定期分析国家文化安全状况。并在此基础上,启动相应的应急机制,

---

① 禹建萍:《全球化时代的国家文化安全》,《河南工业大学学报》(社会科学版),2007年第4期。

运用法律的、行政的、市场的和经济的文化安全管理手段,对那些可能危及中国文化安全的文化因素和文化力量进行鉴别,从而把可能对中国文化造成生存与发展危机的因素和力量牢牢地控制在安全警戒线之下。①

二、中国文化利益发展国际化的对策

在全球化背景之下,积极实行文化对外开放,实行"走出去"的国际化发展战略,是发展国家文化利益的必然之路。所以,中国文化利益发展的国际化必须重点考虑以下几个方面:

1. 政策方面

首先,中国在文化利益发展方面要坚持"走出去"的国际化战略,尤其是在全球化发展日益加深的今天,只有积极参与国际文化的竞争与合作,才能更好地维护与发展本国的文化利益;其次,在联合国、世界贸易组织等国际组织之间保持平衡,由于这些主宰着国际文化贸易和国际文化交流合作的组织,在文化发展政策上都存在分歧,故而中国要在其中寻求平衡,并维护和发展本国的文化利益;最后,积极参与国际文化竞争与合作规则的制定,从而扭转发达国家操控国际文化秩序的局面,维护发展中国家的文化利益。

2. 产业方面

一方面,加快中国文化产业"走出去"的步伐,实行"引进来"与"走出去"并举的改革开放新格局,为其提供体制上的保障,积极发展国内的文化事业和文化产业,深化文化体制改革,调整文化产业结构,这不仅是对当前国际文化产业发展趋势的一个简单分析的结果,而且是由国家文化利益发展、全球经济和文化发展规律所决定的。另一方面,树立国际文化贸易观念,加快对现有的中国文化企业的改制,在实施文化产业经济结构调整的同时,调整中国文化产品结构和产业结构,充分利用经济领域走出去后积累起来的市场和经验,实现文化和经济的有机联动,不能停留在原有的国际贸易与文化交流的观念上,而是要树立国际文化贸易的观念。只有从这两个方面共同努力,才能在国际文化市场上最大程度地发挥中国文化产业的潜力,实现规模效益,降低生产成本和交易成本,增加中国文化产业的获益。

3. 人才方面

目前,相关人才的缺乏已经成为制约中国文化利益国际化发展的"瓶颈"之一,在培养相关专业人才方面,中国需要做到以下几点:①充分利用中国丰富的文化资源和人文优势,培养具有较高文化知识素养和文化创新能力的人才,为文化利益的国际化发展积累人力资本。②利用教育体系中的高等院校以及科研部门的职

---

① 吴友瀚:《我国面临的文化安全挑战及对策》,《福州党校学报》,2008年第4期。

能和资源,设立相关专业,培养文化产业、国际文化贸易以及国际文化交流合作方面的专业人才,为文化利益在国际市场上的交换和实现提供智力支持。③为中外文化经济活动的人才提供交流学习的机会,为中国的相关人才到国外深入学习提供机会与便利,使中国文化经济方面的人才能够直接接触到国外市场,学习和借鉴其他国家的先进技术和经验。

4. 国际文化贸易方面

首先,加强对外文化贸易的体制机制建设,发挥政府强有力的调控和推动作用。要建立对外文化贸易与政府文化交流工作的协调机制,对于具有重大商业价值潜力的文化产品和项目,政府可先作为官方交流合作,为其打造国际知名度铺设道路,同时要建立推动国际文化贸易的政府服务机构。其次,提高文化贸易产品的国际竞争力。文化产品能否具有竞争力,能否赢得国际市场,关键在于其所蕴涵的文化价值、生活方式、思想观念,只有赋予文化产品感染力、亲和力和震撼力才能创造出国际知名品牌,得到国际消费者的认可。最后,建立国际营销网络。国内的文化贸易产品走出去,一是通过国内外的文化产业博览会,二是通过国外发行公司,但是,这两种渠道都有很大的局限性。因此,我们要在国际上开辟自己的发行渠道,建立自己的国际营销网络,为中国文化利益在国际上的实现和发展提供更加高效的途径和平台。

参考文献

[1] Adorno T. , W. , 1991, The culture industry: Selected Essay on Mass Culture, Edited with an Introduction by Bernstein, J. M. , Routledge.

[2] Anoymous, 1989, Internationalization and Cultural Friction, Business Japan, Tokyo, Nov, Vol. 34, Iss. 11.

[3] Anselin L. , 1988, Spatial Econometrics: Methods and Models, Dordrecht, Kluwer Academic Publishers.

[4] Anselin L. , Florx R. , 1995, New Directions in Spatial Econometrics, Springer-Verlag, Berlin.

[5] Barro R. J. , 1991, Economic Growth in a Cross Section of Countries, The Quarterly Journal of Economics, Vol 106, No. 2.

[6] Barro R. J. , Sala-i-Martin X. , 1995, Economic Grown, McGraw-Hill, Inc.

[7] Bourdieu P. , 1977, Cultural Power, in Karabel J. and Halsey A. H. , Power and Ideology in Education, Oxford: Oxford University Press.

[8] Bourdieu P. , 1989, The Forms of Capital, in Halsey A. H. , Lauder H. , Brown P. and Stuart - Wells A. , Education: Culture, Economy and Society, New York: Oxford University Press.

[9] Bowles S. , 1998, Endogenous Preferences: The Cultural Consequences of Markets and Other Economic Institutions, Journal of Economic Literature, Vol. 36, No. 1.

[10] Camerer C. , Vepsalainen A. , 1988, The Economic Effciency of Corporate Culture, Strategic Management Journal, Vol. 9, Special Issue: Strategy Content Research, Summer.

[11] Cano G. A. , Garzon A. , Poussin G. , 2000, Culture, Trade and Globalization: Question and Answers, UNESCO Publishing.

[12] Cochran T. C. ,1958,Cultural Factors in Economic Growth,Proceedings of the American Philosophical Society,Vol. 102,No. 2.

[13] Drucker P. F. ,1961,The Technological Revolution:Notes on the Relationship of Technology,Science,and Culture,Technology and Culture,Vol. 2,No. 4.

[14] Elhorst J. P. ,2003,Specification and Estimation of Spatial Panel Data Models,International Regional Science Review,26.

[15] Elhorst J. P. ,2010,Matlab Software for Spatial Panels,Paper of the IVth World Conference of the Spatial Econometrics Association,26.

[16] Engle R. F. ,Granger C. W. J. ,1987,Co - integration and Error Correction: Representation,Estimation and Testing,Econometrica,55.

[17] Fang H. ,2001,Social Culture and Economic Performance,The American Economic Review,Vol. 91,No. 4.

[18] Fershtman C. ,Weiss Y. ,1993,Social Status,Culture and Economic Performance,The Economic Journal,Vol. 103,No. 419.

[19] Franke R. H. ,Hofstede G. ,Bond M. H. ,1991,Cultural Roots of Economic Performance:A Research Note,Strategic Management Journal,Vol. 12.

[20] Gay P. D. ,Pryke M. ,2002,Cultural Economy:Cultural Analysis and Commercial Life,London:Stage Publications Ltd.

[21] Gene E. ,1996,Economic Beat:A Culture's Traditions,an Economist Argues, Can Help Shape Economic Performance,Barron,Chipcopee,Nov. 25,Vol. 76,Iss. 48.

[22] Giddings F. H. ,1903,The Economic Significance of Culture,Political Science Quarterly,Vol. 18,Septemper.

[23] Granato J. ,Inglehart R. ,Leblang D. ,1996,The Effect of Cultural Values on Economic Development:Theory,Hypotheses,and Some Empirical Tests,American Journal of Political Science,Vol. 40,No. 3,Auguest.

[24] Granger C. W. J. ,1969,Investigating Causal Relations by Econometric Models and Cross - Spectral Methods,Econometrica,37.

[25] Heibrun J. ,Gray C. ,2001,The Economics of Art and Culture,Cambridge University Press.

[26] Hesmondlalgh D. ,2002,The Cultural Industries,London:Sage Publications Ltd.

[27] Hsiao C. ,2003,Analysis of Panel Data,2nd edition,Cambridge University Press.

[28] Innis H. A. ,1944,On the Economic Significance of Culture,The Journal of

Economic History, Vol. 4.

[29] Johansen S., Juselius K., 1990, Maximum Likelihood Estimation and Inferences on Cointegration – with Applications to the Demand for Money, Oxford Bulletin of Economics and Statistics, 52.

[30] Kneller F., 1965, George Educational Anthropology: An Introduction, New York: John Wiley and Sons Inc.

[31] Lesthaeghe R., Surkyn J., 1998, Cultural Dynamics and Economic Theories of Fertility Change, Population and Development Review, Vol. 14, No. 1.

[32] Lian B., Oneal J. R., 1997, Cultural Diversity and Economic Development: A Cross – National Study of 98 Countries, 1960 – 1985, Economic Development and Cultural Change, Vol. 46, No. 1.

[33] Lipset S. M., 1993, Culture and Economic Behavior: A Commentary, Journal of Labor Economics, Vol. 11, No. 1.

[34] Lockeet M., 1987, China's Special Economic Zones: The Cultural and Managerial Challenge, Journal of Genera Management, Henley – on – Thames, Spring, Vol. 12, Iss. 3.

[35] Mankiw N. G., 2000, Macroeconomics, 4th Edition, Worth Publishers.

[36] Mankiw N. G., 2004, Principles of Economics, 3rd Edition, Cengage Learning.

[37] Marshall A., 1890, Principles of Economics, the First Edition, London: McMillan and Co. Ltd.

[38] Moran P. A. P., 1950, Notes on Continuous Stochastic Phenomena, Biometrika., 37(1).

[39] Nash M., 1959, Some Social and Cultural Aspects of Economic Development, Economic Development and Cultural Change, Vol. 7, No. 2.

[40] North D. C., 1994, Economic Performance Through Time, American Economic Review, 84.

[41] North D. C., Thomas R., 1990, Institutions, Institutional Change and Economic Performance, New York: Cambridge University Press.

[42] Ohmann R., 1996, Making & Selling Culture, Wesleyan University Press.

[43] Paas T., Schlitte F., 2006, Regional Income Inequality and Convergence Processes in the EU – 25, ERSA Conference Papers.

[44] Perroux F., 1950, Economic Space: Theory and Applications, The Quarterly Journal of Economics, Vol. 64, No. 1.

[45] Pindyck R. S. , Rubinfeld D. L. ,1998, Microeconomics, 4th Edition, Prentice-Hall, Inc.

[46] Ruttan V. W. ,1988, Cultural Endowments and Economic Development: What Can We Learn from Anthropolgy, Economic Development and Cultural Change, Vol. 36, No. 3, Supplement.

[47] Satow T. , Wang Z. ,1994, Cultural and Organizational Factors in Human Resource Management in China and Japan: A Cross – cultural and Socio – economic Perspective, Journal of Managerial Psychology, Bradford, Vol. 9, Iss. 4.

[48] Schultz T. W. ,1961, Investment in Human Capital, American Economic Review, Vol. 51, No. 1.

[49] Schumpeter J. A. ,1947, Theoretical Problems: Theoretical Problems of Economic Growth, The Journal of Economic History, Vol. 7, Supplement: Economic Growth: A Symposium.

[50] Schumpeter J. A. ,1949, Science and Ideology, The American Economic Review, Vol. 39, No. 2.

[51] Sen A. K. ,1966, Education, Vintage, and Learning by Doing, The Journal of Human Resources, Vol. 1, No. 2.

[52] Sergiovanni T. J. ,1994, Building Community in Schools, San Francisco, CA: Jossey – bass Publishers.

[53] Sims C. A. ,1980, Macroeconomics and Reality, Econometrica, 48.

[54] Throsbe D. ,1994, The Production and Consumption of the Arts: A View of Cultural Economics, Journal of Economic Literature, Nashville, Vol. 32, Iss. 1.

[55] Tobler W. ,1970, A Computer Movie Simulating Urban Growth in the Detroit Region, Economic Geography, 46 (2).

[56] Varian H. R. ,1990, Intermediate Microeconomics, 2nd Edition, W. W. Norton & Company, Inc.

[57] Weiss Y. , Fershtman C. ,1993, Social Status, Culture and Economic Performance, The Economic Journal, Vol. 103, No. 419.

[58] Wooldridge J. M. ,2003, Introductory Econometrics: A Modern Approach, 2nd Edition, Thomson, South – Western.

[59] Young A. ,2000, Gold into Base Metals: Productivity Growth in the People's Republic of China During the Reform Period, NBER Working Paper, No. 7856.

[60] Zhu Z. ,2000, Cultural Change and Economic Performance: An Interactionistic

Perspective, International Journal of Organizational Analysis, Green, Vol. 8, Iss. 1.

[61][印]阿马蒂亚·森:《伦理学与经济学》,北京:商务印书馆,2000年。

[62][印]阿马蒂亚·森:《以自由看待发展》,北京:中国人民大学出版社,2002年。

[63][美]阿瑟·刘易斯:《经济增长理论》,北京:商务出版社,1983年。

[64][英]爱德华·泰勒:《原始文化》,上海:上海文艺出版社,1998年。

[65][捷]奥塔·锡克:《经济—利益—政治》,北京:中国社会科学出版社,1984年。

[66][捷]奥塔·锡克:《一种未来的经济体制》,北京:中国社会科学出版社,1989年。

[67][捷]奥塔·锡克:《争取人道的经济民主》,北京:华夏出版社,1989年。

[68]包万平、储朝晖:《大学文化共同体及其品格特质》,《黑龙江高教研究》,2008年第8期。

[69]北京大学文化产业研究所:《中国文化产业年度发展报告(2006)》,长沙:湖南人民出版社,2006年。

[70][美]彼得·纽曼:《新帕尔格雷夫经济学大辞典》,北京:科学出版社,2005年。

[71]曹辉:《浅析文化产业融资中存在的问题与对策》,《市场周刊·理论研究》,2012年第6期。

[72]陈波、洪远朋:《协调利益关系,构建利益共享的社会主义和谐社会》,《社会科学》,2007年第1期。

[73]陈波、卢志强、洪远朋:《弱势群体的利益补偿问题》,《社会科学研究》,2004年第2期。

[74]陈飞翔:《开放利益论》,上海:复旦大学出版社,1999年。

[75]陈立旭:《文化因素与中国经济增长的绩效》,《浙江学刊》,2000年第2期。

[76]陈鸣:《西方文化管理概论》,太原:书海出版社,2006年。

[77]陈庆德、马翀炜:《文化经济学》,北京:中国社会科学出版社,2007年。

[78]陈宪、韩太祥:《文化要素与经济增长》,《经济理论与经济管理》,2008年第9期。

[79]陈序经:《文化学概观》,北京:中国人民大学出版社,2005年。

[80]陈宗胜:《发展经济学:从贫困迈向富裕》,上海:复旦大学出版社,2000年。

[81]程恩富:《文化经济学通论》,上海:上海财经大学出版社,1999年。

[82]辞海编辑委员会:《辞海》,上海:上海辞书出版社,1979年。

[83][英]大卫·李嘉图:《政治经济学及赋税原理》,北京:商务印书馆,1962年。

[84]戴俊骋、蒋巍:《区域文化产业"十二五"规划"七问"》,《华东经济管理》,2012年第2期。

[85]丹增:《文化力与文化生产力:文化经济发展的立足点》,《思想战线》,2007年第3期。

[86][美]道格拉斯·诺斯:《制度、制度变迁与经济绩效》,上海:上海三联书店,1994年。

[87]邓安球:《论文化消费与文化产业发展》,《消费经济》,2007年第6期。

[88]邓显超:《关于维护国家文化安全的战略思考》,《学理论》,2011年第25期。

[89]邓小平:《邓小平文选》(第1~3卷),北京:人民出版社,1993年。

[90]樊纲、王小鲁、朱恒鹏:《中国市场化指数:各地区市场化相对进程2011年报告》,北京:经济科学出版社,2011年。

[91]范佐来:《经济全球化视野下的中国文化战略选择》,《内蒙古农业大学学报》(社会科学版),2006年第3期。

[92]方家良、郭清康等:《文化经济学》,上海:上海交通大学出版社,1991年。

[93]方英、李怀亮、孙丽岩:《中国文化贸易结构和贸易竞争力分析》,《商业研究》,2012年第1期。

[94]冯巨章:《企业合作网络的边界——以商会为例》,《中国工业经济》,2006年第1期。

[95]傅才武、曹兴国、曹余阳:《我国文化企业国有资产监管体制的特殊性及其政策含义》,《学习与实践》,2012年第7期。

[96][法]弗朗索瓦·佩鲁:《新发展观》,北京:华夏出版社,1987年。

[97]付景涛:《文化企业竞争力的内涵、结构与提升战略》,《商业时代》,2008年第24期。

[98]傅铿:《文化:人类的镜子——西方文化理论导引》,上海:上海人民出版社,1990年。

[99]高波、张志鹏:《文化与经济发展:一个文献评述》,《江海学刊》,2004年第1期。

[100]高波:《中国经济增长:一个文化变迁的分析框架》,《南京社会科学》,2007年第7期。

[101]高鸿业:《西方经济学》(第四版),北京:中国人民大学出版社,2007年。

[102]高铁梅:《计量经济分析方法与建模:Eviews应用及实例》,北京:清华大学出版社,2006年。

[103][美]哥尔德夏米德:《文化因素与新专门技术的获取之间的关系》,载谢立中、孙立平等:《二十世纪西方现代化理论文选》,上海:上海三联书店,2002年。

[104]龚六堂、谢丹阳:《我国省份之间的要素流动和边际生产率的差异分析》,《经济研究》,2004年第1期。

[105]顾江:《文化产业经济学》,南京:南京大学出版社,2007年。

[106]管跃庆:《地方利益论》,上海:复旦大学出版社,2006年。

[107]郭涛、徐冲:《文化市场建设存在的问题与对策建议》,《中共山西省直机关党校学报》,2012年第3期。

[108][奥]哈耶克:《哈耶克论文集》,北京:首都经济贸易大学出版社,2001年。

[109][奥]哈耶克:《致命的自负》,北京:中国社会科学出版社,2000年。

[110]郝云:《利益理论比较研究》,上海:复旦大学出版社,2007年。

[111]昊明:《韩国实施文化产业发展战略概述》,载江蓝生、谢绳武主编:《2004年:中国文化产业发展报告》,北京:科学文献出版社,2004年。

[112]何群:《文化生产及文化产品分析》,北京:高等教育出版社,2006年。

[113]洪远朋、陈波:《改革开放三十年来我国社会利益关系的十大变化》,《马克思主义研究》,2008年第9期。

[114]洪远朋:《共享利益论》,上海:上海人民出版社,2001年。

[115]洪远朋:《经济利益关系通论》,上海:复旦大学出版社,1999年。

[116]洪远朋:《社会利益关系演进论》,上海:复旦大学出版社,2006年。

[117]洪远朋:《合作经济的理论与实践》,上海:复旦大学出版社,1996年。

[118]洪远朋:《经济理论比较研究》,上海:复旦大学出版社,2002年。

[119]洪远朋:《经济理论的过去、现在和未来——洪远朋论文选集》,上海:复旦大学出版社,2004年。

[120]洪远朋:《利益关系总论——新时期我国社会利益关系发展变化研究的总报告》,上海:复旦大学出版社,2011年。

[121]洪远朋、高帆:《关于社会利益问题的文献综述》,《社会科学研究》,2008年第2期。

[122]洪远朋、高帆:《社会利益理论与实践十议》,《社会科学》,2008年第10期。

[123]洪远朋、郝云:《十七大对马克思主义利益理论的坚持与发展》,《复旦学报》(社会科学版),2008年第3期。

[124]胡代光:《西方经济学说的演变及其影响》,北京:北京大学出版社,1998年。

[125]胡涵钧:《新编国际贸易》,上海:复旦大学出版社,2008年。

[126]胡惠林:《关于我国文化产业发展战略研究的思考》,《东岳论丛》,2009年第2期。

[127]胡惠林、李康化:《文化经济学》,太原:书海出版社,2006年。

[128]胡惠林:《文化产业发展与国家文化安全》,广州:广东人民出版社,2005年。

[129]胡惠林:《文化产业学:现代文化产业理论与政策》,上海:上海文艺出版社,2006年。

[130]胡惠林:《文化产业学》,北京:高等教育出版社,2006年。

[131]胡惠林:《文化经济学》,上海:上海交通大学出版社,1996年。

[132]胡惠林:《在积极的发展中保障中国的国家文化安全——再论国家文化安全》,《文艺报》,2002年10月10日。

[133]胡锦涛:《高举中国特色社会主义伟大旗帜,为夺取全面建设小康社会新胜利而奋斗——在中国共产党第十七次全国代表大会上的报告》,北京:人民出版社,2007年。

[134]胡秀丽、黄圣平:《发展居民文化消费的若干问题与对策》,《社科纵横》,2008年第10期。

[135]花建:《区域文化产业发展》,长沙:湖南文艺出版社,2008年。

[136]黄凯锋:《解放文化生产力:文化管理体制的价值分析》,上海:上海人民出版社,2005年。

[137]贾春峰:《文化力》,北京:中国人民大学出版社,1995年。

[138]贾春峰:《文化力——21世纪经济角逐的主角》,《中国改革报》,1998年3月15日,第6版。

[139]姜长宝:《从文化资源优势向文化经济优势转化的路径选择》,《社会科学战线》,2010年第9期。

[140]何一鸣:《文化资本、体制转轨与经济增长——兼及文化产业发展路径》,《产经评论》,2012年第2期。

[141]江泽民:《全面建设小康社会,开创中国特色社会主义事业新局面——在中国共产党第十六次全国代表大会上的报告》,北京:人民出版社,2002年。

[142]江泽民:《江泽民文选》(第三卷),北京:人民出版社,2006年。

[143]姜楠:《中国寿险利益研究引论》,《复旦学报》(社会科学版),2007年第4期。

[144]蒋晓丽:《全球化背景下中国文化产业论》,成都:四川大学出版社,2006年。

[145]蒋自强、史晋川等:《当代西方经济学流派》(第二版),上海:复旦大学出版社,2005年。

[146]焦勇夫:《文化市场学》,上海:上海交通大学出版社,1992年。

[147]解学芳:《1999年以来我国文化安全研究述评》,《江南社会学院学报》,2007年第9期。

[148]金伯富:《机会利益论》,上海:复旦大学出版社,2000年。

[149]金元浦:《文化生产力与文化产业》,《求是》,2002年第20期。

[150][美]康芒斯:《制度经济学》(上册),北京:商务印书馆,1994年。

[151][苏]康斯坦丁诺夫:《马克思列宁主义的历史过程理论》,上海:上海人民出版社,1986年。

[152]汪振军:《关于河南文化企业集团跨地区、跨行业、跨媒体发展的思考》,《河南社会科学》,2007年第11期。

[153]孔爱国、邵平:《利益的内涵、关系与度量》,《复旦学报》(社会科学版),2007年第4期。

[154][美]拉尔夫·林顿:《影响经济增长的文化和人格因素》,载谢立中、孙立平:《二十世纪西方现代化理论文选》,上海:上海三联书店,2002年。

[155]雷兴长、曹文环:《当今文化贸易国际格局特征分析》,《社科纵横》,2008年第10期。

[156]李宝元:《人本发展经济学》,北京:经济科学出版社,2006年。

[157]李大农、李福钟:《经济文化学》,北京:北京师范大学出版社,2002年。

[158]李刚:《国家文化利益初探》,《求索》,2005年第10期。

[159]李怀亮、阎玉刚等:《国际文化贸易教程》,北京:中国人民大学出版社,2007年。

[160]李怀亮:《当代国际文化贸易与文化竞争》,广州:广东人民出版社,2005年。

[161]李淮春:《马克思主义哲学全书》,北京:中国人民大学出版社,1996年。

[162]李江帆:《文化力、文化生产力与精神生产力》,《中国经济问题》,2007年第5期。

[163] 李景源、陈威:《中国公共文化服务发展报告(2007)》,北京:社会科学文献出版社,2007年。

[164] 李明波:《长江三角洲地区文化认同的历史与现状》,《华东理工大学学报》(社会科学版),2005年第1期。

[165] 李沛新:《文化资本运营理论与实务》,北京:中国经济出版社,2007年。

[166] 李瑞德、苏振芳:《闽台文化交流与海峡西岸经济区建设》,《统一论坛》,2006年第3期。

[167] 李永刚:《文化资本与浙江现代经济增长》,《财经论丛》,2007年第1期。

[168] 李子奈、潘文卿:《计量经济学》(第二版),北京:高等教育出版社,2005年。

[169] 联合国教科文组织:《文化政策促进发展行动计划》,《国家版权局版权公报》,2000年第1期。

[170] 梁漱溟:《梁漱溟全集》(第一卷),济南:山东人民出版社,1989年。

[171] [苏]列宁:《列宁全集》(第3~43卷),北京:人民出版社,1959年。

[172] 林宏宇:《文化安全:国家安全的深层主题》,《国家安全通讯》,1999年第8期。

[173] 林宁:《关注文化安全,加强先进文化建设的思考》,《理论月刊》,2004年第6期。

[174] 林毅夫:《发展战略与经济改革》,北京:北京大学出版社,2004年。

[175] 刘斌、李东:《中小文化企业集群发展对策初探》,《经济问题》,2008年第9期。

[176] 吉发、岳红记、陈怀平:《文化产业学》,北京:经济管理出版社,2005年。

[177] 刘建华:《西部驿站——西部文化发展的共同命脉》,成都:中国西部文化产业博览会专家论坛报告,2006年。

[178] 刘明华:《美、日、韩发展文化产业的经验及启示》,《肇庆学院学报》,2007年第6期。

[179] 刘宁:《分享利益论》,上海:复旦大学出版社,2002年。

[180] 刘诗白:《论现代文化生产(上)》,《经济学家》,2005年第1期。

[181] 刘诗白:《论现代文化生产(下)》,《经济学家》,2005年第2期。

[182] 刘迎秋、赵少钦等:《论经济发展的文化支撑力》,《国家行政学院学报》,2005年第5期。

[183] 卢现祥:《西方新制度经济学》,北京:中国发展出版社,2003年。

[184] 陆谨:《基于演化博弈论的知识联盟动态复杂性分析》,《财经科学》,2006年第3期。

[185] 陆祖鹤:《文化产业发展方略》,北京:社会科学文献出版社,2006年。

[186] 吕健:《产业结构调整、结构性减速与经济增长分化》,《中国工业经济》,2012年第9期。

[187] 吕健:《上海市经济增长与环境污染——基于VAR模型的实证分析》,《华东经济管理》,2010年第8期。

[188] 吕健、余政:《文化共同体的经济学分析:激励机制的视角》,《世界经济情况》,2008年第12期。

[189] 吕健、余政:《文化利益初探——基于经济学视角的分析》,《复旦学报》(社会科学版),2008年第9期。

[190] 吕健、余政:《我国西部区域文化产业合作的博弈分析》,《社会科学家》,2008年第10期。

[191] [德]马克思、恩格斯:《马克思恩格斯选集》(第1~46卷),北京:人民出版社,1995年。

[192] [德]马克斯·韦伯:《新教伦理与资本主义精神》,北京:三联书店,1987年。

[193] [美]马歇尔:《经济学原理》,北京:商务印书馆,1981年。

[194] 毛泽东:《毛泽东选集》(第1~5卷),北京:人民出版社,1991年。

[195] 毛泽东:《毛泽东著作选读》(下册),北京:人民出版社,1986年。

[196] 孟晓驷:《文化经济学思维——物质与文化均衡发展分析》,北京:人民文学出版社,2005年。

[197] [日]名和太郎:《经济与文化》,北京:中国经济出版社,1987年。

[198] [法]摩莱里:《自然法则》,北京:商务印书馆,1996年。

[199] [美]南达:《文化人类学》,西安:陕西人民教育出版社,1987年。

[200] [英]牛津大学:《新牛津英汉双解大词典》,上海:上海外语教育出版社,2007年。

[201] 欧阳安:《浅谈日本的文化政策》,《文化发展论坛》,2007年4月18日。

[202] 潘一禾:《文化安全》,杭州:浙江大学出版社,2007年。

[203] 逄锦聚、洪银兴、林岗、刘伟:《政治经济学》(第三版),北京:高等教育出版社,2007年。

[204] [美]平狄克、鲁宾费尔德:《微观经济学》(第七版),北京:中国人民大学出版社,2009年。

[205][俄]普列汉诺夫:《普列汉诺夫哲学著作选集》(第2卷),北京:三联出版社,1961年。

[206]齐振海、贾红莲:《21世纪中国文化走向:市场经济与文化建设的哲学探索》,北京:北京师范大学出版社,2003年。

[207][日]青木昌彦:《比较制度分析》,上海:上海远东出版社,2001年。

[208]人民论坛"千人问卷"调查组:《中国居民文化消费倾向》,《人民论坛》,2009年第17期。

[209][美]塞缪尔·亨廷顿:《文明冲突与重建世界秩序》,北京:新华出版社,2002年。

[210]盛邦和、井上聪:《亚洲现代化之思:经济文化学的解读》,上海:上海财经大学出版社,2005年。

[211]施劲华:《谈我国文化产业国际贸易的发展策略》,《商业时代》,2012年第14期。

[212]施炎平:《从文化资源到文化资本——传统文化的价值重建与再创》,《探索与争鸣》,2007年第6期。

[213]司马迁:《史记·货殖列传》,北京:中华书局,1959年。

[214]司马云杰:《文化价值论:关于文化建构价值意识的学说》,北京:人民出版社,1988年。

[215]宋言奇、马乙玉:《以文化认同促长三角经济合作》,《江南论坛》,2004年第10期。

[216]谭培文:《马克思主义的利益理论》,北京:人民出版社,2002年。

[217]唐晋:《大国崛起》,北京:人民出版社,2006年。

[218]王乐忠:《经济文化循环圈》,北京:经济管理出版社,2002年。

[219]王鹏远、俞红、孙英:《综合安全观视角下的国家文化安全威胁与对策思考》,《经济研究导刊》,2011年第36期。

[220]王水嫩:《论经济与文化的一体化趋势》,《经济论坛》,2003年第11期。

[221]王伟光:《利益论》,北京:人民出版社,2001年。

[222]王玉德:《文化学》,昆明:云南大学出版社,2006年。

[223]王中保:《经济全球化与我国利益关系的变动》,上海:复旦大学出版社,2007年。

[224]文化产业规划研究课题组:《文化产业发展第十个五年计划纲要》,载江蓝生、谢绳武主编:《2001~2002年:中国文化产业发展报告》,北京:科学文献出版社,2002年。

[225] 吴友瀚：《我国面临的文化安全挑战及对策》，《福州党校学报》，2008年第4期。

[226] [美]西奥多·舒尔茨：《人力投资》，北京：华夏出版社，1990年。

[227] 习近平：《使人民群众不断获得切实的经济、政治、文化利益》，《求是》，2001年第19期。

[228] 谢虹：《保险利益论》，上海：复旦大学出版社，2003年。

[229] 谢识予：《有限理性条件下的进化博弈理论》，《上海财经大学学报》，2001年第5期。

[230] 谢识予：《经济博弈论》（第二版），上海：复旦大学出版社，2002年。

[231] 辛敬良：《马克思主义哲学导论》，上海：复旦大学出版社，1991年。

[232] 欣荣：《建立文化安全体系，捍卫我国文化安全》，《国家安全通讯》，2002年第3期。

[233] 徐培华：《市场经济的义利观——市场经济与义利思想》，昆明：云南人民出版社，2008年。

[234] 许玫：《创业利益论》，上海：复旦大学出版社，2003年。

[235] 徐庆峰、吴国蔚：《对我国文化产业"走出去"策略的探讨》，《经济问题探讨》，2005年第12期。

[236] 徐习军、秦海明、张锐戟：《文化大发展大繁荣视角的区域文化创新探论》，《淮海工学院学报》（人文科学版），2012年第5期。

[237] 薛敬孝、佟家栋、李坤望：《国际经济学》，北京：高等教育出版社，2000年。

[238] 薛晓源、曹荣湘：《全球化与文化资本》，北京：社会科学文献出版社，2005年。

[239] [英]亚当·斯密：《国富论》（上卷），西安：陕西人民出版社，2001年。

[240] 严法善、潘峰、侯建钧：《中国经济与可持续发展》，《世界经济文汇》，1997年第6期。

[241] 严法善：《未来利益论》，上海：百家出版社，2002年。

[242] 严法善：《经济全球化与中国经济结构调整》，《当代经济研究》，2002年第12期。

[243] 杨继瑞、郝康理：《文化经济论》，成都：西南财经大学出版社，2007年。

[244] 姚俭建：《论西方社会的中产阶级——文化资本理论框架内的一种解读》，《上海大学学报》（社会科学版），2005年第5期。

[245] 易丹辉：《数据分析与Eviews应用》，北京：中国统计出版社，2002年。

[246] 余政、卢晓云:《永恒的经济利益与不断变化的经济利益关系》,《世界经济文汇》,2005年第4期。

[247] 余政:《综合经济利益论》,上海:复旦大学出版社,1999年。

[248] 俞吾金:《意识形态论》,上海:上海人民出版社,1993年。

[249] 禹建萍:《全球化时代的国家文化安全》,《河南工业大学学报》(社会科学版),2007年第4期。

[250] 袁晓婷、陈春花:《文化资本在经济增长中的表现形式和影响研究》,《科学学研究》,2006年第8期。

[251] [奥]约瑟夫·熊彼特:《经济发展理论》,北京:商务印书馆,1990年。

[252] 张耿庆:《技术利益论》,复旦大学博士学位论文,2005年。

[253] 张晖明、张亮亮:《"软实力"的经济效应分析》,《复旦学报》(社会科学版),2008年第4期。

[254] 张京成:《中国创意产业发展报告》,北京:中国经济出版社,2006年。

[255] 张良桥、冯从文:《理性与有限理性:论经典博弈理论与进化博弈理论之关系》,《世界经济》,2001年第8期。

[256] 张培奇:《从文化企业视角看我国文化产业结构调整面临的矛盾》,《学术论坛》,2008年第7期。

[257] 张胜冰、徐向昱、马树华:《世界文化产业概要》,昆明:云南大学出版社,2006年。

[258] 张维迎:《博弈论与信息经济学》,上海:上海三联出版社,2004年。

[259] 张玮:《区域文化对区域经济的影响分析》,《特区经济》,2006年第2期。

[260] 张晓峒:《计量经济学软件 Eviews 使用指南》(第二版),天津:南开大学出版社,2004年。

[261] 张晓明、胡惠林、章建刚:《走进"十一五":发展文化产业的新综合与新视野》,载张晓明:《2007年中国文化产业发展报告》,北京:社会科学文献出版社,2007年。

[262] 张旭昆、秦诗立:《商会的激励机制》,《浙江大学学报》(人文社会科学版),2003年第3期。

[263] 张怡:《论文化利益》,复旦大学博士学位论文,2005年。

[264] 张英琦:《政府应对国家文化安全问题的对策思考》,《才智》,2011年第5期。

[265] 张佑林:《区域文化与区域经济发展》,北京:社会科学文献出版社,

2007年。

[266]张玉国:《国家利益与文化政策》,广州:广东人民出版社,2005年。

[267]张志宏:《美国文化产业概况和发展经验》,载江蓝生、谢绳武主编:《2002年:中国文化产业发展报告》,北京:科学文献出版社,2002年。

[268]张志鹏:《文化全球化与经济增长:趋同或分化》,《南京社会科学》,2007年第7期。

[269]赵玉忠:《文化市场概论》,北京:中国时代经济出版社,2004年。

[270]中共中央十六届四中全会:《中共中央关于加强党的执政能力建设的决定》,北京:人民出版社,2004年。

[271]中共中央十七届六中全会:《中共中央关于深化文化体制改革 推动社会主义文化大发展大繁荣若干重大问题的决定》,北京:人民出版社,2011年。

[272]周浩然、李荣启:《文化国力论》,沈阳:辽宁人民出版社,2001年。

[273]周立华、邓志平、陈声明、吴嘉年:《文化力、知识度的经济学》,北京:中国经济出版社,2010年。

[274]朱建纲:《文化产业发展战略研究》,长沙:湖南教育出版社,2006年。

[275]朱鸣雄:《整体利益论》,上海:复旦大学出版社,2006年。

[276]朱庆芳:《文化事业小康目标实现程度和亟须关注的几个问题》,载李景源、陈威主编:《中国公共文化服务发展报告(2007)》,北京:社会科学文献出版社,2007年。

[277]朱绍文:《〈国富论〉中的"经济人"的属性及其品德问题》,《经济研究》,1987年第4期。

[278]庄宏献:《交易利益论》,上海:上海三联书店,2006年。

[279]庄锡昌:《多维视野中的文化理论》,杭州:浙江人民出版社,1987年。

[280]邹广文、徐庆文:《全球化与中国文化产业发展》,北京:中央编译出版社,2006年。

后 记

三年前,我的博士学位论文《文化利益论——基于政治经济学视角的研究》顺利地通过了答辩,让我获得了复旦大学经济学博士学位。20万字的论文虽然记载了读博三年的研究成果,但也留下了许多缺憾。在毕业后的三年中,我一直努力地对论文进行系统的修改和完善,从文献资料到样本数据、从理论架构到实证方法,使之日臻成熟。

又是一个丹桂飘香的10月,修订一新的博士学位论文得以独立出版成书,为多年的辛勤努力画上了句号,也完成了自己多年的心愿。付梓之际,回首往事,感悟万千。记得我与文化利益的选题结缘是在2007年的暑期,我很快就被文化经济学的思想内涵所吸引,随后的五年中,我阅读了大量有关文化经济学的书籍,不断地增加自己的知识积淀,为完成这部著作打下了基础。时至今日,许多与学位论文有关的图书和资料依然伴随我左右,正是那些文字、那些思想、那些带给我痛苦和欢乐的书本,让我的生活变得充实而富有意义。

在著作的正文之外,总希望再留下点什么,作为对自己心情的一种承载,对师长、同窗和家人的一种感恩。在这里,我要感谢导师洪远朋教授、师母周建平教授,以及严法善教授。读博期间,他们在学习上和生活上给了我无微不至的关心与帮助。还要特别感谢同济大学的丁晓强教授、杨小勇教授和龚晓莺教授,他们所给予的勉励和启发,让我逐步摆脱了很多思想上的束缚,在学术的道路上更加独立和成熟。也要感谢那些昔日的同窗好友,在科研方面与我进行了诸多有益的讨论,给予我诸多指点。

最后,也是最重要的,是感谢远在家乡的父母和妹妹,正因为有了他们的大力支持和无私奉献,我才能取得今天的成绩。更要感谢妻子的理解和支持,她为我专心科研创造条件,而我忙于写作,陪伴她的时间总是很少,这让我一直心存歉疚。他们都是我至亲至爱的人,也是我人生道路上永远的精神支柱!

吕健

2012年10月于上海市徐汇区